ARCHILOQUE

SA VIE ET SES POÉSIES

ARCHILOQUE

SA VIE ET SES POÉSIES

PAR

AMÉDÉE HAUVETTE

PROFESSEUR ADJOINT A LA FACULTÉ DES LETTRES
DE L'UNIVERSITÉ DE PARIS

PARIS

ANCIENNE LIBRAIRIE THORIN ET FILS

ALBERT FONTEMOING, ÉDITEUR

Libraire des Écoles Françaises d'Athènes et de Rome, du Collège de France
et de l'École Normale Supérieure

4, RUE LE GOFF, 4

1905

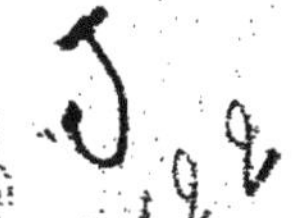

AVANT-PROPOS

Archiloque est le plus ancien poète dont la figure
apparaisse dans l'histoire avec tous les traits d'une
physionomie individuelle, tous les caractères d'une
personnalité vivante et originale. La littérature
sacrée de l'Inde conserve, dans les Védas, le nom
et la trace de nombreux auteurs[1] ; mais aucun de ces
poètes n'a livré le secret de sa vie ou de son âme.
Homère a légué au monde une œuvre immortelle ;
mais il a si bien caché sa personne, que la critique
la plus respectueuse de la tradition renonce à fixer
les contours de cette ombre insaisissable. L'image
d'Hésiode a plus de consistance, et quelques morceaux du poème *les Travaux et les Jours* soulèvent
un coin du voile qui recouvre encore l'auteur de la
Théogonie. Mais Archiloque a révélé son existence
entière à ses contemporains et à la postérité ; il a
étalé tout le cours de ses aventures et de ses pensées au grand jour de la place publique. Si l'on
songe que cette poésie toute personnelle lui a valu
dans l'antiquité un renom presque aussi fameux que

1. Henry (Victor), *Les littératures de l'Inde*, Paris, Hachette, 1904,
p. 21.

celui d'Homère, on ne s'étonnera pas qu'elle nous
ait paru mériter une étude spéciale et approfondie :
c'est le travail que nous offrons aujourd'hui au
public.

Cependant les restes, malheureusement trop rares,
de cette œuvre poétique n'auraient pas fourni peut-
être la matière de tout un livre, si nous n'avions eu
pour objet que de l'étudier en elle-même. Le titre
que nous avons donné à ce volume, *Un poète ionien
du viie siècle*, indique de notre part une autre intention. Nous avons voulu considérer Archiloque, non
pas seulement dans l'histoire générale de la littérature comme le créateur de l'iambe et le maître d'un
genre cultivé encore de nos jours, ni même, dans le
domaine plus restreint de la littérature grecque,
comme le précurseur de la comédie ancienne, mais,
dans la période archaïque de la civilisation hellénique, comme un des premiers représentants de cet
esprit et de cet art ioniens qui ont joué un si grand
rôle dans la formation du génie grec.

Cette Grèce ionienne, Ernest Curtius, en dépit de
son hypothèse, aujourd'hui abandonnée, sur les origines de la race, en a jadis tracé magistralement le
tableau. Mais, depuis une quinzaine d'années environ, elle a pris une place prépondérante dans les
préoccupations des historiens modernes. La découverte, chaque jour plus étendue, de la civilisation
dite mycénienne a montré l'étroite parenté de ces
populations achéennes, égéennes ou crétoises, avec
les Ioniens de l'Asie Mineure et des îles ; et cette vue

nouvelle a conduit à une appréciation plus juste de
l'influence ionienne sur le développement historique
de la Grèce continentale et de l'Europe elle-même.
Lorsque M. G. Busolt publia, en 1893, la seconde
édition du tome Ier de son *Histoire grecque* [1], il consacra toute une série de chapitres nouveaux à la
période mycénienne; mais il ne modifia pas moins
l'exposé des âges suivants, et ce fut pour élargir le
rôle de la Grèce asiatique dans le mouvement des
idées et le progrès de la civilisation. A la même date,
M. Ed. Meyer [2], dans le tome II de son *Histoire de
l'antiquité*, donnait plus de force encore à la même
conception historique : en reportant jusqu'à la période mycénienne, à une date antérieure à l'invasion
des Doriens dans le Péloponnèse, l'occupation des
côtes asiatiques et des îles par les tribus grecques,
il montrait, sans interruption, le libre développement de cette Grèce orientale, d'où devait venir au
VIIe et au VIe siècle le signal de l'affranchissement
dans le domaine des institutions politiques, de l'art,
de la science et des lettres.

Mais c'est aux archéologues surtout que nous
devons la notion plus précise d'une Grèce ionienne,
d'une *Ecole ionienne*, comme dit M. Edm. Pottier,
dans ce *Catalogue des vases antiques* du Musée du
Louvre [3], qui contient mieux qu'une esquisse de

1. Busolt (G.), *Griechische Geschichte bis zur Schlacht von Chaero-
neia*, Bd I, Gotha, Perthes, 1893.
2. Meyer (Ed.), *Geschichte des Altertums*, Bd II *Geschichte des Abend-
landes bis auf die Perserkriege*, Stuttgart, Cotta, 1893.
3. Pottier (E.), *Catalogue des vases antiques de terre cuite*, IIe partie :
l'Ecole ionienne, Paris, Librairies-imprimeries réunies, 1899.

l'histoire de l'art ionien, je veux dire une vue d'ensemble sur la marche générale de la civilisation, depuis les origines égyptiennes et orientales jusqu'à notre moyen âge et jusqu'aux dernières transformations de l'art moderne. Grâce au nombre immense de documents que fournit la céramique, les archéologues ont pu distinguer, dans les produits ioniens, jusqu'à dix-sept groupes chronologiques, et, parmi tous les objets de cette longue série, ils ont observé, à côté de traits communs qui procèdent d'une même technique et d'un même esprit, des différences et des nuances qui correspondent soit aux phases diverses d'une évolution naturelle, soit à des influences extérieures venues de l'Orient ou de la Grèce continentale. Quelque unité qu'elle présente dans ses caractères essentiels, l'école ionienne doit donc être étudiée dans son histoire, dans ses manifestations locales et dans les moments successifs de son progrès ; par ce moyen seul on arrivera sans doute à résoudre des questions encore pendantes, à expliquer des contradictions au premier abord inconciliables. Le même art ionien qui, dans certaines œuvres d'architecture et de sculpture, offre des modèles de légèreté, d'élégance raffinée et de sveltesse, se recommande ailleurs par un réalisme saisissant, par des modelés énergiques et sommaires, par des formes courtes et trapues.

Les mêmes variétés, assurément, se rencontreraient, selon les temps et selon les lieux, dans les œuvres littéraires de l'Ionie ; et, comme les archéologues, les historiens de la littérature devront procéder avec un souci rigoureux de la chronologie et de l'histoire, s'ils veulent contribuer à donner une connaissance plus sûre, une définition plus complète du génie ionien, au sens le plus large de ce mot [1]. Les documents ne manquent pas, quoique trop souvent mutilés : du IXe au VIIIe siècle, tout le développement de l'épopée homérique est ionien, sinon dans son fond de légendes et de mythes traditionnels, du moins dans sa forme et dans ses traits les plus caractéristiques ; ionien, au VIIe et au VIe siècle, le premier essor de la poésie lyrique, avec l'iambe, l'élégie, la chanson ; ionien encore, l'épanouissement de la sagesse pratique, au temps de Solon et des Sept Sages ; mais ionien aussi, le mouvement scientifique et philosophique qui entraîne, dans la seconde moitié du VIe siècle, la pensée des poètes et des prosateurs vers les spéculations les plus neuves et les plus hardies. Entre ces points extrêmes, entre la grâce naïve du vieux conteur homérique et la philosophie d'un Xénophane, dira-t-on que l'école ionienne se caractérise par le génie modéré d'un Solon, par l'art délicat d'un Mimnerme? Mais il y a même entre ces deux esprits un singulier contraste, et la raison de l'un s'oppose trop vivement à la passion de l'autre pour qu'on doive les confondre dans un idéal commun.

1. Il est à peine nécessaire de rappeler ici que, quand nous disons « Ioniens », nous employons ce nom dans le sens où les Orientaux appelaient *Jawan* ('Ιάονες) tous les Grecs de la côte asiatique et des îles.

Il nous a semblé que le poète Archiloque, le premier de la série après Homère, se prêtait bien à une étude partielle, ainsi comprise, de la littérature ionienne. Quelle place occupe-t-il dans cette longue adolescence de l'esprit grec? A quelle distance est-il de ses prédécesseurs les aèdes et des interprètes ultérieurs de la pensée ionienne? Dans quelle mesure, en rejetant les mètres de l'épopée, a-t-il rompu aussi avec les sentiments et les idées de l'âge homérique? Par quelles nouveautés, dans la forme ou dans le fond de son œuvre, annonce-t-il les progrès de la poésie lyrique? Son individualisme, son esprit populaire et indépendant, s'élève-t-il jusqu'à une réflexion personnelle, qui fasse pressentir les Sept Sages? ou même, par-delà Solon, présage-t-il les hardiesses des philosophes et des savants du vi[e] siècle, les aspirations politiques d'où devaient sortir les régimes démocratiques de la Grèce classique?

C'est à l'étude de ces questions que nous avons consacré les quatre chapitres de ce livre ; nous tâcherons d'y répondre dans la conclusion.

N. B. — Voir en appendice, à la fin du volume, un fragment nouveau de l'inscription de Paros (*Monument d'Archiloque*) souvent mentionnée dans le cours de cet ouvrage.

10 novembre 1904.

ARCHILOQUE
SA VIE ET SES POÉSIES

CHAPITRE PREMIER

QUESTIONS CHRONOLOGIQUES ET BIOGRAPHIQUES

I

EXAMEN DES DONNÉES CHRONOLOGIQUES
RELATIVES A ARCHILOQUE

Une chronologie rigoureuse nous apparaît aujour-
d'hui comme la base de toute étude littéraire : nous
éprouvons le besoin d'expliquer une œuvre par la
recherche des causes qui l'ont produite ; nous ne
croyons comprendre un écrivain que si nous parvenons à suivre, avec le développement historique de
sa pensée, l'action des influences diverses qu'il a
subies.

Ces exigences de la critique moderne se heurtent,
quand il s'agit de l'antiquité, à une difficulté particulière : lorsque les Grecs ont commencé à écrire l'histoire de leur littérature, ils ont naturellement adopté
la même méthode, les mêmes cadres, que pour l'établissement de leur histoire politique ; et, suivant un
système qui attribuait à une seule année un événement
complexe comme le retour des Héraclides ou la colonisation de l'Ionie, ils ont aussi résumé en une date
unique la carrière, souvent fort longue, de leurs écri-

vains. Aussi nous ont-ils transmis des données chronologiques qui auraient à nos yeux le tort d'être insuffi-
santes, alors même qu'elles ne reposeraient pas sur
des calculs en partie arbitraires. En s'appliquant à déterminer pour chaque auteur le point de maturité de
son âge ou de son talent (ἀκμή), les chronographes
anciens ont tenté un problème qui ne comportait pas
de solution exacte. La science moderne a donc le devoir
de contrôler chaque fois ces données traditionnelles,
et de les compléter par une recherche minutieuse de
toutes les circonstances historiques qui peuvent éclairer
la vie d'un écrivain.

C'est la tâche que nous avons entreprise pour Archiloque ; et, s'il nous fallait une excuse pour reprendre,
après tant d'autres, la critique des témoignages relatifs
à ce poète fameux, nous la trouverions dans une découverte récente, postérieure aux derniers ouvrages qui
aient paru sur la question. L'inscription de Paros déchiffrée par M. Hiller von Gärtringen, et publiée par lui
en 1900[1], est dans un état de conservation bien défec-
tueux ; mais elle apporte plusieurs faits nouveaux
à l'histoire ; elle offre notamment, pour la connaissance des sources anciennes de la chronologie et
de la biographie du poète, un intérêt appréciable, que
nous voudrions mettre en lumière au début de ce chapitre.

---

1. Hiller von Gärtringen, *Archilochosinschrift aus Paros*, dans les
Mitth. des athen. Inst., t. XXV (1900), p. 1, sqq. — Depuis cette première
publication, M. Hiller von Gärtringen a revu la pierre, aujourd'hui conservée au petit musée de Parikia dans l'île de Paros, et en a donné un
dessin plus exact, avec des restitutions nouvelles, dans un fascicule
récent des *Inscriptiones Graecae*, publiées par les soins de l'Académie
de Berlin : *Inscr. Graec.*, vol. XII, fasc. V, pars I, *Inscriptiones Cycladum
praeter Tenum*, Berlin, 1903, n° 445.

1. — L'INSCRIPTION RÉCEMMENT DÉCOUVERTE A PAROS
« MONUMENTUM ARCHILOCHI ». — L'OUVRAGE HISTORIQUE
COMPOSÉ PAR LE PARIEN DÉMÉAS.

La nature de ce monument doit être d'abord recherchée. *Inscription d'Archiloque trouvée à Paros*, tel est le nom sous lequel M. Hiller von Gärtringen a présenté sa trouvaille au public[1]. Mais à quel titre l'inscription appartient-elle, en réalité, au vieux poète parien? S'il saute aux yeux qu'elle n'est ni l'original ni la copie d'une inscription provenant d'Archiloque lui-même, on peut se demander encore, après l'avoir lue, quel a été le dessein de celui qui l'a fait graver vers le 1ᵉʳ siècle avant notre ère; et, ce rédacteur anonyme lui-même ne faisant que transcrire un auteur plus ancien, nommé Déméas, on voudrait savoir ce qu'était l'œuvre de cet écrivain, nouveau venu pour nous dans les fastes de l'historiographie grecque.

A l'une et à l'autre de ces deux questions nous ne pouvons répondre que par conjecture; mais le champ des hypothèses est restreint. De deux choses l'une : ou bien l'inscription du 1ᵉʳ siècle avait, dans son ensemble, le caractère d'une histoire locale, d'une chronique parienne, où les poésies d'Archiloque figuraient seulement à titre de documents parmi d'autres témoignages anciens; ou bien Archiloque était l'objet propre et le centre du monument tout entier. La seconde hypothèse a pour elle toutes les vraisemblances: dès les

---

1. Dans les *Inscr. Graec.*, l'inscription est appelée *Monumentum Archilochi.*

premières lignes apparaît le nom du poète [1], et dans la suite, partout où se dégage du texte un sens intelligible, c'est toujours Archiloque qui est en scène ; c'est lui le poète par excellence, ὁ ποιητής ; aucun autre nom d'auteur ne figure dans tout le reste du document. Sans doute l'inscription n'est pas complète ; d'autres blocs rectangulaires, également couverts d'inscriptions, se rattachaient, en haut et à droite, au morceau qui nous reste, et il n'est pas matériellement impossible d'en supposer un assez grand nombre de semblables. Mais, qu'on y prenne garde : la rédaction même et le ton de l'inscription ne rappellent pas le style ordinaire d'une chronique : les formules qu'on lit au début (l. 3, εὐσ(ε)βείας καὶ τῆς περὶ τὴν πα[τρίδα σπουδῆς], l. 5, [πολ]λ[ῶ]ν [κα]ὶ μ[ε]γά[λ]ων ἀγαθ[ῶ]ν), ressemblent plutôt à un éloge, conviennent mieux à un monument honorifique. Aussi M. Hiller von Gärtringen a-t-il raison, selon nous, de reconnaître là les vestiges d'un édifice consacré au poète de Paros, d'un Ἀρχιλό-χειον, analogue au Βιάντειον de Priène [2], et à d'autres monuments du même genre [3].

S'il nous était permis de préciser le caractère primitif du culte attaché à ce monument d'Archiloque, nous supposerions, d'après la découverte de M. Hiller von Gärtringen, que l'édifice a dû subir, vers le 1er siècle, des travaux d'aménagement ou de reconstruction, et

---

1. Première colonne, l. 2, τῆς Ἀρχιλόχ[ου...] ; l. 8, ὑπὸ Ἀρχ[ι]λόχου.

2. La mention d'un édifice de ce nom s'est rencontrée récemment sur une inscription honorifique de Priène. Cf. *Jahrb. des deutsch. arch. Inst.*, 1897, *Arch. Anzeiger*, p. 183.

3. Aristote cite, en même temps que les honneurs rendus à Archiloque dans l'île de Paros, l'exemple d'Homère à Chios, de Sappho à Lesbos, d'Anaxagore à Lampsaque, de Pythagore en Italie (Aristot., *Rhet.*, 1, 23).

recevoir alors une inscription, destinée à conserver le
souvenir de la vie, des actes et des œuvres du grand poète
parien ; mais que cette restauration n'avait fait que
transformer un sanctuaire plus ancien, dont parlait, au
ive siècle, l'orateur Alcidamas, dans un morceau cité par
Aristote : Πάριοι γοῦν Ἀρχίλοχον καίπερ βλάσφημον ὄντα
τετιμήκασιν[1]. Ces honneurs, Alcidamas en indiquait
bien la nature, quand, dans le même passage, il
disait des habitants de Lampsaque : « Ils ont érigé un
tombeau à Anaxagore, et lui rendent aujourd'hui encore
des honneurs[2]. » C'est au tombeau de ces grands
hommes que s'adressait le culte qui leur était voué :
élevés dès lors au rang de héros, ils devenaient comme
les génies protecteurs de la cité. Est-ce à dire que ces
honneurs dataient toujours d'une époque voisine du
temps où l'homme avait vécu ? Il s'en faut de beaucoup ;
et il n'était pas même nécessaire que cet homme fût
mort dans sa patrie ; rien n'est plus ordinaire dans
l'antiquité grecque que le transfert, réel ou fictif, des
restes d'un personnage illustre. Si donc une tradition,
que nous aurons à examiner plus loin, fait mourir
Archiloque de la main d'un Naxien, dans une guerre
où peut-être son cadavre n'avait pas été relevé après
la bataille, rien ne s'oppose pourtant à l'idée qu'un
jour les Pariens aient honoré leur poète national en
lui dressant aux portes de leur ville un tombeau ou un
cénotaphe. Dans cette hypothèse, la pierre qui vient de
nous être rendue appartenait à quelque dépendance de
cet *héroon* primitif. La même découverte nous apprend
que, quelques siècles plus tard, c'en était fait du sanc-

---

1. Aristot., *Rhet.*, II, 23.
2. *Ibid.* II, 23, : Καὶ Λαμψακηνοὶ Ἀναξαγόραν ξένον ὄντα ἔθαψαν καὶ
τιμῶσιν ἔτι καὶ νῦν.

tuaire d'Archiloque : à une date que M. Hiller von Gärtringen place peu après le iiie siècle de notre ère, des
bourgeois de Paros utilisèrent pour un sarcophage le
bloc vénérable, y gravèrent des couronnes, des bas-
reliefs, des épitaphes, et y laissèrent subsister à peine
quelques traces de l'inscription consacrée à la mémoire
d'Archiloque.

Au sujet de l'historien Déméas, l'inscription, malgré
ses lacunes, nous renseigne encore d'une façon assez
précise. En effet, la lecture des lignes 7-9 de la 1re colonne peut se passer presque de toute restitution :

γέγραφεν δὲ ὁ Δημέας ἕκαστα - - -
- - κ[α]ὶ γεγραμμένων ὑπὸ Ἀρχ[ι]λόχου κα - - - - -
[ἕ]καστον [1], καὶ ἦρκται ἀπὸ ἄρχοντος πρῶτον Εὐρ - -

Ainsi, ce qu'a fait Déméas, c'est un exposé chronologique des faits rapportés par Archiloque. Les lignes
qui suivent immédiatement cette déclaration nous
apprennent que le premier fait consigné par l'auteur
était l'aventure du Parien Koiranos, sauvé d'un naufrage par un dauphin. Le rapprochement même de ces
deux passages prouve, à nos yeux, que l'ouvrage de
Déméas n'était pas, lui non plus, à proprement parler,
une chronique parienne : une telle chronique n'aurait

1. M. Hiller von Gärtringen restituait, dans sa première publication,
ἕκαστα [τῶν πεπραγμέ|νω]ν κ[α]ὶ γεγραμμένων ὑπὸ Ἀρχ[ι]λόχου κα[τ'ἄρ-
χοντα]|[ἕ]καστον. D'après une nouvelle étude de la pierre, il lit, au
début de la ligne 8, les lettres ειν, qu'il rétablit ainsi par conjecture :
ἕκαστα [σαφῆ ποι]|ειν. Cela est possible, non certain. Mais, pour la fin
de la ligne 8, la restitution nouvelle de M. Hiller von Gärtringen,
κα[ὶ ἄλλως κατ'ἔτος], me paraît trop longue : d'après le dessin même
donné par l'auteur, il n'y a pas de place pour tant de lettres à la fin
de la ligne 8. La restitution κα[τ' ἄρχοντα] semble justifiée par les mots
qui suivent, καὶ ἦρκται ἀπὸ ἄρχοντος πρῶτον..., et par la ligne 52 de la
1re colonne : Μετὰ ταῦτα [π]άλιν γίνεται ἄρχων Ἀμ[φί]τιμος.

pas commencé par un récit où Paros joue le rôle d'une
ville déjà constituée, qui reçoit de Milet des députés
(πρέσβεις, l. 10) et les fait transporter sur un vaisseau
à cinquante rameurs. Ce début ne convient, ce semble,
ni à un λόγος Παρίων ni à une κτίσις de Paros ou de
Thasos [1]. Si Déméas a placé cette anecdote légendaire
en tête de son ouvrage, nous n'en pouvons concevoir
d'autre raison que celle-ci : dans les poésies d'Archiloque, où figurait, nous le savons, cette anecdote [2],
elle était le plus ancien événement que Déméas crût
pouvoir dater avec certitude d'après la liste d'archontes
dont il disposait. Le travail de cet écrivain a donc
consisté à comparer deux sortes de documents : d'une
part, l'œuvre poétique d'Archiloque, de l'autre, des
annales pariennes ; son but a été de faire servir les unes
à la chronologie de l'autre. En d'autres termes, c'est
bien Archiloque que Déméas a pris pour objet particulier d'étude ; c'est à la vie, à l'histoire du poète
parien, qu'il a entrepris d'appliquer les données d'une
chronologie locale.

En présence de ce fait, on ne peut s'empêcher de
penser tout d'abord à la chronique anonyme depuis
longtemps connue sous le nom de *Marbre de Paros*, et
qui date, on le sait, de l'année 263 avant notre ère [3].
Le même auteur qui s'intéressait assez aux choses du
passé pour rédiger à l'usage de ses compatriotes une
chronique générale de l'histoire grecque a bien pu
vouloir fixer de même les principaux faits de la vie

---

1. Nous répondons ici à une hypothèse émise par M. O. Rubensohn,
Mitth. des athen. Inst., t. XXV (1900), p. 342.

2. Plut., *De solertia animalium*, 36.

3. La plus récente édition, et la plus complète, de ce document vient
d'être donnée par M. Hiller von Gärtringen dans le fascicule déjà mentionné des *Inscr. Graec.*, *Inscr. Cycladum praeter Tenum*, n° 444.

d'Archiloque. L'identification des deux chroniqueurs, si elle paraissait probable, fournirait une indication décisive pour le temps où vécut Déméas ; et M. Hiller von Gärtringen, sans rien affirmer à cet égard, incline cependant à placer notre auteur dans la première moitié du IIIe siècle. A vrai dire, l'hypothèse peut se défendre ; mais il y a, remarquons-le bien, une différence essentielle entre le travail que représente pour nous le *Marbre de Paros* et celui qu'avait entrepris Déméas : le *Marbre de Paros* est une chronique attique dont le titre seul comporte une concordance entre l'archonte athénien Diognétos (264/3 av. J.-C.) et un archonte parien : dans le reste du document, les faits de l'histoire locale n'ont aucune place [1] ; le nom même d'Archiloque n'y figure que par hypothèse, dans une restitution qui ne doit en aucun cas contenir autre chose qu'une mention très générale de l'apparition du célèbre créateur de l'iambe [2]. Au contraire, Déméas avait fait usage d'une chronique exclusivement parienne ; c'est d'après une liste d'archontes pariens qu'il avait dressé ce que nous pourrions appeler ses *Fasti archilochei*. Or, ces recherches particulières ont précédé en Grèce les études de chronologie générale. Mais, pour une autre cause encore, l'ouvrage de Déméas

1. C'est ce qui ressort, avec plus d'évidence encore, de la découverte récente de MM. Krispi et Wilhelm. Cf. *Mitth. des athen. Inst.*, t. XXII (1897), p. 183, sqq.

2. Nous avons nous-même discuté la restitution de ce passage dans le *Bulletin de la Société nationale des Antiquaires de France*, 1901, p. 138-141. — M. Hiller von Gärtringen propose de lire : Ἀφ' οὗ [Ἀρχίλοχ]ο[ς ὁ ἰαμβο|ποιὸς ἐφάνη], sans tenir compte de la lettre Υ qui se lit sur la pierre à un intervalle d'une ou deux lettres après l'ο du mot [Ἀρχίλοχ]ο[ς]. La lecture [Ἀρχίλοχ]ο[ς τ]ο[ῦ Τελεσικλέους] nous paraît donc préférable.

pourrait bien appartenir à une époque un peu plus haute que la première moitié du IIIe siècle.

C'est M. Hiller von Gärtringen lui-même qui nous suggère l'idée de cette observation. Par une étude comparée de l'inscription nouvelle et des trois variantes sous lesquelles nous était déjà connu l'épisode merveilleux de Koiranos et du dauphin, M. Hiller von Gärtringen arrive à cette conclusion, que Phylarque, Plutarque et Elien, qui représentent pour nous cette tradition littéraire, ont chacun séparément puisé à une source qui dérive de Déméas, mais qui n'est pas l'ouvrage même de cet auteur. La première partie de cette démonstration consiste dans le raisonnement suivant : Plutarque, en rapportant l'anecdote, cite un des vers qui dans Archiloque appartenaient au récit de cette aventure[1] ; or on ne supposera guère que plusieurs écrivains aient fait justement le même travail que Déméas ; donc c'est Déméas lui-même qui a fourni à la tradition les traits essentiels du récit. Mais le plus ancien même des trois auteurs, c'est-à-dire Phylarque, dont l'histoire s'étendait de l'année 272 à l'année 220 avant Jésus-Christ, a eu entre les mains un ouvrage où déjà cette version de Déméas avait subi d'assez importantes modifications : elle se présentait à l'historien du IIIe siècle, non plus sous la forme simple que nous trouvons aujourd'hui dans l'inscription de Paros, mais avec un premier et un troisième acte, pour employer l'expression de M. Hiller von Gärtringen, qui en augmentaient encore le merveilleux : Koiranos n'était plus seulement

---

1. Plut., *De solertia animalium*, 36 : Ἐπὶ τούτῳ δὲ λέγεται ποιῆσαι τὸν Ἀρχίλοχον·

πεντήκοντ' ἀνδρῶν λίπε Κοίρανον ἤπιος Ποσειδῶν.

C'est le fr. 114 d'Archiloque dans les *Poetae lyrici* de Bergk.

le naufragé qui devait à un dauphin son salut; il apparaissait comme le bienfaiteur qui reçoit la récompense de sa bonne action, et les dauphins venaient assister en foule à ses funérailles[1]. Le développement de la légende a dû se produire lorsque l'anecdote parienne a pris place, à côté d'autres historiettes du même genre, dans un ouvrage plus général, dans un recueil de traditions relatives à l'intelligence des animaux. Si l'on accepte ces judicieuses déductions de M. Hiller von Gärtringen, n'est-il pas du même coup, je ne dis pas nécessaire, mais naturel, de supposer entre Déméas et Phylarque un intervalle de temps plus étendu que ne fait l'auteur même de cette hypothèse? Et puisque nous ne songeons plus à identifier Déméas au rédacteur du *Marbre de Paros*, pourquoi ne pas faire remonter le biographe parien d'Archiloque jusqu'au temps des Atthidographes, par exemple, jusque vers le milieu du ive siècle? On ne nous objectera pas, je pense, que seul l'exemple d'Aristote ait fait germer en Grèce l'idée d'utiliser les vers des anciens poètes pour la connaissance de l'histoire : l'influence d'Aristote a eu bien plutôt pour effet de provoquer de vastes enquêtes, et de rassembler en de larges tableaux les traditions dispersées des villes grecques; or le livre de Déméas n'avait pas encore ce caractère général : c'était une œuvre toute parienne, fondée sur une chronologie locale, sur des ὧροι Παρίων, comme en avaient produit, dès la fin du vi^e siècle et au début du ve, les premiers logographes. Déméas est venu assurément après la génération de ces historiens locaux; il n'est pas le contemporain de cet Eudémos de Paros, que cite Denys

---

1. Athenae., XIII, p. 606, *d-f*.

d'Halicarnasse[1], et qui avait peut-être dressé la liste des archontes pariens depuis les origines les plus lointaines jusqu'à son temps. Mais il a succédé directement à ces logographes ; il a pris leurs recherches pour base de ses propres études ; il a daté par ce moyen les faits de la vie d'Archiloque, tels qu'ils s'offraient à lui dans la tradition et dans les œuvres du poète.

Certes la valeur historique de cet ouvrage demeure singulièrement incertaine : nous savons trop ce que pouvaient être ces γενεαλογίαι et ces ὧροι, qui remontaient sans scrupule jusqu'aux générations divines. Les annales pariennes, à supposer même qu'elles fussent d'une authenticité incontestable, eussent encore laissé le champ libre aux combinaisons de Déméas, puisque les vers d'Archiloque ne portaient pas leur date avec eux. Comment ne pas se défier d'ailleurs d'un historien qui enregistrait avec une égale assurance des faits historiques et l'aventure de Koiranos? Et pourtant, la découverte de M. Hiller von Gärtringen apporte quelques données nouvelles au problème chronologique et biographique qui nous occupe : désormais une saine critique ne saurait affirmer, ce semble, que les chronographes de l'antiquité n'ont fondé leurs calculs, en ce qui concerne Archiloque, que sur des concordances vagues et des combinaisons arbitraires ; une tradition, mêlée sans doute d'erreurs et de légendes, s'est de bonne heure fixée dans la patrie même du poète, et il n'est pas juste de soutenir que l'érudition alexandrine ait eu tout à faire pour reconstituer, ou mieux pour imaginer de toutes pièces, une biographie chronologique d'Archiloque.

1. Dionys. Halic., *De Thucyd.*, 5.

2. — DE QUELQUES FAITS HISTORIQUES CONSIDÉRÉS COMME POINTS DE REPÈRE DANS LA CHRONOLOGIE D'ARCHILOQUE.

Nous n'écarterons donc pas *a priori*, comme fait M. J. Beloch[1], toutes les données des chronographes anciens; nous ne suivrons pas davantage la méthode de M. O. Crusius[2], qui discute ces témoignages en les opposant les uns aux autres, pour ne leur attribuer en fin de compte aucune valeur. Nous commencerons par examiner les textes qui semblent à MM. Beloch et Crusius de nature à fournir quelques dates certaines dans la vie d'Archiloque, et nous essaierons ensuite de voir si la tradition ancienne n'est pas conciliable avec ces points de repère, historiquement établis.

§ 1. — L'ÉCLIPSE DE SOLEIL MENTIONNÉE PAR ARCHILOQUE.

Et d'abord, nous ne saurions accepter comme décisive l'indication chronologique en apparence la plus sûre, dont MM. Beloch et Crusius font volontiers le point de départ de toute biographie historique de notre auteur. Archiloque a parlé dans ses vers d'une éclipse de soleil, éclipse totale, survenue en plein midi, comme d'un événement qui a jeté le trouble parmi les

1. Beloch (J.), *Griechische Geschichte*, t. I, p. 256, n. 1.
2. Art. *Archilochos*, dans Pauly-Wissowa, *Real-Encyclopaedie*, t. II, p. 488.

hommes[1]. Un phénomène aussi bien défini ne pouvait échapper aux investigations rétrospectives de la science : les astronomes, et en dernier lieu M. Oppolzer[2], ont calculé, pour la période qui s'étend du viiie au ve siècle avant notre ère, les dates auxquelles une éclipse totale a été visible dans le bassin de la mer Egée, soit au sud, du côté de Paros et de Naxos, soit au nord, à Thasos et sur les côtes de la Macédoine et de la Thrace ; or ces calculs ont donné des résultats qui s'imposent : entre l'éclipse totale du 15 juin 763 et celle du 28 mai 585, une seule répond aux conditions du problème, c'est l'éclipse totale du 6 avril 648, visible à Thasos, à 9ʰ52ᵐ44ˢ du matin. Trois éclipses partielles, survenues dans le cours du viie siècle (en 689, 661, 635), n'auraient pas produit sur la foule l'impression profonde qu'atteste le poète ; une dernière, celle du 15 avril 657, n'a été totale que pour les pays situés à l'est de Rhodes ; elle ne saurait entrer, elle non plus, en ligne de compte. Archiloque était donc à Thasos au mois d'avril 648 : voilà, dit-on, un fait acquis à la science !

Dans ce raisonnement, c'est la base qui nous paraît peu solide[3]. Non pas que le fragment lui-même, qui contient l'allusion à une éclipse de soleil, soit d'une authenticité douteuse[4] : attribué par Stobée[5] à Archiloque, il est cité en outre par Aristote, avec une précision qui

1. Archil., fr. 74.
2. Oppolzer, *Sitzungsberichte der Wiener Akad., math.-naturw, Klasse*, t. LXXXVI (1882), p. 798, sqq.
3. Nous adoptons ici les arguments présentés naguère par M. O. Immisch (*Zu griech. Dichtern*, dans le *Philologus*, t. XLIX (1890), p. 193-203), et qui conservent, selon nous, toute leur valeur.
4. Archil., fr. 74.
5. Stob., *Flor.*, CX, 10.

exclut toute chance d'erreur [1]. Mais c'est justement parce que le sens général du morceau nous est donné par Aristote avec l'indication de certaines circonstances particulières, que nous ne pouvons pas l'interpréter à notre gré. Si nous possédions le texte seul de Stobée, nous aurions le droit de croire qu'Archiloque, en présence d'un phénomène qui avait effrayé la foule, avait voulu ranimer le courage de ses compagnons d'armes ou de ses compatriotes. Dans cette hypothèse, l'éclipse même étant l'occasion de la pièce, il nous serait impossible de ne pas conclure que le poète et ses auditeurs en avaient été ensemble les témoins. Mais tout autre est la situation : Aristote dit expressément que ce morceau contenait un blâme, et que, par une sorte de figure de rhétorique, le poète, pour ne pas faire entendre directement ce blâme, le mettait dans la bouche d'un père parlant, non pas à sa fille, mais au sujet de sa fille (περὶ τῆς θυγατρός). Voilà des circonstances nettement formulées, qui sans doute ne nous éclairent pas assez sur l'interprétation du fragment, mais qui suffisent à établir que l'idée de l'éclipse n'a pas été déterminante dans la pensée d'Archiloque, qu'elle s'est présentée à son esprit comme un exemple des surprises que les dieux réservent parfois à l'homme. Dès lors, cet exemple peut avoir été choisi dans une expérience déjà ancienne, peut-être même traditionnelle, ou dans des souvenirs plus récents, mais qui se rattachaient à un événement dont le poète lui-même n'avait pas été le témoin oculaire. N'avait-on pas

---

1. Aristote en cite le premier vers dans le passage suivant, *Rhet.*, III, 17 : Καὶ ὡς Ἀρχίλοχος ψέγει · ποιεῖ γὰρ τὸν πατέρα λέγοντα περὶ τῆς θυγατρὸς ἐν τῷ ἰάμβῳ·

Χρημάτων ἄελπτον οὐδέν ἐστιν οὐδ' ἀπώμοτον.

entendu parler à Paros, en 657, d'une éclipse totale, visible dans l'île de Rhodes? Il serait absurde de prétendre qu'un phénomène aussi rare n'avait eu aucun retentissement dans le monde grec de l'Archipel, et cette possibilité seule ébranle, ou plutôt ruine tout le système qui s'appuie sur cette base fragile. En vain ajoute-t-on que Plutarque fait allusion à des «lamentations» d'Archiloque sur une éclipse[1]. Rien ne prouve que ce témoignage de Plutarque se rapporte à une pièce différente de celle que nous possédons ; l'hémistiche λυγρὸν δ' ἦλθ' ἐπ' ἀνθρώπους δέος, dans cette pièce, justifie suffisamment l'expression de Plutarque. Il n'y a donc rien à changer aux conclusions strictes que l'on est en droit de tirer de tout le morceau. Ces conclusions ne comportent en aucune façon la découverte d'une date indiscutable dans la vie d'Archiloque.

§ 2. — L'ALLUSION D'ARCHILOQUE AU ROI DE LYDIE GYGÈS. — CRITIQUE DU TEXTE D'HÉRODOTE I, 12. — RÉSUMÉ DES DONNÉES CHRONOLOGIQUES RELATIVES AU RÈGNE DE GYGÈS.

Un second point de repère nous est fourni par le nom du roi de Lydie Gygès dans un fragment d'une authenticité également certaine : οὖ μοι τὰ Γύγεω τοῦ πολυχρύσου μέλει[2]. Mais, ici encore, il faut prendre garde : ce n'est pas ce vers lui-même qui a servi de base aux calculs des historiens modernes sur la chronologie

1. Plut., *De facie in orbe lunae*, 19.
2. Archil., fr. 25. Voici le texte de ce fragment, d'après l'édition de Bergk :

Οὔ μοι τὰ Γύγεω τοῦ πολυχρύσου μέλει,
οὐδ' εἷλέ πώ με ζῆλος, οὐδ' ἀγαίομαι
θεῶν ἔργα, μεγάλης δ' οὐκ ἐρέω τυραννίδος·
ἀπόπρυθέν γάρ ἐστιν ὀφθαλμῶν ἐμῶν.

d'Archiloque ; c'est une phrase d'Hérodote que voici : ἀποκτείνας αὐτὸν (Κανδαύλεα) ἔσχε καὶ τὴν γυναῖκα καὶ τὴν βασιληίην Γύγης, τοῦ καὶ Ἀρχίλοχος ὁ Πάριος, κατὰ τὸν αὐτὸν χρόνον γενόμενος, ἐν ἰάμβῳ τριμέτρῳ ἐπεμνήσθη [1]. L'interprétation de ce passage a donné lieu à une méprise, qui se perpétue encore dans de bons livres. Aussi nous paraît-il nécessaire de signaler et d'expliquer cette tradition erronée, avant d'examiner la valeur exacte et l'authenticité du texte lui-même.

L'allusion au trimètre iambique d'Archiloque se trouve à la fin de l'amusant récit que fait Hérodote de l'avènement de Gygès. A cette place, la mention du poète de Paros ressemble un peu à l'indication d'une source où le chroniqueur aurait puisé, et c'est ainsi que l'a entendue M. Radet [2] : « Hérodote, dit-il, cite ses auteurs : il nomme Archiloque. L'usage qu'il a fait, soit des iambes du Parien, soit des autres poésies lyriques contemporaines, explique le tour brillant et romanesque de sa narration. » M. Maspero attribue de même à Archiloque la légende suivant laquelle « le dernier des Héraclides...... voulut à toute force faire admirer à Gygès la beauté nue de sa femme [3]. » Et cette interprétation est déjà celle d'un métricien latin du iiie siècle de notre ère, Juba : cet érudit, voulant prouver que l'iambe se scande par *dipodies*, et non par *pieds*, invoque le témoignage d'Hérodote, la locution ἐν ἰάμβῳ τριμέτρῳ, et s'exprime ainsi sur ce passage : « *Iambum binis scandi idem (Herodotus) ait, cum de Archilocho*

---

1. Herod., I, 12.
2. Radet (G.), *la Lydie et le monde grec au temps des Mermnades*, p. 124.
3. Maspero (G.), *Histoire ancienne des peuples de l'Orient classique*, t. III, *les Empires*, p. 390.

*Pario referret, qui Gygae fabulam optime complexus est,
ita,* Γύγης τοῦ καὶ Ἀρχίλοχος ὁ Πάριος κατὰ τὸν αὐτὸν χρόνον
γεγονὼς ἐπεμνήσθη ἐν ἰάμβῳ τριμέτρῳ [1]. » Sans aucun doute,
Juba a eu sous les yeux, quand il écrivait cette phrase,
le texte d'Hérodote, et c'est de ce texte seul qu'il a
tiré la note explicative sur Archiloque, « *qui Gygae
fabulam optime complexus est.* » Mais cette légende du
roi Gygès, c'est Hérodote qui l'avait contée, non Archiloque ; comment Juba a-t-il pu s'y tromper? La cause
de son erreur, ce me semble, est la suivante : dans la
phrase d'Hérodote (ἔσχε καὶ τὴν γυναῖκα καὶ τὴν βασιληίην
Γύγης, τοῦ καὶ Ἀρχίλοχος..... ἐπεμνήσθη), Juba a compris le
pronom relatif τοῦ dans le sens de *cujus rei,* et il a ainsi
attribué à Archiloque une narration complète de toute
l'histoire (*fabulam complexus*). En réalité, le pronom
τοῦ se rapportait au nom propre Gygès, placé immédiatement devant lui, et ce nom seul se trouvait aussi dans
le vers visé par Hérodote et cité par Juba lui-même :
« *Meminit autem versus ejus Herodotus quem applicui,*
οὖ μοι τὰ Γύγεω τοῦ πολυχρύσου μέλει[2]. » Il est donc inutile de discuter, comme fait M. O. Crusius[3], la question
de savoir si le mot *fabula,* dans le texte de Juba,
désigne une « légende déjà développée » sur Gygès, ou
s'il peut s'entendre simplement de « l'histoire », même
récente, de ce roi. Archiloque n'avait raconté ni l'histoire ni la légende de Gygès ; il avait seulement
nommé ce tyran, dans un vers devenu bientôt proverbial.

Mais la phrase d'Hérodote, que nous venons de

---

1. Juba, cité par Rufinus, *Grammatici latini,* éd. H. Keil, t. VI, p. 563.
2. Juba, *ibid.,* p. 563.
3. Crusius (O.), art. *Archilochos,* dans Pauly-Wissowa, *Real-Encyclopaedie,* t. II, p. 489.

ramener à sa juste valeur, contient une indication qui
intéresse la chronologie d'Archiloque, κατὰ τὸν αὐτὸν
χρόνον γενόμενος : cette donnée vient-elle effectivement
de l'historien du vᵉ siècle ? ou ne serait-elle pas due à
une interpolation ? Condamnée au siècle dernier par
Wesseling, cette phrase figure entre crochets dans
presque toutes les éditions modernes d'Hérodote ; mais
elle a trouvé de nos jours des défenseurs : MM. E. Rohde[1]
et O. Crusius[2] rejettent l'hypothèse d'une interpolation.
Le malheur est que ces savants, et en particulier
Rohde, ont édifié sur ce texte douteux leur critique des
données chronologiques anciennes relatives à Archiloque : raison de plus pour que nous examinions de
près la phrase incriminée.

M. O. Crusius la défend par un argument unique,
la citation du grammairien Juba. Mais cet argument,
valable pour établir que la phrase existait dans
Hérodote au iiiᵉ siècle de notre ère, ne suffit pas à en
prouver l'authenticité : une interpolation a pu se produire avant cette date, dans le cours de sept ou huit
siècles, et se glisser ainsi dans tous les textes ultérieurs.
Cette interpolation est-elle probable ? Contre cette
hypothèse, un éditeur d'Hérodote, Bähr, a fait valoir
une raison qui ne laisse pas que d'être d'abord sédui-
sante : c'est que, après les mots ἔσχε καὶ τὴν γυναῖκα καὶ
τὴν βασιληίην Γύγης, la reprise des mêmes expressions
(ἔσχε δὲ τὴν βασιληίην...), à la suite du membre de phrase
suspect, se justifie seulement par la présence d'une sorte

1. Rohde (E.), Γέγονε *in den Biographica des Suidas*, article publié
en 1878 dans le *Rhein. Mus.*, t. XXXIII, p. 161, sqq., et réédité en 1901
dans les *Kleine Schriften*, t. I, p. 114, sqq. Dans cette seconde édition,
le passage relatif à la chronologie d'Archiloque s'étend de la page 149 à
la page 154.
2. Crusius (O.), *art. cité*, p. 489.

de parenthèse. Mais, si notre sentiment moderne, si
notre logique même semble exiger en effet une proposition intermédiaire, comment expliquer les nombreux
passages où, sans contestation possible, le texte d'Hérodote présente des répétitions du même genre sans la
moindre parenthèse ? Ne serait-ce pas que l'écrivain
ionien avait à cet égard d'autres habitudes d'esprit
que nous-mêmes, d'autres procédés de style ? Or ces
exemples ne laissent place à aucun doute, et l'éditeur
Stein en a recueilli un si grand nombre [1] qu'il faut bien
y voir l'application d'une sorte de règle : il y a là une
tournure qu'affecte le chroniqueur, parce qu'elle répond
à la marche encore un peu naïve de sa pensée. « Les
Perses, dit-il quelque part [2], après avoir franchi l'Hel-
lespont, marchaient à travers l'Europe, et ils marchaient contre Erétrie et Athènes. » « Ariston de Sparte
épouse une troisième femme, et il l'épouse de la façon
suivante [3]. » C'est une répétition analogue qu'offre la
phrase relative à Gygès, si nous en supprimons l'allusion à Archiloque : « Après avoir tué Candaule, Gygès
eut à la fois la femme du roi et la royauté ; il eut la
royauté et fut confirmé dans ce pouvoir par l'oracle de
Delphes. » Ainsi le membre de phrase que Bähr jugeait
indispensable peut être sans inconvénient supprimé ;
mais ce n'est pas une raison encore pour le condam-
ner. Une raison plus positive consiste à remarquer que
la locution ἐν τριμέτρῳ ἰάμβῳ n'appartient pas à la
langue de notre auteur : dans le même livre [4], Hérodote désigne un vers iambique par les mots ἐν τριμέτρῳ

1. Herod., I, 64, l. 10 (édition classique avec notes en allemand).
2. Herod., VI, 43.
3. Herod., VI, 61.
4. Herod., I, 174.

τόνῳ, qui correspondent exactement à l'expression ἐν
ἑξαμέτρῳ τόνῳ, ordinairement appliquée par lui à l'hexamètre dactylique [1]. Mais voici une observation plus
générale, et, à notre avis, plus décisive : il n'est pas
rare qu'Hérodote nomme des poètes épiques, lyriques
ou dramatiques dans le cours de son ouvrage ; mais,
chaque fois qu'il le fait, il emprunte à ces auteurs une
citation, une pensée, un mot qui se rapporte à son
sujet même, ou bien il rattache leur souvenir à un
événement historique auquel ils ont été mêlés. Une
épigramme de Simonide trouve naturellement sa place
dans le récit de la bataille des Thermopyles [2]. Le mot
fameux de Pindare sur la coutume sert de conclusion
à l'anecdote des Indiens qui mangent leurs parents,
mais qui s'indigneraient d'avoir à les brûler [3]. L'étrange
parenté qu'Eschyle prête à Artémis, en la faisant
naître de Déméter, tient aux traditions égyptiennes de
Buto [4]. Anacréon était assis auprès de Polycrate le
jour où le tyran de Samos insulta par son attitude
méprisante l'envoyé du satrape de Sardes, Orœtès [5].
C'est le récit même de la lutte entre les Athéniens et
les Mityléniens qui amène Hérodote à rappeler l'aventure du poète Alcée [6]. Il est vrai que Sappho est nommée à l'occasion de son frère Charaxos, amoureux de
la courtisane Rhodopé [7], et Simonide de Céos pour
l'éloge qu'il avait fait d'un vainqueur aux grands jeux
de la Grèce, Evalcidès d'Erétrie [8]. Mais c'est que ces

1. Herod., I, 47, 62 ; V, 60.
2. Herod., VII, 228.
3. Herod., III, 38.
4. Herod., II, 156.
5. Herod., III, 121.
6. Herod., V, 95.
7. Herod., II, 135.
8. Herod., V, 102.

deux personnages, Évalcidès et Charaxos, étaient beaucoup moins connus que Simonide et Sappho. Tout
autre est le cas d'Archiloque à l'égard de Gygès : la
mention du poète de Paros n'ajoute rien à la connaissance du célèbre roi de Lydie, et n'a aucune raison
d'être à la place où elle se trouve ; c'est une note addi-
tionnelle qui aurait pu figurer partout ailleurs dans
l'histoire de Gygès aussi bien qu'à cet endroit, et qui,
par là même, se distingue de toutes les autres citations
que nous avons relevées chez Hérodote. Aussi nous
apparaît-elle, en fin de compte, comme une sorte de
scolie marginale, introduite à tort dans le texte, en
d'autres termes, comme une interpolation.

Hérodote n'est donc pas l'auteur du rapprochement
chronologique entre Gygès et Archiloque : voilà ce qu'il
importait d'abord d'établir.

Mais ce rapprochement lui-même, attesté par l'interpolation, à quelle époque remonte-t-il ? et quelle en
est la valeur ?

Les chronographes chrétiens l'ont accepté, et nous
pouvons croire que cette donnée leur venait des
Alexandrins. Mais elle n'était pas isolée ; elle n'était
pas, pour Archiloque, le seul point de repère de la
chronologie alexandrine. Dans la phrase même de Tatien
(ὁ δὲ Ἀρχίλοχος ἤκμασε περὶ ὀλυμπιάδα τρίτην καὶ εἰκοστήν, κατὰ
Γύγην τὸν Λυδόν, Ἰλιακῶν ὕστερον ἔτεσι πεντακοσίοις[1]), nous
avons trois indications chronologiques au lieu d'une :
rien n'autorise à penser que les deux chiffres, 23e olympiade et 500 ans après la guerre de Troie, aient été
arbitrairement déduits, par hypothèse, de la concor-

---

1. Tatian., *Ad Graecos*, p. 124. éd. Otto. — La même donnée est textuellement reproduite dans Eusèbe (*Praepar. evangel.*, X. 11, 4).

dance entre Archiloque et Gygès. Proclos, il est vrai, dans sa *Chrestomathie*, se contente de dater le premier des iambographes par ces mots : ἐπὶ Γύγου[1] ; mais c'est là une formule commode, par sa brièveté même, et qui n'exclut pas l'existence d'une chronologie plus exacte. Or nous avons épuisé, dans cette courte énumération, les seuls textes formels qui rapprochent Gygès et Archiloque. Que ce rapprochement date des Alexandrins, nous le voulons bien ; qu'il remonte même plus haut, nous l'accordons encore, s'il est vrai que déjà le sophiste Hippias avait noté dans Archiloque le titre de *tyran* attribué pour la première fois à un monarque[2], c'est-à-dire sans doute à Gygès ; mais tout cela ne prouve pas que toute autre donnée chronologique ait manqué aux chronographes anciens, et que, pour calculer l'ἀκμή du poète de Paros, ils aient disposé seulement de cette simple citation : « Je ne me soucie pas des richesses de Gygès ! »

En réalité, ce vers, considéré en lui-même, ne permettait pas de fixer, même approximativement, une date. Tout ce qu'on pouvait en conclure, c'est que le poète avait vécu entre Gygès et Crésus, puisque la richesse proverbiale du dernier Mermnade avait éclipsé de bonne heure la fortune du fondateur de la dynastie. Mais, par rapport à Gygès, l'homme qui parlait ainsi était-il un

---

1. Proclos, *Chrestomathie*, dans l'édition des *Scriptores metrici graeci* de Westphal, p. 243, l. 10. — La tradition byzantine attribuait cet ouvrage à un philosophe néo-platonicien du V⁰ siècle ; les modernes tendent à lui assigner une date plus haute (II⁰ ou III⁰ siècle de notre ère).

2. Ce témoignage d'Hippias se trouve dans l'*hypothesis* de l'*Œdipe-Roi* de Sophocle, intitulée Διὰ τί τύραννος ἐπιγέγραπται. Voici le passage : Ἴδιον δέ τι πεπόνθασιν οἱ μεθ' Ὅμηρον ποιηταί, τοὺς πρὸ τῶν Τρωϊκῶν βασιλεῖς τυράννους προςαγορεύοντες, ὀψέ ποτε τοῦδε τοῦ ὀνόματος εἰς τοὺς Ἕλληνας διαδοθέντος, κατὰ τοὺς Ἀρχιλόχου χρόνους, καθάπερ Ἱππίας ὁ σοφιστής φησιν.

contemporain ? ou bien appartenait-il à une génération
de beaucoup postérieure ? On ne pouvait le dire, et
nous sommes aujourd'hui dans le même embarras. Bornons-nous donc à rappeler quel est, sur la chronologie
du roi Gygès, l'état de la question.

M. Beloch adopte, sans discussion, les dates de 680-
650 environ [1], et M. O. Crusius se contente d'une
approximation plus vague encore, en disant : « Gygès
doit appartenir à la première moitié du vii⁰ siècle [2]. »
Il faut cependant, quand il s'agit de ce personnage,
prendre parti sur un point capital de chronologie.
Les annales assyriennes d'Assourbanabal [3] racontent
l'hommage rendu au roi d'Assyrie par un chef lydien
dont le nom ressemble fort à celui de Gygès, puis la
révolte de ce chef, sa lutte contre les Gimirri (Cimmériens) et enfin sa mort : tout cela ne se rapporte-t-il
pas à Gygès ? et, dans ce cas, que valent les données
chronologiques de la tradition grecque par rapport à
cette histoire assyrienne ?

Dans une étude publiée en 1878 et rééditée récemment [4], E. Rohde exprime à ce sujet une opinion radi-
cale : quelle que soit, dit-il, la valeur de ces documents
assyriens, il n'y a pas d'accord possible entre eux et la
chronologie grecque des rois de Lydie ; en effet, les
textes assyriens relatifs à Gygès sont postérieurs à la
quatrième année du règne d'Assourbanabal, c'est-à-dire

---

1. Beloch (J.), *Griechische Geschichte*, t. I, p. 256, n. 1.
2. Crusius (O.), art. *Archilochos*, dans Pauly-Wissowa, *Real-Encyclopaedie*, t. II, p. 489.
3. Nous suivons l'orthographe adoptée par M. Maspero dans son *Histoire ancienne des peuples de l'Orient classique*, t. III, p. 381 et suiv.,
et nous renvoyons à cet ouvrage pour l'indication et la critique des
sources orientales relatives à l'histoire de Gygès.
4. Rohde (E.), *Kleine Schriften*, t. I, p. 149-154.

à l'année 664, et ils contiennent le récit d'événements qui n'ont pu se passer en moins de plusieurs années ; or les auteurs grecs qui attribuent à Gygès la date la plus basse le font monter sur le trône en 699 et mourir après un règne de trente-six ans, c'est-à-dire en 663. Cette date *minima*, dit Rohde, est celle de Julius Africanus et d'Eusèbe. Quant aux autres témoignages, dus à Euphorion de Chalcis et à Hérodote, ils reportent l'avènement de Gygès de neuf ou même de dix-sept ans en arrière (708 ou 716 av. J.-C.), et s'accordent encore beaucoup moins avec les documents assyriens. Toute tentative de conciliation est donc vaine, et il n'y a pas lieu de chercher un fondement historique aux données des chronographes grecs.

M. Ed. Meyer, dans le tome II de son *Histoire de l'Antiquité*[1], suit une méthode assez différente. Il reconnaît l'autorité la plus haute aux témoignages de l'épigraphie orientale, et c'est d'après ces découvertes, considérées comme fondamentales, qu'il raconte les relations de Gygès avec le roi d'Assyrie. Mais, pour la chronologie, il supplée au silence des textes assyriens en empruntant à la tradition grecque une date essentielle : la grande invasion des Cimmériens en Lydie, la mort de Gygès, l'attaque de Sardes et de l'Ionie, se placeraient en l'année 657 avant notre ère. Cette conclusion repose, on le voit, sur une combinaison des deux traditions en présence : l'historien adopte les faits contenus dans l'une, sans exclure la possibilité de retrouver dans l'autre la date d'un des événements principaux de cette histoire.

Si cette conciliation est légitime, peut-être ne faut-il

---

1. Meyer (Ed.), *Geschichte des Alterthums*, t. II, § 294-295.

pas s'arrêter là : cette date de 657, M. Ed. Meyer la tire
des chronographes chrétiens, d'Eusèbe et de la chronique
de saint Jérome [1] ; mais, dans cette chronique, la date
de 657 ne se rapporte qu'indirectement à une invasion
cimmérienne : elle marque, non la mort de Gygès et
la prise de Sardes, mais la fondation d'Istros par les
Milésiens, à une époque où, disait-on, les Scythes
avaient rejeté les Cimmériens en Asie Mineure[2]. Ne
trouverait-on pas, dans la chronologie grecque de cette
période historique, une indication formelle qui per-
mît de placer la mort de Gygès à une date plus en
rapport avec les données des archives assyriennes ?
C'est la recherche qu'a entreprise M. H. Gelzer dans
un travail déjà ancien, intitulé *Das Zeitalter des Gygès*[3],
et voici ce qu'il a découvert : parmi les versions différentes que nous possédons de la *Chronique* d'Eusèbe,
il y en a une, une seule, qui donne, pour la liste des
rois de Lydie, un nombre d'années inférieur aux
chiffres d'Hérodote, d'Euphorion et de Julius Africanus ;
c'est le texte arménien du Ier livre d'Eusèbe[4]. D'après
cette version, l'un des rois de Lydie, Sadyatte, n'ayant
régné que cinq ans au lieu de quinze, l'avènement de
Gygès est ramené à l'année 687, sa mort à l'année 652,
et du même coup les événements relatés dans la chronique assyrienne, postérieurs à l'année 664, trouvent
naturellement leur place dans les dix dernières années

1. Euseb., *Chronic.*, II, p. 87, éd. Schœne : *Histrus civitas in Ponto con-
dita.*
2. *Anonymi orbis descriptio*, dans les *Geographi graeci minores*, t. I,
p. 196-237, v. 769, sqq. : καὶ τὴν πόλιν | Μιλήσιοι κτίζουσιν ἡνίκα Σκυθῶν|
εἰς 'Ασίαν στράτευμα διέβη βαρβάρων, | τὸ Κιμμερίους διῶχον ἐκ τοῦ Βοσπό-
ρου.
3. Gelzer, *Das Zeitalter des Gyges*, dans le *Rhein. Mus.*, t. XXX (1875),
p. 230, sqq.
4. Euseb., *Chronic.*, I, p. 69, éd. Schœne.

du règne de Gygès. Tel est le système que M. Gelzer a fait généralement prévaloir, et qui nous paraît aussi le plus probable[1].

Aussi bien les dates ainsi obtenues n'ont-elles qu'une importance secondaire pour l'interprétation du vers : οὔ μοι τὰ Γύγεω… Car ces mots, nous l'avons vu, peuvent avoir été dits longtemps avant la mort de Gygès, à une époque même assez voisine de l'avènement de ce roi, dans le temps où, pour remercier l'oracle d'Apollon, il émerveilla la Grèce par la richesse et l'éclat de ses offrandes delphiques.

3. — A QUELS FAITS HISTORIQUES SE RAPPORTE LE MOT D'ARCHILOQUE « LES MALHEURS DES MAGNÈTES » (τὰ Μαγνήτων κακά) ?

Une troisième allusion à un fait historique a paru se rencontrer dans les fragments d'Archiloque : c'est le mot τὰ Μαγνήτων κακά[2], « les malheurs des Magnètes ». De quels événements parlait le poète, en s'exprimant ainsi ? Une tradition, suivie par Strabon[3], voulait que ce vers visât la destruction totale de Magnésie du Méandre, lors de la grande invasion cimmérienne où périt Gygès. Dans cette hypothèse, la prise de Sardes et la mort de Gygès se plaçant, d'après les calculs adoptés plus haut, dans l'année 652, c'est après cette date qu'Archiloque aurait écrit ce vers. Telle est

---

1. M. Maspero adopte les conclusions de M. Gelzer, et s'exprime ainsi à ce sujet : « Winckler a essayé de revenir à la date de 657 (*Altorientalische Forschungen*, t. I, p. 495-496), en s'appuyant sur l'époque présumée de la rédaction des divers *cylindres* d'Assourbanabal : ses calculs ne me semblent pas jusqu'à présent devoir l'emporter sur ceux de Gelzer. » *Histoire ancienne des peuples de l'Orient classique*, t. III, p. 428, n. 4.

2. Archil., fr. 20.

3. Strab., XIV, p. 647.

l'opinion que M. Sittl, entre autres, fait valoir [1], et qu'adopte aussi M. Beloch [2]. La question n'est pourtant pas aussi claire qu'on pourrait le croire d'abord ; elle l'est même si peu, que M. O. Crusius renonce à fonder sur ce fragment le moindre calcul chronologique [3].

Les raisons de ce scrupule sont nombreuses, et parmi elles, nous ne comptons pas même l'incertitude du texte d'Archiloque. Car, si le premier hémistiche de ce vers est douteux (κλαίω τὰ Θασίων est une restitution probable, mais non certaine), les mots τὰ Μαγνήτων κακά suffisent à prouver que le poète parlait des « malheurs de Magnésie ». Mais voici d'où viennent les difficultés : le témoignage de Strabon attribue bien en effet ces « malheurs de Magnésie du Méandre » à l'invasion des Trères [4]; mais cette invasion elle-même, Strabon se la représente, d'après Callisthène, comme distincte de l'invasion cimmérienne et de la prise de Sardes ; il reporte à une époque plus ancienne l'attaque des Cimmériens, annoncée par Callinos dans ce vers :

Νῦν δ' ἐπὶ Κιμμερίων στρατὸς ἔρχεται ὀβριμοεργῶν,

et compte comme un événement ultérieur la campagne des Trères et des Lyciens [5]. Or cette chronologie nous paraît aujourd'hui reposer sur des combinaisons arbitraires : Callinos nommait les Cimmériens et les Trères

1. Sittl, *Geschichte der griechischen Literatur*, t. I, p. 248-249.
2. Beloch (J.), *Griech. Gesch.*, t. I, p. 256, n. 1.
3. Crusius (O.), *art. cité*, p. 489.
4. Strab., XIV, p. 647 : Συνέβη τοῖς Μάγνησιν ὑπὸ Τρηρῶν ἄρδην ἀναιρεθῆναι.
5. Strab., XIII, p. 627 : Φησὶ δὲ Καλλισθένης ἀλῶναι τὰς Σάρδεις ὑπὸ Κιμμερίων πρῶτον, εἶθ' ὑπὸ Τρηρῶν καὶ Λυκίων.

parmi les ennemis de sa patrie [1], et, c'est à un seul et même fait, à la grande invasion cimmérienne de l'année 652, que se rapportent toutes les élégies guerrières de ce poète [2]. Callisthène et Strabon semblent donc s'être trompés dans l'interprétation historique des vers de Callinos : méritent-ils plus de confiance quand ils commentent le mot d'Archiloque, τὰ Μαγνήτων κακά ?

On peut se demander, en effet, si ce mot, passé plus tard en proverbe, n'a pu prendre naissance qu'à l'époque des ravages exercés par les Trères dans la ville du Méandre, et si d'autres malheurs, plus anciens, n'avaient pas déjà donné lieu à la triste célébrité de Magnésie. Il est d'usage, nous le savons, de négliger comme une fable le double texte de Pline l'Ancien sur le tableau de Boularchos, acheté, disait-on, par le roi de Lydie Candaule, et qui représentait la ruine de Magnésie [3]. Mais un pareil témoignage ne saurait pourtant s'éluder entièrement. On l'a expliqué parfois en supposant que le tableau de Boularchos représentait bien la destruction de Magnésie par les Trères, mais que, pour cette raison même, le nom du roi Candaule devait être écarté. M. S. Reinach a proposé une autre interprétation [4] : selon lui, l'œuvre fameuse de Boularchos, acquise effectivement par le roi Candaule, se rapportait à un épisode de la guerre soutenue par les Magnètes

1. Callin., fr. 4 (éd. Bergk) : Τρήρεας ἄνδρας ἄγων.
2. Gelzer, *Das Zeitalter des Gyges*, dans le *Rhein. Mus.*, t. XXX (1875), p. 259-260.
3. Plin., *Nat. Hist.*, XXXV, 55 : *Quid quod in confesso perinde est Bularchi pictoris tabulam, in qua erat Magnetum proelium, a Candaule rege Lydiae Heraclidarum novissimo, qui et Myrsilus vocitatus est, repensam auro? tanta jam dignatio picturae erat.* — Cf. Plin., *ibid.*, VII, 126, *Candaules rex Bularchi picturam Magnetum exitii, haud mediocris spatii, pari rependit auro.*
4. *Revue des Études grecques*, t. VIII (1895), p. 176-179.

contre leurs voisins d'Ephèse, et cet épisode consistait, non pas en une destruction de la ville, mais en une bataille et même en une victoire des Magnètes : des deux mots employés par Pline, un seul, *proelium Magnetum*, répondait à peu près à la réalité ; l'autre, *Magnetum exitium*, provenait d'une confusion. Ces deux explications exigent, on le voit, le sacrifice de la moitié au moins du témoignage de Pline. Ne pourrait-on pas conserver intact ce témoignage, en disant qu'il s'agissait d'une bataille et d'un désastre des Magnètes dans le temps même du roi Candaule ? Et ne serait-ce pas là un épisode de la lutte séculaire engagée entre les deux villes voisines, Ephèse et Magnésie ?

Cette guerre n'a laissé dans l'histoire que des traces peu profondes; mais les « malheurs de Magnésie » n'étaient pas attribués par tous les auteurs, comme on semble le croire, à une invasion barbare, et le plus ancien historien qui nous en parle, Aristote, dans le résumé d'Héraclide[1], ne fait aucune allusion aux Cimmériens ou aux Trères. Voici le texte même de cet extrait des Πολιτεῖαι d'Aristote[2] : Μάγνητες δι' ὑπερβολὴν ἀτυχημάτων πολλὰ ἐκακώθησαν, καί που καὶ Ἀρχίλοχός φησι· Κλαίω θαλασσῶν (l. τὰ Θασίων), οὐ τὰ Μαγνήτων κακά. D'après l'explication de Schneidewin, le mot ἀτυχήματα doit s'entendre comme une expression atténuée pour ἀσεβήματα : « Les Magnètes ont payé par de nombreux malheurs l'excès de leurs impiétés. » Et c'est la même idée que reproduit Suidas, en donnant le sens tradi-

---

1. Depuis la découverte de l'Ἀθηναίων πολιτεία d'Aristote, on s'accorde à reconnaître dans l'ouvrage d'Héraclide un abrégé des Πολιτεῖαι d'Aristote. Cf. Wilamowitz-Möllendorff (U. von), *Aristot und Athen*, t. I, p. 292.

2. Heracl. Pont., *De reb. publ.*, XXII, dans le tome II des *Fragm. histor. graec.* de Müller, p. 218.

tionnel du proverbe : Τὰ Μαγνήτων κακά, ἐπὶ τῶν μεγίστων καὶ ἀλγεινοτάτων κακῶν, παρ' ὅσον οὗτοι ἀσεβήσαντες εἰς θεὸν πολλῶν κακῶν ἐπειράθησαν[1]. Or envers quelle divinité les Magnètes avaient-ils commis des fautes? Le mot de Suidas, ἀσεβήσαντες εἰς θεόν, a pu signifier de bonne heure une offense à la divinité en général; mais, à l'origine, on peut croire qu'il rappelait plutôt une atteinte à la puissante divinité d'Ephèse, un empiètement impie sur le territoire sacré de la déesse. Et de fait, la prise même de Magnésie par les Ephésiens est expressément signalée par Athénée, ἑάλωσαν γὰρ ὑπὸ 'Εφεσίων[2]. Est-il vraisemblable que, dans le temps même où Magnésie était dévastée par les Trères, Ephèse, attaquée elle aussi par Lygdamis et les Cimmériens, ait réussi à prendre possession de sa rivale? Strabon, du moins dans le texte non corrigé que présentent tous les manuscrits, dit que ce furent les Milésiens qui occupèrent alors la cité ravagée[3]. C'est bien là le texte qu'il faut conserver, et dès lors on peut supposer que le témoignage d'Athénée vise une défaite antérieure de Magnésie, celle peut-être dont Boularchos avait consacré le souvenir par un tableau.

Les rois de Lydie contribuèrent-ils, eux aussi, à cette chute de la puissance des Magnètes? Si Candaule avait eu plaisir à contempler leur défaite dans le tableau de Boularchos, Gygès put bien s'attaquer directement à eux, comme il s'attaqua à d'autres villes ioniennes, Smyrne, Colophon, Milet[4]. Ses liens d'amitié et d'al-

---

1. Suidas, au mot Τὰ Μαγνήτων κακά.

2. Athenæ., XII, p. 525 c.

3. Strab., XIV, p. 647. — Les manuscrits donnent la leçon τῷ δ'ἑξῆς ἔτει τοὺς Μιλησίους, que Coray a changée en τὸ δ'ἑξῆς τοὺς 'Εφεσίους.

4. Cf. Radet (G.), *la Lydie et le monde grec au temps des Mermnades*, p. 171.

liance avec la puissante famille des Mélas à Ephèse,
ne lui offraient-ils pas une raison pour envahir le territoire de Magnésie? Aussi reconnaîtrions-nous volontiers la même ville du Méandre dans cette Magnésie
que nomme Nicolas de Damas parmi les conquêtes de
Gygès[1]. Ce serait là encore un de ces « malheurs des
Magnètes » auxquels l'invasion cimmérienne devait
enfin mettre le comble.

Si cette argumentation ne nous trompe pas, nous en
déduirons qu'Archiloque a pu parler des « Μαγνήτων
κακά » avant le temps de l'invasion des Trères, et que
par suite il y a lieu d'imiter la réserve de M. O. Crusius
à l'égard d'une donnée chronologique aussi vague.

Ainsi les allusions historiques contenues dans les
fragments d'Archiloque ne nous obligent pas aux conclusions rigoureuses qu'on en a récemment tirées :
nous ne considérons pas comme avéré que le poète ait
vu à Thasos l'éclipse de l'année 648, ni qu'il ait dans
le même temps déploré le sort des Thasiens, en opposant leur infortune à la destruction récente de Magnésie du Méandre. Pour être en apparence négatifs, ces
résultats ne laissent pas que d'avoir une certaine importance au point de vue chronologique : si l'on se
représente Archiloque comme vivant encore à Thasos
après l'année 650, c'est presque toute la carrière du
poète qu'il faut placer après cette date ; car ses aventures et ses poésies thasiennes ne peuvent guère appartenir, nous le verrons plus tard, qu'à la première
période de sa vie : elles répondent à un développe-

_____

1. Nicol. Damasc., *Fragm. hist. graec.*, t. III, p. 396, fr. LXII. —
M. Radet, *ouv. cité*, p. 171, n. 1, ne met pas en doute que ce texte ne
vise la Magnésie voisine de Sardes, Magnésie du Sipyle. La question,
cependant, est tout au moins contestable.

ment encore incomplet de son caractère et de son art.
Dans ces conditions, l'activité poétique d'Archiloque,
le point de maturité de son génie devrait être reporté
aux environs de l'année 640, ou même plus bas encore.
Or rien n'est plus contraire aux données unanimes de
la chronographie ancienne. Peut-être aurons-nous
chance d'atteindre plus sûrement la vérité, en nous
rapprochant davantage de la tradition.

3. — EST-IL VRAI QUE LES DONNÉES TRADITIONNELLES RELATIVES A LA CHRONOLOGIE D'ARCHILOQUE REPOSENT UNIQUEMENT SUR DES COMBINAISONS ARBITRAIRES?

Cette tradition ancienne a été l'objet d'une critique
fort subtile de la part de Rohde, dans le même article
que nous avons déjà signalé à propos de Gygès. Comme
les vues développées dans ce travail se sont imposées
depuis lors à tous les biographes modernes d'Archiloque, nous devons en montrer ici le caractère hypothétique, et, pour dire toute notre pensée, arbitraire [1].

Rohde part de cette vérité, tenue pour un axiome,
que les anciens n'ont eu, pour déterminer l'âge d'Archiloque, aucune donnée traditionnelle [2], et qu'ils ont dû
recourir à des combinaisons, dont un texte de Clément
d'Alexandrie nous fournit l'exemple le plus typique :
Ξάνθος δὲ ὁ Λυδὸς περὶ τὴν ὀκτωκαιδεκάτην ὀλυμπιάδα, ὡς δὲ
Διονύσιος, περὶ τὴν πεντεκαιδεκάτην Θάσον ἐκτίσθαι, ὡς εἶναι

---

1. La critique de M. O. Crusius sur la chronologie d'Archiloque (art.
Archilochos, dans Pauly-Wissowa, *Real-Encyclopaedie*, t. II, p. 488-489)
repose tout entière sur l'argumentation de Rohde.
2. Rohde, *Kleine Schriften*, t. I, p. 150.

συμφανὲς τὸν Ἀρχίλοχον μετὰ τὴν εἰκοστὴν ἤδη γνωρίζεσθαι ὀλυμπιάδα[1]. Il résulte de ce texte que les calculs relatifs à l'âge d'Archiloque se rattachaient, au moins chez quelques auteurs, à la colonisation de Thasos par les Pariens. Mais Rohde ne s'en tient pas à cette conclusion : il y ajoute cette autre idée, que les anciens se sont représenté Archiloque comme prenant part dès l'origine à la colonisation de Thasos en qualité de chef, et qu'ils ont assimilé cette date, dans la vie du poète, à celle qui, dans la vie du roi Gygès, marquait son avènement au trône. Partant de là, Rohde estime que la date même de la colonisation de Thasos n'a été calculée par les anciens que d'après l'avènement de Gygès, et que tous les calculs relatifs à Archiloque dépendent en quelque manière de la chronologie de ce roi. Si donc une tradition représentée par Tatien, par Eusèbe dans sa *Préparation évangélique* et par les chronographes ultérieurs, place la maturité d'Archiloque aux environs de la XXIIIe olympiade (688/7-685/4 av. J.-C.), c'est, selon Rohde, parce que cette date coïncide avec le milieu du règne de Gygès, à condition de faire commencer ce règne dans la XVIIIe olympiade, d'après le témoignage d'Euphorion de Chalcis ; et, si une autre tradition, qui se trouve dans la chronique d'Eusèbe, fait descendre cette ἀκμή du poète jusqu'à l'année 1352 d'Abraham (Ol. XXVIII, 4=665/4), c'est que les chronographes chrétiens, avec leur tendance habituelle à retarder le développement de la civilisation grecque, ont voulu, sans séparer jamais Archiloque de Gygès, placer du moins le poète à la fin du règne de son illustre contemporain. Une combinaison analogue percerait enfin, selon Rohde, dans une

1. Clem. Alex., *Stromat.*, I, p. 398 P.

autre donnée ancienne, qui vient d'Hésychius, au sujet de Simonide d'Amorgos : l'ἀκμή de Simonide, d'après cette notice, se plaçait dans le même temps que celle d'Archiloque, 490 ans après la prise de Troie, soit en 693 (Ol. XXI, 4)[1], et cette date correspondait au milieu du règne de Gygès, à condition que l'on fît commencer ce règne dans la XVᵉ olympiade au lieu de la XVIIIᵉ.

Le principe même de cette hypothèse est légèrement atteint, ce semble, par la découverte épigraphique qui nous a fait connaître l'œuvre du Parien Déméas : fondée sur une chronique locale, qui remontait, non pas sans doute au VIIᵉ siècle, mais au temps des logographes, cette œuvre nous a paru antérieure aux travaux chronologiques des Alexandrins. Comment affirmer dès lors qu'aucune date n'ait passé de là dans l'œuvre des chronographes ?

Il est vrai que le texte de Clément d'Alexandrie donne à penser que la colonisation de Thasos a été un point de repère pour la chronologie d'Archiloque. Mais un calcul de ce genre était naturel et légitime, puisque ce fait historique touchait le poète lui-même ou sa famille. Ce qui n'est pas permis, c'est de conclure de ce témoignage que les plus anciens biographes ont considéré Archiloque comme le fondateur de la colonie. Clément d'Alexandrie ne dit rien de semblable, et c'est dans des textes tout différents que Rohde a puisé cette idée. C'est le philosophe néo-cynique Œnomaos de Gadara qui parle d'Archiloque comme du chef de l'expédition[2]. Mais, visiblement, cet écrivain ne fait que commenter, avec son ironie

----

1. Suidas, au mot Σιμωνίδης Ἀμοργῖνος.
2. Euseb., *Praepar. evang.*, VI, 7, 8 : Οὐδ' ἂν Ἀρχίλοχος ὁ υἱὸς αὐτοῦ Παρίους ἐξενάγησεν.

habituelle, un ancien oracle cité par lui[1] ; or cet
oracle désigne sans conteste comme le κτίστης de Thasos le Parien Télésiclès. Si une autre prophétie, rappor-
tée par le même auteur[2], s'adresse à Archiloque, rien
ne prouve qu'elle vise le premier établissement des
Pariens dans l'île. A plus forte raison n'y a-t-il pas à
tenir compte d'une restitution toute gratuite, adoptée
par M. Flach, dans l'édition du *Marbre de Paros*[3].

Quand Rohde ajoute que la date même de la colonisation de Thasos n'était pas directement fournie aux
chronographes par la tradition, il ne saurait davantage
nous convaincre : aucun événement n'était plus soi-
gneusement noté qu'une fondation de colonie dans les
annales particulières de chaque cité grecque. D'ailleurs,
s'il était vrai que les anciens auteurs eussent calculé
la fondation de Thasos d'après l'avènement de Gygès,
ils auraient mentionné, ce semble, autant de dates pour
l'un et l'autre de ces deux faits ; or il y avait, de
l'aveu même de Rohde, trois traditions différentes pour
le début du règne de Gygès, et on n'en citait que deux
pour la colonisation de Thasos. Ce n'est pas tout ; ces
deux dates mêmes ne coïncident pas l'une et l'autre
avec celles dont Rohde les rapproche. Xanthos de Lydie
plaçait bien la colonisation de Thasos dans la même
olympiade (la XVIIIe) qui marquait d'après Euphorion
le début du règne de Gygès, mais la même concordance
n'existait pas entre la date fournie par Hérodote pour
Gygès et celle de Denys d'Halicarnasse pour Thasos :
les calculs d'Hérodote conduisent à l'année 716 (Ol. XVI),

1. Euseb., *Praepar. evang.*, VI, 7, 8.
2. *Ibid.*, V, 31, 1.
3. Cf. ci-dessus, p. 8, n. 2. — L'idée de restituer dans le *Marbre de
Paros* une phrase relative à la colonisation de Thasos est certainement
à rejeter.

ceux de Denys à l'année 720 (Ol. XV). La coïncidence, qui d'ailleurs pourrait être fortuite, n'est donc pas complète.

Les autres conséquences que Rohde tire de son hypothèse ne sont pas, par elles-mêmes, plus concluantes. Dans un pareil sujet, où il s'agit de retrouver en quelque sorte la clef de combinaisons savantes, l'exactitude des calculs devrait être du moins minutieuse. Or ce n'est pas le cas, tant s'en faut : pour faire coïncider la XXIIIe olympiade (688) avec le milieu du règne de Gygès, Rohde est forcé de faire commencer ce règne en l'année 706, qui est la troisième, et non la première, de la XVIIIe olympiade. De même, si l'on adopte la XVIe olympiade (716) pour l'avènement de Gygès, le milieu du règne coïncide avec l'année 698, et non, comme le veut Rohde, avec l'année 693. Voilà, on l'avouera, une approximation bien peu rigoureuse !

La démonstration n'est donc pas faite : il n'y a pas lieu d'affirmer que toutes les données chronologiques sur Archiloque proviennent de combinaisons fantaisistes, et la possibilité d'atteindre, par cette voie même, un fond historique ne saurait être écartée *a priori*

4. — RÉSULTATS ET CONCLUSIONS.

Considérons donc enfin ces indications chronologiques elles-mêmes. Tout d'abord, se présentent deux témoignages qui dérivent sans doute l'un et l'autre de quelque source grecque, mais par l'intermédiaire d'une chronologie romaine. Cicéron dit qu'Archiloque vivait

sous le règne de Romulus (752-716)[1] ; Cornélius Népos,
que ce poète était déjà connu et célèbre sous le règne de
Tullus Hostilius (671-640)[2].

De ces deux données, la première ne doit pas nous
arrêter longtemps : si elle ne provient pas d'une simple
confusion de chiffres, peut-être se rattache-t-elle à la
tradition qui plaçait en 720 (Ol. XV) la fondation de
Thasos. En tout cas, elle est en contradiction avec
les indications chronologiques le plus généralement
admises. La seconde, au contraire, nous apprend un
fait intéressant, et plus précis en réalité qu'il n'en a
l'air d'abord. Quand il s'agit d'un règne de trente ans,
dire d'un homme qu'il était « déjà » célèbre sous ce
règne, c'est laisser entendre de deux choses l'une : ou
bien que ce personnage est arrivé à la célébrité dans
les derniers temps du souverain en question, ou bien
qu'il était déjà connu dès l'avènement de ce prince.
Dans le premier cas, le personnage ainsi désigné est
censé avoir atteint après la fin du règne la plénitude
de sa renommée ; dans le second, il apparaît comme
assez jeune encore au début. Or, de ces deux alternatives,
une seule est acceptable pour Archiloque, c'est la
seconde ; car personne ne soutient que l'activité poétique
d'Archiloque se place postérieurement à l'année 640.
Il faut donc conclure que le poète de Paros avait déjà
conquis en 671 quelque célébrité, et que le plein épanouissement de sa réputation se produisit dans les dix
premières années de Tullus Hostilius.

Avec ce résultat s'accorde une des données chronologiques recueillies par Eusèbe, celle qui place aux

1. Cicer., *Tuscul. quaest.*, I, 1, 3 : *Archilochus (fuit) regnante Romulo*.
2. Aul. Gell., XVII, 21 : *Archilochum Nepos Cornelius tradit Tullo
Hostilio Romae regnante jam tum fuisse poematis clarum et nobilem.*

alentours de l'année 665 le point de maturité d'Archiloque[1]. Mais cette date se recommande encore par la
considération suivante : c'est que l'autre date enregis-
trée par les chronographes, la XXIII° olympiade (688)[2],
soulève une objection, à notre avis, décisive.

En dépit des doutes émis par M. O. Crusius[3], le témoignage de Glaucos de Rhégion établit l'antériorité de
Terpandre sur Archiloque[4]. En vain oppose-t-on le
témoignage contraire de Phanias d'Erésos[5]. Si ce dernier auteur plaçait Archiloque avant Terpandre, c'était
là, nous le voyons bien, la conséquence d'une combinaison qui mettait aux prises dans un concours Leschès
de Lesbos avec Arctinos de Milet ; mais cette combinaison, destinée à accréditer une légende, ne pouvait
que fausser les calculs de Phanias. Glaucos, au contraire,
n'a eu pour objet que de marquer la suite des progrès
accomplis dans la musique par les plus anciens poètes,
et c'est par des arguments techniques, tirés de l'étude
comparée des œuvres elles-mêmes, qu'il a adopté la
série chronologique : Terpandre, Archiloque, Thalétas.
Or la date de Terpandre se trouve déterminée par plusieurs témoignages concordants : Hellanicos savait que
Terpandre avait été le premier vainqueur au concours

---

1. Euseb., *Chronic.*, t. II, ed. Schœne, p. 86 : Ἀρχίλοχος καὶ Σιμωνίδης
καὶ Ἀριστόξενος οἱ μουσικοὶ ἐγνωρίζοντο. — L'année 665 correspond à la
1352° année d'Abraham.

2. Euseb., *Praepar. evang.*, X, 11, 4. — Tatian., *Ad Graecos*, p. 124
ed. Otto.

3. Crusius (O.). art. *Archilochos*, dans Pauly-Wissowa. *Real-Encyclopaedie*, t. II, p. 488.

4. Plut., *De Musica*, 4. — Voici le texte de ce passage, d'après l'édition récemment publiée par MM. Weil et Th. Reinach (Plutarque, *De
la musique*, § 47) : Καὶ τοῖς χρόνοις δὲ σφόδρα παλαιός ἐστι (ὁ Τέρπανδρος)·
πρεσβύτερον γοῦν αὐτὸν Ἀρχιλόχου ἀποφαίνει Γλαῦκος ὁ ἐξ Ἰταλίας ἐν
συγγράμματί τινι τῷ Περὶ τῶν ἀρχαίων ποιητῶν τε καὶ μουσικῶν.

5. Phanias, fr. 18 (*Fragm. hist. graec.*, t. II, p. 299).

de musique dans les fêtes carnéennes[1], et Sosibios faisait remonter la fondation de ce concours à la XXVI° olympiade (676)[2]. D'autre part, nous apprenons par Clément d'Alexandrie[3] que le même Hellanicos tenait Terpandre pour un contemporain de Midas de Phrygie, et c'est précisément à la date de 676 que les chronographes notaient la mort volontaire de ce Midas, sous la menace de l'invasion cimmérienne. Il nous faut donc rejeter la tradition qui plaçait l'ἀκμή d'Archiloque autour de XXIII° olympiade (688), et cette raison nous ramène naturellement à l'autre donnée d'Eusèbe, à l'année 665 avant Jésus-Christ.

Si Archiloque avait alors environ quarante ans, il en avait une vingtaine seulement dans le cours de la XXIII° olympiade. Cette date, notée par les chronographes, marquerait donc pour nous le début de ses aventures et de ses poésies guerrières : elle inaugurerait, pour ainsi dire, la période thasienne de sa vie. L'année 665 correspondrait plutôt à l'époque de son séjour à Paros et de ses démêlés avec les personnages qu'il a poursuivis de ses plus vives invectives.

Nous ne savons pas la date de sa mort ; mais on a vu plus haut que rien ne nous obligeait à la retarder jusqu'après la chute de Gygès (652), la destruction de Magnésie (651) ou l'éclipse de 648. Du même coup nous avons répondu à l'argument de Strabon qui tenait Callinos pour plus ancien qu'Archiloque : cette opinion reposait sur une interprétation que nous avons

1. Athenae., XIV, p. 635 *e.* — Hellanic., fr. 122 (*Fragm. hist. graec.*, t. I, p. 61).

2. Athenae., XIV, p. 635 *e.* — Sosib., fr. 3 (*Fragm. hist. graec.*, t. II, p. 625).

3. Clem. Alex., *Strom.*, I, p. 397 : Ἑλλάνικος γοῦν τοῦτον ἱστορεῖ κατὰ Μίδαν γεγονέναι. — Hellanic., fr. 123 (*Fragm. hist. graec.*, t. I, p. 61).

cru pouvoir rejeter [1]. Le poète Callinos était dans
Éphèse, excitant ses concitoyens à la lutte, dans le
temps de l'invasion cimmérienne : depuis longtemps,
selon nous, Archiloque avait fait usage du vers élégiaque pour chanter les joies ou les peines de sa vie
aventureuse [2]. Quant à sa mort, elle avait dû survenir
aussi avant cette époque, s'il est vrai que rien dans sa
vie, toujours agitée, ni dans ses poésies, toujours ani-
mées de la même ardeur juvénile, ne nous donne
l'idée d'un homme parvenu au seuil de la vieillesse.

II

PRINCIPAUX FAITS DE LA VIE D'ARCHILOQUE D'APRÈS L'ÉTUDE COMPARÉE DE LA TRADITION ET DES FRAGMENTS CONSERVÉS DE SES ŒUVRES.

Il semble bien, d'après notre précédente enquête,
que, même en matière de chronologie, la tradition ne
mérite pas les dédains qu'on lui a trop souvent pro-
digués. A plus forte raison doit-elle être le point de
départ d'une étude sur la biographie du poète. Mais
il nous faut ici, bien entendu, comparer et contrôler
des données parfois contradictoires ; il faut aussi corriger, ou compléter, par l'examen des poésies d'Archiloque, les détails biographiques empruntés à divers
auteurs.

1. Cf. ci-dessus, p. 27-28.

2. Les arguments chronologiques que nous venons de faire valoir en
faveur de l'antériorité d'Archiloque concordent avec d'autres raisons,
exposées par MM. Usener, Ed. Meyer et O. Crusius. Nous reviendrons
sur ce point, dans notre chapitre II, à propos des innovations métriques d'Archiloque.

1. — LE TÉMOIGNAGE DE CRITIAS SUR LA VIE D'ARCHILOQUE.

Une question préliminaire se présente à nous : toute recherche qui entreprend de découvrir sur Archiloque des données biographiques antérieures au début du IVe siècle, n'est-elle pas d'avance condamnée, s'il est vrai que le fameux sophiste et homme d'État Critias n'ait eu lui-même d'autre ressource, en pareil cas, que d'interroger les œuvres de ce poète ? Si un contemporain de Socrate a dû recourir à cette méthode, n'est-ce pas la preuve que toute autre tradition faisait alors défaut, ou paraissait du moins dénuée d'autorité? N'est-ce pas la condamnation décisive des données qui pouvaient avoir cours avant cette époque, de celles surtout qui se répandirent plus tard en Grèce ?

Cette objection ne serait valable que si nous connaissions assez exactement la nature du travail attribué à Critias, pour pouvoir affirmer qu'il avait voulu faire la biographie d'Archiloque : mais que savons-nous sur ce point ? Une hypothèse toute gratuite, dans les *Fragmenta historicorum graecorum* de C. Müller, classe quatre fragments sous la rubrique Περὶ ποιητῶν καὶ σοφῶν [1] : en réalité, ces fragments peuvent avoir appartenu à des œuvres fort différentes les unes des autres, à des discours en prose aussi bien qu'à des élégies ou autres pièces littéraires, du genre de cet éloge d'Anacréon en vers hexamètres que nous a conservé Athé-

---

1. *Fragm. histor. graec.*, t. I, p. 70-71. — C'est avec raison que M. Diels (*Die Fragmente der Vorsokratiker*, Berlin, 1903) range le fragment de Critias relatif à Archiloque dans la catégorie suivante : *Aus unbestimmten Prosaschriften*, p. 575.

née[1]. Le plus long de ces quatre fragments de Critias a trait à Archiloque. Mais que nous apprend-il? Qu'on en juge par la traduction du passage où Elien nous l'a rapporté[2]. « Critias reproche à Archiloque d'avoir fort mal parlé de lui-même. S'il n'avait pas, dit-il, répandu en Grèce de pareils bruits sur sa personne, nous ne saurions pas qu'il était fils de l'esclave Enipo, ni que des embarras et des besoins d'argent lui avaient fait quitter Paros pour se rendre à Thasos, ni que, parvenu dans cette île, il s'y était fait beaucoup d'ennemis, poursuivant de ses méchants propos indifféremment tout le monde, amis ou ennemis. En outre, continue Critias, nous ne saurions pas, s'il ne nous l'avait dit lui-même, qu'il était adultère, débauché, lubrique, et, ce qui est le comble de la honte, qu'il avait jeté son bouclier. Archiloque n'a donc pas été pour lui-même un témoin favorable, puisqu'il s'est fait à lui-même une pareille réputation. Ce n'est pas moi qui adresse à Archiloque ce reproche, c'est Critias. » La pensée du sophiste ressort assez clairement de ces paroles : il ne dit pas, et ne donne pas même à entendre, que la tradition ne savait rien de vrai sur Archiloque; il se borne à relever certains aveux que le poète seul pouvait faire. Sans doute, ces faiblesses et ces fautes d'un grand homme, la tradition les passait sous silence;

1. Athenæ., XIII, p. 600 *f*.

2. Ælian., *Var. Hist.*, X, 13 : Αἰτιᾶται Κριτίας Ἀρχίλοχον, ὅτι κάκιστα ἑαυτὸν εἶπεν · εἰ γὰρ μή, φησίν, ἐκεῖνος τοιαύτην δόξαν ὑπὲρ ἑαυτοῦ εἰς τοὺς Ἕλληνας ἐξήνεγκεν, οὐκ ἂν ἐπυθόμεθα ἡμεῖς, οὔτε ὅτι Ἐνιποῦς υἱὸς ἦν τῆς δούλης, οὔθ'ὅτι καταλιπὼν Πάρον διὰ πενίαν καὶ ἀπορίαν ἦλθεν εἰς Θάσον, οὔθ' ὅτι ἐλθὼν τοῖς ἐνταῦθα ἐχθρὸς ἐγένετο · οὔτε μὴν ὅτι ὁμοίως τοὺς φίλους καὶ τοὺς ἐχθροὺς κακῶς ἔλεγε · πρὸς δὲ τούτοις, ἦ δ'ὅς, οὔτε ὅτι μοιχὸς ἦν, ᾔδειμεν ἄν, εἰ μὴ παρ' αὐτοῦ μαθόντες · οὔτε ὅτι λάγνος καὶ ὑβριστής, καὶ τὸ ἔτι τούτων αἴσχιστον, ὅτι τὴν ἀσπίδα ἀπέβαλεν · οὐκ ἄρα ἀγαθὸς ἦν ὁ Ἀρχίλοχος μάρτυς ἑαυτῷ, τοιοῦτον κλέος ἀπολιπὼν καὶ τοιαύτην ἑαυτῷ φήμην. Ταῦτα οὐκ ἐγὼ τὸν Ἀρχίλοχον αἰτιῶμαι, ἀλλὰ Κριτίας. — Archil., fr. 149.

mais d'autres faits, d'un caractère moins intime, avaient
pu survivre dans la mémoire des Grecs ; et, par
exemple, Critias ne prétend pas que l'établissement
du poète à Thasos fût un fait oublié ; mais, la cause
véritable de cet exil, la pauvreté, voilà ce que la tradition avait méconnu. Dans ces conditions, quelques
traits ont pu fort bien se transmettre jusqu'à nous,
sans que le texte de Critias en prouve *a priori* la fausseté ;
c'est à nous de les examiner en eux-mêmes, et de
faire isolément la critique de chacun d'eux.

2. — LA FAMILLE D'ARCHILOQUE. — EXAMEN CRITIQUE DES
ORACLES RELATIFS A ARCHILOQUE ET A SON PÈRE TÉLÉ-
SICLÈS.

Sur la famille paternelle d'Archiloque, nous avons,
d'une part, un texte unique de Pausanias, de l'autre,
une série d'allusions, dispersées dans des écrits de
basse époque.

Au premier plan du tableau qui représentait, sur une
des murailles de la Lesché de Delphes, la descente
d'Ulysse aux enfers, Polygnote avait peint la barque
de Charon : le nocher, appuyé sur ses rames, avait
l'aspect d'un vieillard ; dans la barque même se dis-
tinguaient deux passagers, un jeune homme et une
jeune fille ; celle-ci tenait sur ses genoux un coffret,
du genre de ceux qui sont en usage dans le culte de
Déméter. « Au sujet de Tellis, ajoute Pausanias, j'ai
seulement appris que le poète Archiloque était son
arrière-petit-fils ; quant à Cléobœa, on dit qu'elle

apporta de Paros à Thasos les mystères orgiaques de Déméter [1]. » Il résulte de ce texte que les noms de Tellis et de Cléobœa figuraient, selon l'usage, à côté des figures dans le tableau de Polygnote, mais que les deux héros n'étaient pas également connus : pour Cléobœa, le coffret mystique marquait assez la part qu'elle avait prise à l'introduction du culte de Déméter à Thasos ; au contraire, l'absence de tout attribut empêchait d'assigner à Tellis un rôle aussi bien défini. Que faut-il donc penser de la tradition qui faisait de ce Tellis un ancêtre d'Archiloque? Le plus récent traducteur et commentateur de Pausanias, Frazer, exprime à ce sujet des doutes : il suppose, après M. Dieterich [2], que Polygnote avait tout simplement créé le personnage symbolique de Tellis (cf. τὰ τέλη, les mystères), et que plus tard les *cicerone* de Delphes inventèrent à leur tour un lien de parenté entre ce héros imaginaire et le poète de Paros.

Certes, la seconde de ces deux hypothèses n'aurait rien d'impossible, vu le caractère des *cicerone* de tous les temps. Mais quelle raison d'attribuer à Polygnote lui-même une fantaisie de ce genre? Quel besoin aurait eu le peintre d'associer à Cléobœa un compagnon mystique, si la tradition locale ne lui avait fourni à cet égard aucune donnée ? La longue description des peintures de Delphes offre-t-elle un seul autre exemple d'une pareille liberté? Ne trahit-elle pas, au contraire,

1. Pausan., X, 28, 3. — Nous traduisons ἀπόγονος τρίτος par « arrière-petit-fils », et non, comme fait Frazer, par « petit-fils ». Dans l'usage des Grecs, le mot ἀπόγονος, différent de ἔκγονος, « fils », signifiait « petit-fils », et ἀπόγονος τρίτος « arrière-petit-fils » (en latin : *pronepos*), ἀπόγονος τέταρτος « fils de l'arrière-petit-fils » (en latin : *abnepos*). Voir le *Thesaurus* d'Henri Estienne et le *Lexique* de Pape, au mot ἀπόγονος.

2. Dieterich (A.), *Nekyia*, Leipzig, 1893, p. 69.

un respect scrupuleux de la légende et de la poésie?
Concluons donc que Tellis et Cléobœa appartenaient à
la même tradition locale ; l'un et l'autre, dans la peinture de Polygnote, figuraient sous une forme concrète
la patrie de l'artiste, et rappelaient les souvenirs les
plus reculés de l'influence parienne à Thasos.

Est-ce à dire que Tellis ait été le fondateur de la
colonie parienne, le chef militaire et religieux (ἀρχηγέτης
et κτίστης) de la cité nouvelle? Pour répondre affirma-
tivement à cette question, il faudrait rejeter en bloc
tout ce qu'une autre tradition racontait de Télésiclès, le
père d'Archiloque. MM. O. Crusius[1] et Jurenka[2] n'ont
pas reculé devant cette conséquence ; peut-être cependant vaut-il mieux se demander si quelque élément
historique ne se dissimulerait pas au fond même d'un
récit légendaire.

Cette légende, qui embrasse toute la vie de notre
poète depuis sa naissance jusqu'à sa mort, le représente
comme un protégé d'Apollon. C'est même à ce titre
qu'elle nous a été conservée par Eusèbe[3], ou, pour
mieux dire, par Œnomaos de Gadara, dans son traité
sur les *Charlatans démasqués* (Γοήτων φωρά). L'historien
chrétien s'approprie les termes du philosophe néo-cynique pour tourner en ridicule un dieu qui couvre de
sa protection les violentes et impudiques satires d'Archiloque. Il existait donc à ce sujet, vers le IIe siècle
de notre ère, une tradition bien établie, fondée sur une
série d'oracles. Mais, à quelle époque remontait cette
prétendue littérature delphique? Était-ce le produit fac-

1. Crusius (O.), art. *Archilochos*, dans Pauly-Wissowa, *Real-Encyclopaedie*, t. II, p. 490.
2. Jurenka (H.), *Archilochos von Paros*, dans le *Jahres-Bericht des
K. K. Maximilians-Gymnasiums in Wien*, Vienne, 1900, p. 2.
3. Euseb., *Praepar. evang.*, V, 33 ; VI, 7.

tice d'une érudition aux abois, réduite à forger des documents pour combler les lacunes de l'histoire littéraire? ou bien reposait-elle sur des traditions anciennes, populaires et religieuses, consacrées depuis le VIIe ou le VIe siècle par une croyance naïve?

Une étude de M. Piccolomini, publiée en 1883[1], a fait longtemps autorité en cette matière : l'auteur, s'attaquant à la partie la plus fameuse de la légende, c'est-à-dire à l'aventure du meurtrier d'Archiloque, avait cru reconnaître dans les fragments du double oracle prononcé alors par la Pythie une sorte de centon, tiré des pièces mêmes du poète. C'était, à ses yeux, l'indice d'une origine savante ; et personne, jusqu'à ces dernières années, n'a contesté, que je sache, cette opinion. M. Udo Bahntje a repris récemment ce problème et abouti à une solution différente[2]. Nous voudrions résumer à notre tour le débat, en nous inspirant des arguments de M. Bahntje, quitte à nous séparer de lui sur quelques points.

La version la plus explicite de cette anecdote nous est fournie, non par Œnomaos de Gadara, qui se contente d'une allusion rapide, mais par Élien, cité dans Suidas, et par Plutarque. Le poète, d'après le premier de ces deux écrivains[3], avait été tué à la guerre, dans une de ces rencontres où, comme dit Homère, ξυνὸς Ἐνυάλιος. Quand le meurtrier, nommé Calondas et surnommé Corax, se présenta au temple de Delphes pour y interroger l'oracle sur un autre objet, la Pythie le re-

---

1. Piccolomini, *Quaestionum de Archilocho capita tria*, dans *Hermes*, t. XVIII (1883), p. 264 et suiv.

2. Bahntje (Udo), *Quaestiones archilocheae*, diss. inaug., Gottingae, 1900, p. 2-10.

3. Ælian., ap. Suid., s. v. Ἀρχίλοχος..

poussa comme sacrilège, et lui fit entendre ce vers fameux :

Μουσάων θεράποντα κατέκτανες, ἔξιθι ναοῦ.

Calondas alors de se justifier, en invoquant les chances de la guerre : réduit à donner ou à recevoir le coup mortel, il avait usé du droit de légitime défense, il s'était soustrait à la mort, plutôt qu'il n'avait tué. Le dieu, touché de pitié, lui ordonna de se rendre à Ténare, à l'endroit où était enseveli Tettix (κελεύει ἐλθεῖν εἰς Ταίναρον, ἔνθα Τέττιξ τέθαπται) et d'y apaiser par des libations l'âme du fils de Télésiclès (μειλίξασθαι τὴν τοῦ Τελεσικλείου παιδὸς ψυχὴν καὶ πραῦναι χοαῖς). Plutarque fait un récit analogue[1], avec cette seule différence que, parlant du second oracle, il le résume en disant : « Le dieu ordonna à Calondas de se rendre à la demeure de Tettix (ἐπὶ τὴν τοῦ Τέττιγος οἴκησιν) et d'y apaiser l'âme d'Archiloque. » Du texte d'Elien on conclut naturellement que le second oracle, sans nommer expressément Archiloque, le désignait par une formule où entraient les mots παῖς Τελεσίκλειος. Ce patronymique, attesté par un oracle, prouve bien que, dans la tradition, le père du poète s'appelait Télésiclès. Mais à quelle époque remontait l'oracle lui-même ? La dénomination de παῖς Τελεσίκλειος ne fournit à cet égard aucun indice. C'est donc d'un autre mot, contenu aussi dans l'oracle, que M. Piccolomini déduit l'origine récente de tout le morceau : sa critique porte tout entière sur la phrase, ἔνθα Τέττιξ τέθαπται. Il estime que les deux auteurs anciens, Elien et Plutarque, se sont fait l'un et l'autre, d'après une source commune, l'écho

1. Plut., *De sera num. vind.*, 17.

d'une même erreur, en laissant entendre que le dieu
de Delphes avait envoyé le meurtrier d'Archiloque au
cap Ténare dans la ville fondée par le Crétois Tettix,
fils de Zeus. En réalité, dit-il, l'auteur érudit de cet
oracle a voulu désigner le tombeau du poète ; mais, pour
donner à sa pièce un air d'ambiguité qui convînt au
langage prophétique de Delphes, il a emprunté à
Archiloque le surnom de Tettix, τέττιξ, *la cigale*, que le
poète s'était à lui-même spirituellement attribué[1].

On ne peut qu'admirer la subtilité de cette explication ; mais, à y regarder de près, on trouve qu'elle
repose sur une hypothèse bien invraisemblable : puisqu'Elien parle d'un « tombeau » de Tettix (ἔνθα Τέττιξ
τέθαπται) et Plutarque d'une « demeure » de ce héros
(ἐπὶ τὴν τοῦ Τέττιγος οἴκησιν), c'est la preuve que la source
commune des deux écrivains contenait un mot dont le
sens pouvait s'interpréter de l'une ou de l'autre façon,
et M. Piccolomini lui-même pense à la locution
Τέττιγος ἕδρανον, qui servait, d'après une glose d'Hésychius, à désigner la ville fondée au Ténare par le
Crétois Tettix[2]. Or comment expliquer, dans cette source
commune, la présence du mot Τέττιγος ἕδρανον, si ce
mot n'était pas dans l'oracle ? M. Piccolomini, qui tient
à ce que l'oracle ait parlé du tombeau de la cigale, en
est réduit à supposer un interpolateur, à qui serait due
l'expression Τέττιγος ἕδρανον. Mais, par une singulière
rencontre, ce prétendu interpolateur, bien loin d'interpréter comme il fallait les termes de l'oracle, y
aurait substitué lui-même une expression équivoque.
Au lieu de cette interpolation invraisemblable, ne vaut-

1. Archil., fr. 143. — Lucian., *Pseudolog.*, 1.
2. Hésych., s. v. Τέττιγος ἕδρανον · ἡ Ταίναρος · Τέττιξ γὰρ ὁ Κρὴς
Ταίναρον ἔκτισεν.

il pas beaucoup mieux admettre que l'oracle, en se servant d'un terme suffisamment ambigu, Τέττιγος ἕδρανον, désignait cette région du Ténare où nous savons qu'était une entrée fameuse des enfers? Apollon ordonnait donc au meurtrier de se rendre en ce lieu pour y faire, comme Ulysse dans la Νέκυια homérique, des sacrifices et des libations funèbres. Dans cette explication, nous avons affaire, on le voit, non plus à un centon d'Archiloque, mais bien à un oracle conçu dans des termes antiques, et conforme à d'anciennes croyances. Bien plus, cette réponse du dieu fait supposer que le poète, dont l'âme habitait le séjour d'Hadès, n'avait pas été honoré encore d'un tombeau et d'un culte dans sa patrie. Or ce culte existait, nous l'avons vu, dès le début du ive siècle, et c'est là une preuve indirecte, mais valable, de l'antiquité de la tradition qui nous occupe.

Dans le même ordre d'idées, le premier oracle (Μουσάων θεράποντα κατέκτανες...) ne nous apparaît pas nécessairement comme une imitation d'un mot célèbre d'Archiloque. Le poète avait dit : « Je suis le serviteur du puissant Enyalios, et je connais aussi les doux présents des Muses. »

Εἰμὶ δ'ἐγὼ θεράπων μὲν Ἐνυαλίοιο ἄνακτος,
καὶ Μουσέων ἐρατὸν δῶρον ἐπιστάμενος[1].

L'expression Μουσάων θεράπων, assez différente de celle-là, appartient plutôt au style épique, d'où dérive, comme on sait, la littérature prophétique de Delphes.

M. O. Crusius fait enfin à la légende de Calondas cette objection, qu'on racontait à peu près la même

1. Archil., fr. 1.

chose de l'assassin d'un citharède célèbre, à Sybaris[1]. Mais nous pouvons penser que cette anecdote, beaucoup moins connue, a été calquée sur celle d'Archiloque ; et d'ailleurs nous ne prétendons pas que rien de légendaire ne se soit mêlé à la tradition delphique. Il nous suffit qu'on n'en ait pas montré le caractère artificiel et l'origine savante; dès lors, elle peut contenir, à côté de faits déjà dénaturés par la légende, certains traits que l'histoire doit recueillir.

Revenons donc au père d'Archiloque, à ce Télésiclès dont le souvenir paraît bien avoir protégé son fils auprès d'Apollon (παῖς Τελεσίκλειος). C'est lui, que la tradition considérait comme le fondateur de la colonie parienne à Thasos.

> ᾿Αγγειλον Παρίοις, Τελεσίκλεες, ὥς σε κελεύω
> νήσῳ ἐν Ἡερίῃ κτίζειν εὐδείελον ἄστυ[2].

OEnomaos de Gadara cite, il est vrai, un autre oracle, adressé à Archiloque[3]. Mais le nom du personnage est douteux dans le texte d'Eusèbe[4], et ce témoignage isolé, que contredit d'ailleurs Critias, a encore contre lui cette circonstance aggravante qu'il n'affecte pas même la forme ambiguë d'une prophétie :

> ᾿Αρχίλοχ᾽, ἐς Θάσον ἐλθὲ καὶ οἴκει εὐκλέα νῆσον.

A la rigueur, ce mot d'Apollon pourrait viser, non pas la fondation même de la colonie, mais l'établissement ultérieur d'Archiloque à Thasos. Nous inclinons

---

1. Ælian., *Var. Hist.*, III, 43. — Crusius (O.), *art. cité*, p. 495.
2. OEnom., ap. Euseb., *Praep. evang.*, VI, 7.
3. Euseb., *Praep. evang.*, V, 31.
4. Les mss. donnent ᾿Αντιόχῳ, au lieu de ᾿Αρχιλόχῳ.

plutôt à croire que de bonne heure la tradition se plut
à associer, dans la même œuvre, le fils au père, le
poète au chef militaire et religieux. Cette tendance
expliquerait aussi le rôle qu'on attribuait à Archiloque
dans l'interprétation de l'oracle rendu à Télésiclès[1].
Mais ce sont là des combinaisons faites après coup,
des arrangements légendaires, comme la prophétie qui
annonçait à Télésiclès la gloire future de son fils[2].
Toutes ces données n'en contribuent pas moins à mettre
en relief le personnage qui semble avoir reçu de
Delphes l'ordre de coloniser Thasos. Contre l'authenticité de cet oracle lui-même, nous ne voyons pas qu'on
puisse faire une objection décisive, et c'est là, en dernier ressort, le fond historique que nous garderions de
toute cette légende.

En résumé, et pour concilier avec ce fait le témoignage de Pausanias, voici comment nous nous repré-
senterions les choses : vers la fin du viiie siècle, et pro-
bablement au début de la XVIIIe olympiade (708), les
Pariens, entraînés comme les autres Grecs vers les entreprises coloniales, jetèrent les yeux sur l'île de Thasos,
que recommandait le voisinage des mines d'or de la
Thrace. D'anciennes relations religieuses les unissaient
à cette île, et déjà, deux générations auparavant, le
culte de Déméter Parienne y avait été importé par Tellis
et Cléobœa. Un descendant de cette famille sacerdotale
était tout désigné pour exécuter ce projet de colonisation ; mais il fallait, comme toujours, mettre l'entreprise
sous la protection de Delphes : envoyé auprès de la

1. Euseb., *Praep. evang.*, VI, 7.
2. Euseb., *Praep. evang.*, V, 33 :

    Ἀθάνατός σοι παῖς καὶ ἀοίδιμος, ὦ Τελεσίκλεις,
    ἔσσετ' ἐν ἀνθρώποισιν.

Pythie, Télésiclès reçut la réponse qu'il sollicitait, et que provoquait pour ainsi dire le choix même de sa personne. Quelles furent alors les destinées de la colonie et de son chef? On ne sait; mais, une vingtaine d'années plus tard, aux environs de la XXIIIᵉ olympiade (688), le fils de Télésiclès, à son tour, réduit à la pauvreté, quittait Paros et se dirigeait, lui aussi, vers l'île lointaine.

Avant de suivre Archiloque dans ses aventures thasiennes, rattachons tout de suite à l'histoire de Télésiclès ce que Critias nous apprend de la mère du poète. C'était, nous dit-il, une esclave nommée Enipo[1]. La plupart des historiens ont accepté ce témoignage. Mais, depuis Welcker[2], une opinion différente s'est fait jour, que M. Sittl a résolument adoptée[3], et que vient de soutenir encore M. Jurenka dans une étude récente[4]. Cette opinion consiste à voir dans le nom d'Enipo un symbole : de même que l'esclave Iambé personnifie dans *l'Hymne à Déméter* les plaisanteries populaires en usage dans le culte de cette déesse, Archiloque aurait désigné sa muse batailleuse sous le nom caractéristique d'Enipo (ἐνίπτειν). Ainsi une plaisanterie, une parodie, imaginée sans doute dans quelque poème humoristique, aurait donné le change à toute la postérité. On a déjà répondu à cette hypothèse, que le nom d'Enipas se trouvait dans une inscription grecque sans aucune signification allégorique[5]; on a fait valoir surtout

1. Cf. ci-dessus, p. 42, n. 2, le texte entier de Critias.
2. Welcker, *Kleine Schriften*, t. I, p. 6.
3. Sittl., *Geschichte der griech. Literatur*, t. I, p. 269.
4. Jurenka (H.), *Archilochos von Paros*, p. 3.
5. C'est l'argument que fait valoir M. O. Crusius, *art. cité*, p. 490-491.

que Critias disposait du texte complet de notre poète, et qu'il fallait supposer de sa part une confusion bien invraisemblable[1]. A ces raisons, qui conservent, ce semble, toute leur valeur, nous ajouterons seulement cette considération, tirée de nos précédentes recherches : c'est que, fils d'un homme qui avait présidé à la colonisation de Thasos, on comprendrait mal qu'Archiloque eût été réduit dès sa jeunesse aux embarras et à la misère, si sa naissance, du côté maternel, lui avait donné le droit de compter aussi sur l'appui d'une des premières familles de Paros. L'irrégularité de sa naissance explique, au contraire, les difficultés de ses débuts dans la vie, et peut-être certains traits essentiels de son caractère. Mais n'anticipons pas sur l'étude des sentiments que trahit la poésie même d'Archiloque, et revenons aux faits principaux de sa biographie.

3. — VOYAGES ET AVENTURES D'ARCHILOQUE. — SES CAMPAGNES A THASOS ET EN THRACE. — A-T-IL ÉTÉ UN VÉRITABLE MERCENAIRE ?

On lui a souvent attribué, avant et après son séjour à Thasos, des voyages et des aventures purement hypothétiques. Comme il parle quelque part, dans une

1. Cf. Croiset (Alfred et Maurice), *Histoire de la littérature grecque*, t. II (2ᵉ édition), p. 178, n. 3 : « L'erreur serait singulière de la part de Critias, qui n'était pas un sot grammairien ni un scoliaste. » Pourtant, MM. Croiset cherchent à concilier le témoignage de Critias et l'hypothèse de Welcker : «Pourquoi le nom d'Enipo ne serait-il pas un sobriquet réellement donné à la mère d'Archiloque ? La malignité du poète, en ce cas, aurait eu son principe dans l'hérédité. »

pièce écrite à Thasos, du pays charmant qu'arrose le Siris [1], on veut qu'il ait visité la Grande-Grèce avant les îles et les côtes septentrionales de la mer Egée, et on imagine qu'il s'était joint aux émigrés de Colophon dans l'essai malheureux que firent ces Ioniens, au temps de Gygès, pour coloniser les plaines du Siris [2]. La tentative ayant échoué, on voit dans cette expédition manquée l'apprentissage des épreuves et des misères qu'il devait subir toute sa vie. Par malheur, les deux vers qui ont suggéré cette hypothèse peuvent s'interpréter autrement : depuis les premiers établissements grecs en Italie, les riches campagnes de la Grande-Grèce n'avaient pas cessé d'attirer les peuples de l'Orient hellénique; de nombreuses colonies, fondées dans le cours du viiie siècle, avaient rendu familiers, dans le monde insulaire surtout, les charmes et les grâces de cette région bienheureuse.

Un autre vers a donné à penser qu'Archiloque, avant de quitter Paros, avait parcouru déjà les mers, pour gagner sa vie dans le commerce :

ἔα Πάρον καὶ σῦκα κεῖνα καὶ θαλάσσιον βίον [3].

M. O. Crusius [4] se demande si ce vers ne reproduit pas un appel entendu par le poète lui-même : « Quitte Paros, lui disait un ami, quitte ce métier de marchand

1. Archil., fr. 21 :

Ἥδε δ'ὥστ' ὄνου ῥάχις
Ἕστηκεν ὕλης ἀγρίης ἐπιστεφής·
οὐ γάρ τι καλὸς χῶρος οὐδ' ἐφίμερος
οὐδ' ἐρατός, οἷος ἀμφὶ Σίριος ῥοάς.

2. Meyer (Ed.), *Geschichte des Alterthums*, t. II, § 307.
3. Archil., fr. 51.
4. Crusius (O.), art. *Archilochos*, p. 492.

de figues (συκέμπορος) et cette vie toujours exposée aux dangers de la mer. » Mais, à supposer que le texte grec ait ce sens, rien ne prouve que l'appel s'adresse à Archiloque : pourquoi ne serait-ce pas le poète qui, de Thasos, inviterait un ami à le suivre? Aussi bien les mots σῦκα κεῖνα semblent-ils désigner ici, non un métier, mais la misérable nourriture du peuple[1], et l'expression θαλάσσιον βίον les médiocres moyens d'existence que fournit la pêche[2]. Dans cette interprétation, l'apostrophe vise bien un pauvre habitant de Paros, peut-être le poète en personne, mais elle n'implique en aucune façon des voyages antérieurs sur mer.

Pour en finir avec ces hypothèses ou ces légendes, disons tout de suite qu'un mot, Κρητικοὺς νόμους[3], ne suffit pas, tant s'en faut, à prouver le passage d'Archiloque dans l'île de Crète, et qu'un fragment d'élégie, relatif aux batailles de l'Eubée, prouve même, à en bien examiner le sens, que le poète a parlé de cette guerre sans y prendre part lui-même[4] : nous reviendrons tout à l'heure sur ce point. Enfin, c'est une légende aujourd'hui abandonnée que la prétendue expulsion dont le poète aurait été l'objet à Sparte, pour la lâche conduite (la perte de son bouclier) dont il aurait osé se vanter dans ses vers[5]. Seule, la tradition de son voyage à Olympie, quoique mêlée à de singu-

---

1. Eustath., *Od.*, 1828, 11 : Συκοτραγίδης.....διὰ τὸ εὐτελὲς τοῦ βρώματος. — Archil., fr. 194.

2. Cf. l'expression θαλάσσια ἔργα dans Homère, *Od.*, 5, 67.

3. Archil., fr. 193 :

Νόμους δὲ Κρητικοὺς διδάσκεται.

4. Archil., fr. 3. — Nous empruntons cette observation à M. U. Bahntje, *Quaestiones Archilocheae*, p. 12.

5. Plut., *Inst. Lacon.*, 34. — Cf. Piccolomini, *art. cité*, *Hermes*, t. XVIII (1883), p. 266.

lières fables[1], ne se heurte pas, ce semble, à des objections concluantes[2]. Mais ce n'est là, en tout cas, qu'un épisode dans sa carrière. Son séjour à Thasos, au contraire, marque une époque importante dans sa vie et dans le développement de son génie.

Sur les circonstances de son arrivée dans cette île, une conjecture a été récemment émise, qui s'accorderait assez bien avec l'idée qu'on se fait volontiers d'un aventurier sans scrupules dans une société encore primitive. Parmi les faits que l'historien Déméas empruntait à Archiloque, pour les insérer dans son livre, figure une anecdote que l'on a pu d'abord interpréter de la façon suivante[3] : un homme vint à Thasos, accompagné d'autres hommes; il avait une flûte et une lyre, et apportait aux Thraces, comme présent, de l'or pur; mais, entraînés par l'amour du gain, ils commirent ensemble une mauvaise action, se tournèrent contre les Thraces à qui l'or était destiné, et les mirent à mort[4]. Si nous ajoutons que, d'après ce texte même, tout mutilé qu'il est, on a pu croire que ces mes-

---

1. Schol. Pindar., *Ol.*, IX, 1, p. 267-269 de l'édition Drachmann, Teubner, 1903. — Archil., fr. 119.

2. A vrai dire, on pourrait supposer que le refrain fameux de l'hymne à Héraclès, Τήνελλα Καλλίνικε, avait été adopté par les vainqueurs olympiques, sans qu'Archiloque l'eût composé lui-même à Olympie. Mais les scolies des manuscrits BCDEQ contiennent l'information suivante : ὁ Ἀρχίλοχος...., θελήσας ὕμνον ἀναβαλέσθαι εἰς Ἡρακλέα ἐν τῇ Ὀλυμπίᾳ (*Scholia vetera in Pindari carmina*, rec. Drachmann, I, p. 267). Les scolies du manuscrit *Ambrosianus* (A) ne donnent pas le même renseignement; mais il y a, à cet endroit, une lacune dans le manuscrit (*ibid.*, p. 266).

3. Hiller von Gärtringen, *Archilochosinschrift*, *Mitth. des athen. Inst.* t. XXV (1900), p. 18. — L'auteur ne proposait cette hypothèse qu'avec une extrême réserve; il semble bien l'avoir, depuis lors, abandonnée (*Inscr. Graec.*, XII, v, 1, *Inscriptiones Cycladum praeter Tenum*, n° 445, ad v. 46).

4. Voici le texte de ce passage, d'après la seconde édition qu'en a

sagers, traîtres à leur mandat, étaient originaires de
Paros, nous ne nous étonnerons pas de la conclusion
tirée de tout ce passage : ce Parien, à la fois poète et
soldat, joueur de flûte et de lyre, ce coupable qui
avoue ses fautes, qui se rend à lui-même, suivant l'expression de Critias, un si mauvais témoignage, qu'est-ce
donc, sinon le double d'Archiloque ? N'est-ce pas Archiloque lui-même ?

Cette hypothèse ne saurait cependant être mainte-
nue. Comme nous l'avons indiqué ailleurs [1], à moins
de prêter au poète une sorte d'impropriété de style, il
convient de réunir les mots ἄνδρας ..... ἄγων, et non αὐλὸν
καὶ λύρην ἄγων. Quant à l'expression ξῦν'ἐποίησαν κακά,
elle doit se traduire ainsi : « Ils causèrent un malheur
commun », plutôt que : « Ils commirent ensemble un
crime. » Mais voici une autre objection : pour admettre,
dans l'hypothèse proposée, que les nouveaux venus
fussent des Pariens, il faudrait supposer, dans la phrase
qui suit la citation, un brusque changement de tour :
le sujet au nominatif (τοὺς Θρᾷκας ἀπο[κτ]είναντες αὐτοί)
désignerait les mêmes hommes qui, dans la même proposition, jouent le rôle d'un complément indirect (ὑπὸ
Παρίων). La construction de la phrase nous oblige, au
contraire, à nous attacher fermement à cette idée, que
les Thraces ont affaire à des Grecs venus d'une ville

donnée M. Hiller von Gärtringen. Les caractères espacés représentent
les citations textuelles d'Archiloque :

εἴπε[τ'.....] παῖς Πεισιστράτου ‖ ἄν[δ]ρα[ς...]ω-
ν.....ας αὐλὸν καὶ λύρην ἀνὴρ ἄγων ‖ εἰς Θάσον φ[ω]σι
Θρήϊξιν δῶρ' ἔχων ἀκήρατον ‖ χρυσόν, οἰκείῳ<ς>
δὲ κέρδει ξῦν' ἐποίησαν κακά, ὅτι τοὺς Θρᾷκας
ἀπο...είναντες αὐτοὶ οἱ μὲν αὐτῶν ὑπὸ Παρίων.....λ[η]στὰς Σάπας ὑπὸ τῶν Θ[ρᾳ]-
[κ]ῶν.

1. *Revue des Etudes grecques*, t. XIV (1901), p. 88-89.

inconnue, et que les Pariens interviennent en tiers dans
le débat. S'il en est ainsi, comment ne pas reconnaître
dans les mots παῖς Πεισιστράτου le patronymique du personnage principal, du chef de bande lui-même? Nous
pensons donc qu'il s'agit, dans cette occasion, d'une
entreprise dirigée contre la colonie parienne de Thasos,
dans un temps où les Thraces, et en particulier la tribu
des Σάπαι, occupaient encore une partie de l'île. Puisque
le récit de cette aventure figurait dans les vers d'Archiloque, c'est que le poète lui-même y avait pris part;
mais il y avait pris part, selon toute vraisemblance,
dans les rangs des Pariens, c'est-à-dire à la fois contre
les Thraces et contre les aventuriers du dehors. Bien des
obscurités sans doute subsistent dans le détail de ces
événements ; mais une chose du moins est certaine,
c'est qu'Archiloque n'est pas venu à Thasos dans les
conditions que l'on dit ; c'est que rien ne nous autorise
à lui attribuer, dès le début de sa carrière, un acte
qui dans tous les temps, même envers des barbares, a
toujours passé pour une trahison.

M. Jurenka[1] imagine, pour le voyage d'Archiloque à
Thasos, une cause d'un autre genre : ces embarras et
cette pauvreté dont parle Critias (ἀπορία καὶ πενία), c'est
la politique qui les aurait fait naître ; de bonne heure,
Archiloque aurait pris parti avec les aristocrates dans
les luttes intestines de sa patrie, et c'est ainsi que, victime d'une révolution démocratique, il aurait perdu
son patrimoine. Son émigration à Thasos n'aurait pas
d'autre origine : forcé de quitter Paros avec d'autres
bannis, il aurait continué à combattre pour la même
cause, retrouvant dans sa patrie nouvelle les mêmes

1. Jurenka (H.), *Archilochos von Paros*, p. 5 et suiv.

adversaires, et ne cessant pas de tenter, sur terre et sur mer, tous les moyens de rentrer dans son île natale. C'est de ce point de vue que M. Jurenka interprète toute la conduite et toute la poésie d'Archiloque. Animé des mêmes sentiments qu'un Alcée ou un Théognis, le poète satirique aurait poursuivi de sa haine et de ses invectives, non pas, comme on l'a cru, des ennemis personnels, mais des adversaires politiques. Cette conception nouvelle embrasse, on le voit, toute la personnalité d'Archiloque. Bornons-nous pour le moment à l'étude des faits biographiques qui doivent être la base de toute théorie générale.

Que des difficultés matérielles, et la perte même de sa fortune, aient décidé Archiloque à s'éloigner de sa patrie, c'est le fait incontestable qu'établit le témoignage de Critias ; mais faut-il parler ici d'une révolution politique ? Aucun texte ne nous apprend rien de pareil. Seul, OEnomaos de Gadara, dans le récit légendaire que nous avons déjà discuté, parle de « plaisanteries politiques », πολιτικὴ φλυαρία, qui auraient causé la ruine d'Archiloque [1]. Mais, à supposer que ce texte dût être pris à la lettre, que prouverait-il, sinon que le poète avait attaqué dans ses vers quelques-uns de ses concitoyens ? Dans quelle occasion avait-il exercé cette verve mordante qui devait, comme dit Pindare, le jeter toute sa vie dans les embarras et la misère [2]? Nous n'en

1. Euseb., *Praepar. evang.*, V, 30 : Ἀποβαλόντι τὴν οὐσίαν ἐν πολιτικῇ φλυαρίᾳ.

2. Pindar., *Pyth.*, II, v. 52 sqq.

Ἐμὲ δὲ χρεὼν
φεύγειν δάκος ἀδινὸν κακαγοριᾶν.
Εἶδον γὰρ ἑκὰς ἐὼν τὰ πόλλ' ἐν ἀμαχανίᾳ
ψογερὸν Ἀρχίλοχον,
βαρυλόγοις ἔχθεσιν
πιαινόμενον.

savons rien, et c'est par une hypothèse gratuite qu'on lui donne pour adversaires des démocrates. Aucun indice ne permet de supposer que, dès le début du viie siècle, un parti démocratique ait existé, et surtout triomphé, à Paros. Bien d'autres circonstances peuvent expliquer les disgrâces dont avait souffert Archiloque, ne fût-ce que cette naissance irrégulière, bien faite pour lui inspirer des sentiments de mécontentement, de rancune et de vengeance.

Mais il nous faut ajouter surtout que les aventures d'Archiloque à Thasos ne sauraient en aucune manière passer pour un simple épisode dans une guerre de partisans. M. Jurenka insiste peu sur ces campagnes de Thasos et de Thrace ; mais elles ont occupé une place considérable dans la vie de notre poète et dans l'histoire de Paros. Nous n'en voulons d'autre preuve que l'inscription même que nous avons déjà maintes fois citée. On savait, bien avant cette découverte, que nombre de fragments d'Archiloque se rapportaient à des pièces composées à Thasos, ou relatives aux batailles livrées dans ces parages [1] ; on entendait tantôt les accents pleins de confiance et de bonne humeur du poète-soldat [2], tantôt ses plaintes ou ses inquiétudes [3] ; mais on ne pouvait se faire une idée de l'étendue qu'avaient ces récits de guerres ni de la variété des sujets traités. Or, ce que nous apprend l'inscription,

---

1. M. O. Crusius (*art. cité*, p. 493) va jusqu'à dire que certaines poésies d'Archiloque étaient intitulées τὰ Θραχικά. C'est là une interprétation inexacte du texte suivant : καθάπερ Ἀρχίλοχος μὲν ἐν τοῖς Θραχικοῖς ἀπειλημμένος δεινοῖς τὸν πόλεμον εἰκάζει θαλαττίῳ κλύδωνι (Heraclitus, *Alleg. hom.*, 5), texte dans lequel il faut réunir les mots ἐν τοῖς Θραχικοῖς ..... δεινοῖς. — Cf. Archil., fr. 54.

2. Archil., fr. 1, 2, 4, 6, etc...

3. Archil., fr. 20, 24, 52, 53, 54, etc...

en dépit de ses déplorables lacunes, c'est que les citations de Déméas, tirées de ces poèmes thasiens, com-
prenaient, avec les quinze ou vingt dernières lignes de
la première colonne, les deux colonnes suivantes aujourd'hui entièrement effacées, et encore la quatrième
tout entière, c'est-à-dire en tout 194 lignes au moins.
Cette conclusion résulte de ce fait, que les extraits suivent l'ordre chronologique, et que, jusqu'à la dernière
ligne de la dernière colonne, les tétramètres, presque
partout textuellement cités par le chroniqueur, se rapportent toujours à Thasos, à des combats, à des entreprises militaires. Nous ne pouvons pas, bien entendu,
restituer ce qui manque dans la partie mutilée du document ; mais un détail ouvre des aperçus nouveaux sur
la nature des luttes que racontait Archiloque. Immédiatement après le récit de l'échauffourée qui avait
menacé les colons pariens de Thasos, Déméas notait
dans sa chronique, avec le nom d'un nouvel archonte,
une victoire complète remportée sur les Naxiens, et
citait, comme preuve à l'appui, une description de
bataille toujours empruntée au même poète[1]. L'épigraphiste prudent qu'est M. Hiller von Gärtringen ne met
pas en doute que le nom des Naxiens ne soit ici la
vraie leçon, et il rappelle qu'un homme de Naxos
passait pour avoir tué Archiloque lui-même dans une
bataille[2]. Le fait que révèle ici l'inscription permet

1. *Inscr. Graec.*, XII, v, 1, n° 445, 1ʳᵉ colonne, l. 52 et suiv.

    Μετὰ ταῦτα [π]άλιν γίνεται ἄρχων Ἀμ-
[φί]τιμο[ς], καὶ ἐν τού[τ]οις [δ]ιασαφεῖ πάλιν ὡς
ἐ[ν]ίκη[σ]αν καρτερῶς τοὺς Ναξίους λέγων
[ο]ὕτω · Τῶν δὲ ἀντ[ι]ᾶ ‖ τῇ μάχῃ λαὸς παρασταθείς · ἀ[νέ]-
[δρ]α[μ]εν κτύπος ‖ - ◡ - ◡ - αὗτης τῆς πολυ-
[.....φ]λογός · καὶ [τού] των [?] [.....δ]εί[λης] ἡμέ[ρ]ης ἐπαύ(σαμεν)
[β]άλλοντες.....

2. Plut., *De sera num. vind.*, 17.

donc d'en dégager deux autres : c'est que, d'abord, la guerre avec les Naxiens a duré assez longtemps pour que le même poète qui devait y trouver un jour la mort en eût célébré déjà les vicissitudes, et c'est, ensuite, que cette guerre est inséparable des luttes soutenues par les Pariens autour de Thasos, puisque le nom de cette île revient jusqu'à trois fois encore dans la dernière colonne de l'inscription.

Si le souvenir de ces hostilités a presque totalement disparu de l'histoire, remarquons pourtant que Philochore, d'après Harpocration, invoquait le témoignage d'Archiloque dans, l'exposé des combats livrés par les Pariens de Thasos aux habitants de Maronée, pour la possession de Strymé[1]. Or Maronée était une colonie de Chios, et voilà une rivalité qui peut bien avoir gagné aussi les métropoles. Nous ne voyons pas, il est vrai, que Naxos ait eu des intérêts du même genre sur la côte de Thrace ; mais que savons-nous au juste de ces luttes ? Archiloque semble être arrivé à Thasos dans un temps où les peuplades barbares du voisinage disputaient encore l'île elle-même aux colons de Paros ; mais peu à peu de nouvelles recrues, des succès remportés d'un côté ou de l'autre, des alliances heureuses vinrent en aide aux Pariens, et bientôt, possesseurs incontestés de l'île qui dominait par sa situation tout le commerce de la côte voisine, ils s'établirent en maîtres dans cette région du mont Pangée qui devait être pour eux une source inépuisable de richesses. On ne peut guère admettre que seules les peuplades thraces aient résisté à cette prise de possession des mines d'or

---

1. Harpocrat., 171, 4 : Στρύμη ..... μνημονεύει τῶν Θασίων πρὸς Μαρωνείτας περὶ τῆς Στρύμης ἀμφισβητήσεως· Φιλόχορος ἐν ε΄ Ἀρχίλοχον ἐπαγόμενος μάρτυρα. — Archil., fr. 146.

les plus enviées. De tous les côtés se pressaient des colonies grecques[1] : Andros eut les siennes à l'ouest du Strymon ; Clazomène, près de l'embouchure du Nestos; Chios, au pied du mont Ismaros, sans parler des Éoliens de Mitylène, qui, fondateurs d'Énos à l'embouchure de l'Hèbre, durent bien se mêler, eux aussi, aux luttes d'influence d'où sortirent ces établissements durables[2]. Même les villes qui ne cherchaient pas à prendre pied dans ces parages se trouvèrent entraînées dans la guerre, et l'on sait comment, dans le même temps, la rivalité de Chalcis et d'Érétrie divisa en deux camps tout le monde grec de l'Archipel et des continents voisins. Cette guerre de Lélante, dont les premières phases remontent, ce semble, à la fin du viiie siècle, s'est fait sentir jusque dans les colonies les plus lointaines, et nous apprenons, par un fragment d'Archiloque, qu'il eut connaissance des batailles de l'Eubée, de ces luttes acharnées où une convention spéciale interdisait l'usage des arcs et des frondes[3].

Tels sont les événements historiques auxquels se rattachent les aventures guerrières d'Archiloque : mêlé successivement aux revers et aux succès des Thasiens, le fils de Télésiclès chanta dans ses poésies la bonne et la mauvaise fortune. Mais alors une question se pose : comment se fait-il que ce poète patriote, après avoir assisté à des luttes finalement couronnées de de succès, n'y ait trouvé en somme ni la richesse ni la gloire ?

1. Cf. Busolt, *Griech. Geschichte*, t. 1 (1893), p. 458 et suiv.
2. C'est peut-être ces colons lesbiens que désigne le mot Λεσβίων dans les fragments d'Archiloque conservés par l'inscription de Paros (IVe colonne, l. 52).
3. Strab. X, p. 448 : Συνέθεντο ἐφ' οἷς συστήσονται τὸν ἀγῶνα · δηλοῖ δὲ καὶ τοῦτο ἐν τῷ Ἀμαρυνθίῳ στήλη τις φράζουσα μὴ χρῆσθαι τηλεβόλοις.

Il faut nous rappeler ici le témoignage de Critias : Archiloque s'était fait, à Thasos même, des ennemis. Pour des raisons politiques? Rien ne le prouve; mais la même humeur indépendante, aventureuse, qui de Paros l'avait amené sur ces frontières du monde grec où l'état de guerre avec les barbares était continuel, n'avait pas manqué de se développer au cours d'une existence agitée. Le fier soldat qui avait apporté aux Thasiens le secours de son bras n'était pas homme à accepter sans réserve le commandement du premier venu : il jugeait et ses chefs et ses compagnons, toujours prêt à se moquer des uns et des autres[1], il se proclamait volontiers le servant du dieu Enyalios, comme s'il n'eût eu à rendre compte à personne de sa conduite[2]. Avait-il perdu son bouclier à la bataille ? Il était le premier à s'en consoler[3]. Sa lance, voilà toute sa richesse; elle suffisait à son bonheur[4]. Est-ce à dire que cet esprit d'indépendance, d'insouciance même, ait conduit Archiloque jusqu'à trahir à l'occasion la cause qu'il avait d'abord soutenue ? En d'autres termes, ce batailleur a-t-il été vraiment un mercenaire, à la solde du plus offrant?

L'opinion qui le représente comme tel s'appuie d'abord sur un fait dont nous avons déjà montré le néant: c'est la prétendue campagne d'Archiloque en Grande-Grèce, au service des Colophoniens[5]. On invoque ensuite deux fragments du poète lui-même. « Glaucos, disait-il

---

1. Archil., fr. 58 et 59.
2. Fr. 1.
3. Fr. 6.
4. Fr. 2.
5. Cf. ci-dessus, p. 53.

quelque part, un auxiliaire n'est un ami qu'aussi longtemps qu'il combat. »

Γλαῦχ', ἐπίκουρος ἀνὴρ τόσσον φίλος ἔσκε μάχηται[1].

Mais est-ce là nécessairement une confidence, le fruit
d'une expérience personnelle? Aussi bien ce vers est-
il cité par Aristote comme un proverbe, sans nom d'auteur[2]; l'authenticité en reste au moins douteuse[3].
L'autre fragment, d'une authenticité certaine, est un
iambe où le poète parle cette fois de lui-même : « On
m'appellera, dit-il, mercenaire, comme un Carien »,

καὶ δὴ 'πίκουρος ὥστε Κὰρ κεκλήσομαι[4].

Mais ici le futur κεκλήσομαι indique un fait non réa-
lisé encore, et nous sommes en droit de voir dans ce
vers, au lieu d'un parti pris arrêté, l'expression d'une
intention peut-être encore vague, d'une menace ou
d'une crainte. Nous connaissons mal les vicissitudes
de ces aventures thasiennes; mais nous savons, par
les fragments d'Archiloque, que le poète a passé par de
véritables angoisses :

κλαίω τὰ Θασίων, οὐ τὰ Μαγνήτων κακά[5].

1. Archil., fr. 14.
2. Aristot., *Eth. Eudem.*, VII, 2.
3. M. U. Bahntje (*Quaest. Archilocheae*, p. 60) rejette ce vers pour des
raisons métriques. M. H. Dettmer (*De arte metrica Archilochi quaestiones*, diss. inaug., Hildesheim, 1900, p. 90-91) fait de même, bien que
le tour proverbial de la pensée lui paraisse de nature à excuser chez
Archiloque une exception à la règle ordinairement observée par ce
poète.
4. Archil., fr. 24. — Il n'est pas douteux qu'Archiloque n'ait fait allusion dans ce vers aux mercenaires Cariens. Mais les scoliastes de Platon
et d'Homère qui nous ont conservé cet iambe (cf. les textes cités dans
Bergk, *ad. h. l.*) ont cru que la même explication convenait à la locution
homérique, τίω δέ μιν ἐν καρὸς αἴση, dont l'origine est toute différente.
5. Archil., fr. 20.

Il a gémi sur des misères qui accablaient l'île trois
fois malheureuse ; il a voulu détourner d'elle le rocher
de Tantale ; il a pressenti les orages qui allaient éclater[1] : n'avait-il pas aussi prévu pour lui-même le rôle
misérable de mercenaire ? En tout cas, si Archiloque a
parfois maudit Thasos, s'il a dépeint avec amertume
l'aspect sauvage et pauvre de cette montagne stérile[2],
nous ne voyons pas qu'il l'ait jamais trahie, et les citations de l'historien Déméas donnent au contraire à
penser qu'il avait assisté, comme auteur et comme témoin, aux longues péripéties de la lutte qui aboutit à
l'établissement de la puissance thasienne sur la côte
septentrionale de la mer Égée.

D'ailleurs, sans renoncer à défendre la même cause,
il aurait pu, nous l'avons dit, se mêler à d'autres
combats, et notamment à cette guerre de Lélante qui
mit aux prises presque toutes les villes grecques. Lui-
même faisait allusion dans une élégie à ces batailles
de l'Eubée ; mais le fragment conservé de cette pièce
nous reporte dans un temps où le poète, éloigné du
centre de la guerre, en prévoyait seulement de loin les
beaux faits d'armes[3].

Quoi qu'il en soit, c'est une bonne partie de sa vie
qu'Archiloque dut passer à guerroyer ; et, si nous apprenons qu'il trouva la mort de la main d'un Naxien
dans une bataille[4], rien ne nous oblige à penser qu'il
eût auparavant, dans un séjour prolongé à Paros, renoncé
à son ancien métier. La vérité est cependant que la
tradition et les fragments de son œuvre s'accordent à

1. Fr. 129, 53, 54.
2. Fr. 21.
3. Fr. 3. — Cf. Bahntje (U.), *Quaest. archil.*, p. 12.
4. Plut., *De sera num. vind.*, 17.

nous faire entrevoir une époque dans sa vie où il eut
l'occasion de renouveler sa verve satirique, où son
caractère, son esprit, son art, son génie enfin attei-
gnirent leur plus haut degré de développement. Cette
époque de sa vie, la tradition la résume en une aventure qui n'a peut-être été qu'un épisode entre beaucoup
d'autres, mais qui est caractéristique. C'est l'histoire
de Lycambe et de sa fille Néoboulé.

4. — ARCHILOQUE A PAROS. — SES DÉMÊLÉS AVEC LYCAMBE ET NÉOBOULÉ.

Rien de plus connu, ni de plus légendaire, que la
fin tragique de cette aventure. Au temps d'Horace, le
nom d'Archiloque évoquait le souvenir de ces victimes
fameuses d'une satire sanglante : Lycambe se précipi-
tait dans la mort,

    ... non res et agentia verba Lycamben [1];

la malheureuse fiancée se suspendait au lacet fatal :

    Nec sponsae laqueum famoso carmine nectit [2].

Cependant la légende comportait quelques variantes :
pour les uns, Lycambe seul, directement visé et atteint
par Archiloque, se tuait de désespoir [3]; pour d'autres,
la fille et le père échappaient ensemble au déshonneur [4];

---

1. Horat., *Epist.*, I, 19, v. 25.
2. *Ibid.*, v. 31.
3. Schol. ad Horat., *Epod.*, VI, 13.
4. *Ibid.*

dans une troisième version, Lycambe gémissait sur la mort lamentable de ses filles, victimes des opprobres qu'Archiloque avait lancés contre elles[1]. Plus ancienne que tous ces témoignages est l'épigramme où le poète alexandrin Dioscoride faisait parler les filles de Lycambe elles-mêmes, dans une protestation d'innocence qui paraît bien répondre aux attaques réelles du poète[2]. Mais cette pièce, si précieuse pour l'interprétation des fragments d'Archiloque, ne contient encore, sinon dans la note du *lemmatiste*, aucune allusion à la mort violente des Λυκαμβίδες. Il est donc vraisemblable que la légende, si répandue à l'époque romaine, ne remontait pas bien haut dans l'histoire : ni Critias ne la connaît, ni aucun des auteurs qui ont parlé d'Archiloque au ve ou au ive siècle.

Dans ces conditions, l'origine peut en être cherchée dans les vers mêmes du poète, et la solution de ce problème résulte d'une glose de Photius au mot κύψαι.

« Κύψαι · ἀντὶ τοῦ ἀπάγξασθαι Ἀρχίλοχος·

κύψαντες ὕβριν ἀθρόην ἀπέφλοσαν[3].

1. *Anthol. Palat.*, VII, 71 (édition H. Stadtmüller) :
οἶδε Λυκάμβης
μυρόμενος τρισσῶν ἄμματα θυγατέρων.
2. *Anthol. Palat.*, VII, 351 (édition H. Stadtmüller) :
Οὐ μὰ τόδε φθιμένων σέβας ὅρκιον, αἵδε Λυκάμβεω,
αἵ λάχομεν στυγερὴν κληδόνα, θυγατέρες,
οὔτε τι παρθενίης ᾐσχύναμεν οὔτε τοκῆας
οὔτε Πάρον, νήσων αἰπυτάτην ἱερῶν.
5   ἀλλὰ καθ' ἡμετέρης γενεῆς ῥιγηλὸν ὄνειδος
φήμην τε στυγερὴν ἔφλυσεν Ἀρχίλοχος.
Ἀρχίλοχον, μὰ θεοὺς καὶ δαίμονας, οὔτ' ἐν ἀγυιαῖς
εἴδομεν οὔθ' Ἥρης ἐν μεγάλῳ τεμένει.
εἰ δ' ἦμεν μάχλοι καὶ ἀτάσθαλοι, οὐκ ἂν ἐκεῖνος
10   ἤθελεν ἐξ ἡμέων γνήσια τέκνα τεκεῖν.
3. Archil., fr. 35. — L'explication que nous donnons ici de ce vers est due à M. Piccolomini, *Quaestionum de Archilocho capita tria* (*Hermes*, t. XVIII (1883), p. 264-266).

En traduisant dans ce vers le participe χύψαντες par ἀπαγξάμενοι, une critique assez bien informée prétendait donner à ce dernier verbe un sens moral, *étouffer de confusion et de rage ;* mais d'autres commentateurs suivirent qui prirent le mot à la lettre, et inventèrent, ou donnèrent lieu d'inventer, la légende du lacet. En réalité, c'est tout le contraire que disait, ce semble, Archiloque de ses ennemis : réduits à *baisser la tête* (χύψαι), *à s'humilier, à faire amende honorable,* ils avaient dû, suivant une expression populaire ou hardiment forgée par le poète, « rejeter en une fois toute la bave de leur orgueil ».

Si tel est le sens de ce vers, on peut croire qu'il se rapportait effectivement, comme le veut la tradition, aux ennemis qu'Archiloque avait poursuivis de ses outrages les plus violents, à Lycambe et Néoboulé. Que faut-il donc penser du rôle que ces deux personnages avaient joué dans cette affaire à l'égard du poète qui les a rendus à jamais fameux?

Quelques points essentiels dans cette aventure romanesque semblent hors de doute : c'est d'abord qu'Archiloque avait été accueilli à la table de Lycambe comme fiancé, et que l'engagement ne fut pas tenu[1]. C'est ensuite que le poète, frustré dans ses espérances, tourna sa colère à la fois contre Lycambe, infidèle à son serment, contre Néoboulé, qu'il avait aimée, et contre la sœur même de Néoboulé. Cette explosion de vengeance et de haine éclate encore dans quelques fragments d'Archiloque; mais, pour apprécier plus sûrement l'es-

---

1. Archil., fr. 96 :

      "Ορκον δ' ἐνοσφίσθης μέγαν
    ἅλας τε καὶ τράπεζαν.

Fr. 99 :

      Ζεῦ πάτερ, γάμον μὲν οὐκ ἐδαισάμην.

prit de cette satire impitoyable, on voudrait connaître les circonstances de la rencontre entre le poète et la jeune fille, l'attitude du père en face de ces projets de mariage, l'origine enfin et les causes directes de la rupture. Les hypothèses qu'on peut faire à ce sujet s'appuient sur l'interprétation toujours douteuse de vers mutilés ; il nous faut dire pourtant celles qui nous semblent se rapprocher le plus de la vérité.

M. Jurenka se représente les choses de la façon suivante[1] : c'est dans son île natale, à Paros, et dès sa première jeunesse, qu'Archiloque connut et rechercha la fille de Lycambe. A cette époque, activement mêlé aux luttes politiques, il défendait la cause à laquelle sa naissance l'avait naturellement attaché, et déjà se livrait avec succès à la poésie. Cependant son amour pour Néoboulé rencontra d'abord un obstacle imprévu, non pas chez le père de la jeune fille, mais chez la jeune fille elle-même ; jamais celle-ci ne lui témoigna que de la froideur ; jamais il ne put épancher sa passion que de loin, torturé dans son âme, et comme affolé par le chagrin. Seul Lycambe encourageait ses démarches, et s'étonnait du refus opposé par sa fille. En vain Néoboulé parut un jour céder à son père : malgré l'échange des serments, Archiloque ne prit pas place au festin nuptial. Alors, malheureux dans son amour, malheureux aussi dans sa politique, le jeune homme s'éloigna de Paros, et se lança dans de lointaines aventures, non sans accabler de ses invectives la fille hautaine et le père trop faible qui l'avaient trahi.

Cette hypothèse repose sur une idée générale dont nous avons déjà dit quelques mots, et sur une inter-

---

1. Jurenka (H.), *Archilochos von Paros*, p. 13-14.

prétation contestable de plusieurs fragments d'Archiloque. L'idée générale, qui fait du poète un aristocrate pur, luttant contre un parti démocratique, ne tient compte ni du témoignage de Critias sur l'esclave Enipo, ni du fait que rien dans l'histoire ne trahit l'existence de luttes intestines à Paros, ni de cette observation enfin, que les aventures thasiennes d'Archiloque ne ressemblent pas le moins du monde à celles d'un aristocrate en exil. Aussi bien, si l'échec du poète auprès de Néoboulé avait déterminé son départ pour Thasos, comment cette raison si naturelle n'aurait-elle pas trouvé place dans la tradition? La tradition savait, au contraire, qu'Archiloque, au lieu de fuir devant Lycambe et sa fille, les avait, à Paros même, poursuivis de ses injures et de ses outrages. Ce fait essentiel, que personne ne conteste, peut-il s'accorder avec l'hypothèse d'un départ qui devait bientôt mettre le poète aux prises avec des difficultés et des misères d'un autre genre?

Aussi peu solides sont, à notre avis, les preuves particulières que M. Jurenka tire de plusieurs textes. Et d'abord, où trouve-t-il ce portrait d'un amoureux timide et réservé? Si Archiloque, décrivant celle qu'il aime ou qu'il a aimée, la contemple portant une branche de myrte et une rose à la main, tandis qu'une abondante chevelure ombrage sa nuque et ses épaules[1], c'est qu'il l'embrasse d'un regard amoureux et avide. Disons plus ; la passion s'exprime, dans ce fragment même et dans le suivant, avec une ardeur et une sensualité

---

1. Archil., fr. 29 :

Ἔχουσα θαλλὸν μυρσίνης ἐτέρπετο
ῥοδῆς τε καλὸν ἄνθος, ἡ δέ οἱ κόμη
ὤμους κατεσκίαζε καὶ μετάφρενα.

qui trahissent plutôt l'emportement d'un homme fait que la réserve respectueuse d'un jeune homme[1]. Cependant, ajoute M. Jurenka, il la suit de loin et se tait devant elle :

Μετέρχομαί σε, σύμβολον ποιεύμενος [2].

Qui nous dit que ce vers se rapporte à Néoboulé ? Il souhaite de pouvoir seulement effleurer sa main :

Εἴ γὰρ ὥς ἐμοὶ γένοιτο χεῖρα Νεοβούλης θιγεῖν [3].

Arrêtons-nous un instant sur ce vers, le seul où apparaisse en toutes lettres le nom de la fille de Lycambe. Tout l'intérêt qui s'y attache réside dans le sentiment délicat qu'on y découvre. Mais le sens n'en est rien moins que certain ; ou plutôt, ce qui nous paraît certain, c'est que les mots χεῖρα Νεοβούλης θιγεῖν ne sauraient être maintenus dans le texte : jamais le verbe θιγγάνω ne se rencontre avec l'accusatif, et l'on ne doit pas hésiter ici à restituer χειρί avec Elmsley et O. Crusius [4].

1. Archil., fr. 30 :
'Εσμυρισμένας
καὶ στῆθος, ὡς ἂν καὶ γέρων ἡράσσατο.

2. Archil., fr. 44. — M. Jurenka entend σύμβολον ποιεύμενος, comme fait aussi M. U. Bahntje (*Quaest. archil.*, p. 74), dans le sens de *linguae favens*, et attribue au jeune homme cette attitude silencieuse. Mais qui sait si le masculin ποιεύμενος est la vraie leçon ? Les manuscrits des scolies de Pindare ne sont pas unanimes sur ce point. La variante ποιουμένη semble autorisée par ces mots de Philochore, qui viennent immédiatement après la citation d'Archiloque : χρήσασθαι δὲ αὐτοῖς πρώτην Δήμητραν (*Scholia vetera in Pindari carmina*, rec. Drachmann, t. I, p. 352). Si c'est une femme que fait parler Archiloque, que devient l'interprétation de M. Jurenka ?

3. Archil., fr. 71.

4. *Anthologia lyrica*, ed. Ed. Hiller, emendavit atque novis Solonis aliorumque fragmentis auxit O. Crusius, Lipsiae, Teubner, 1901, p. 10.

Mais alors ce datif doit-il être interprété, comme chez
Pindare, dans le sens même du génitif? ou plutôt (car
la langue d'Archiloque est plus voisine d'Homère que
de Pindare) ne serait-ce pas un datif instrumental?
Dans ce cas, la pensée exprimée attesterait sans doute
la distance où Néoboulé tenait son amant; elle n'impli-
querait pas, tant s'en faut, la délicatesse et la timidité
du poète. Enfin M. Jurenka parle des vœux d'Archiloque, comme s'il les avait renfermés dans son cœur.
« Ah ! puissé-je, disait-il, posséder la fille aînée de
Lycambe ! » Mais ce prétendu souhait vient d'une conjecture (σχοίην, au lieu de οἵην), et le texte donné
par le scoliaste d'Homère donne un sens incomplet sans
doute et incertain, mais explicable, et qu'il faut, pour
cette raison même, conserver[1].

Aussi bien l'hypothèse de M. Jurenka s'appuie-t-elle
avant tout sur le fragment 74, interprété d'une façon
nouvelle. Ce fragment contient un lieu commun célèbre,
souvent imité par les poètes et les écrivains postérieurs :
« Il n'y a rien à quoi il ne faille s'attendre, rien dont
on puisse jurer que cela n'arrivera jamais, rien dont on
doive s'étonner, puisque Zeus, le père des Olympiens,
a fait la nuit au milieu du jour en voilant la lumière
étincelante du soleil (spectacle qui a répandu l'épou-
vante parmi les hommes) ! Oui, désormais on peut tout

----

1. Archil., fr. 28.

Οἴην Λυκάμβεω παῖδα τὴν ὑπερτέρην.

D'après le scoliaste qui nous a conservé cet iambe d'Archiloque
(Schol. Hom., *Iliad.*, 11, 786), ὑπερτέρην aurait ici le sens de νεωτέρην;
mais le vers de l'*Iliade* qui paraissait justifier ce prétendu ionisme
(11, 786 : γενεῇ μὲν ὑπέρτερός ἐστιν Ἀχιλλεύς. | πρεσβύτερος δὲ σύ ἐσσι)
doit s'entendre autrement. Cf. Ebeling, *Lexicon homericum,* s. v. ὑπέρ-
τερος. Dans Archiloque, nous comprenons τὴν ὑπερτέρην dans le sens
de « l'aînée ». C'est aussi l'opinion de M. O. Crusius (art. *Archilochos,*
p. 494).

croire, on peut s'attendre à tout : qu'aucun de vous ne
s'étonne, quand même il verrait les bêtes fauves, chan-
geant leurs retraites pour le séjour humide des dauphins,
préférer au continent les flots retentissants de la mer
et les dauphins se plaire dans les montagnes[1]. » Si ce
morceau ne nous était connu que par la citation de
Stobée[2], toute hypothèse nous serait permise sur l'application qu'Archiloque avait pu en faire. Mais Aristote,
qui en cite le début[3], nous fournit cette indication
précise, que le poète prêtait ces paroles à un père parlant
de sa fille, et faisait entendre par là un reproche qu'il
ne pouvait pas exprimer en son propre nom. De cette
donnée M. Jurenka tire l'explication suivante : le
reproche vise Néoboulé, et la chose extraordinaire,
incroyable, et pourtant réelle, c'est qu'une fille comme
elle refuse un homme comme Archiloque. Le morceau
appartiendrait donc à une pièce où le poète se plaisait
à opposer l'accueil favorable de Lycambe aux résistances

---

1. Archil., fr. 74. — Voici, d'après l'édition de Bergk, le texte de ce
morceau :

> Χρημάτων ἄελπτον οὐδέν ἐστιν οὐδ' ἀπώμοτον,
> οὐδὲ θαυμάσιον, ἐπειδὴ Ζεὺς πατὴρ Ὀλυμπίων
> ἐκ μεσημβρίης ἔθηκε νύκτ' ἀποκρύψας φάος
> ἡλίου λάμποντος · λυγρὸν δ' ἦλθ ἐπ' ἀνθρώπους δέος.
> 5 Ἐκ δὲ τοῦ καὶ πιστὰ πάντα κἀπίελπτα γίγνεται
> ἀνδράσιν · μηδεὶς ἔθ' ὑμῶν εἰσορῶν θαυμαζέτω,
> μηδ' ὅταν δελφῖσι θῆρες ἀνταμείψωνται νομόν
> ἐνάλιον καί σφιν θαλάσσης ἠχέεντα κύματα
> φίλτερ' ἠπείρου γένηται, τοῖσι δ' ἡδὺ ἦν ὄρος.

Le second hémistiche du vers 9 contient certainement une faute de
texte : on a proposé beaucoup de corrections. Cf. les notes critiques de
Bergk, de O. Hoffmann (*Die griechischen Dialekte*, t. III, *Der ionische
Dialekt*, Göttingen, 1898, p. 107), de Buchholz-Peppmüller *Anthologie
aus den Lyrikern der Griechen*, t. I, 5ᵉ édit. par Peppmüller, 1900), de
O. Crusius *Anthologia lyrica*, 1901). — Au vers 4, l'irrégularité métrique
du 1ᵉʳ hémistiche a donné lieu aussi à de nombreuses conjectures.

2. Stob., *Flor.*, CX, 10.

3. Aristot., *Rhet.*, III, 17.

inouïes de sa fille. Plus tard seulement Lycambe aurait changé d'avis, quitte à devenir alors la risée de tous.

Voilà donc Archiloque présenté comme un prétendant d'une correction parfaite : jeune, noble, dévoué au parti des honnêtes gens, et, par dessus tout, poète déjà célèbre ! En vérité, ce qui nous surprend alors, c'est qu'un homme aussi respectueux, et, si je puis dire, aussi respectable, se soit transformé tout à coup en un adversaire sans pudeur. Car enfin, si dans toute cette affaire une chose est certaine, c'est la conduite du poète après son échec ; c'est le débordement d'injures qu'il déversa sur le père et la sœur de sa fiancée, sur sa fiancée même. Une telle attitude ne s'explique guère dans l'hypothèse de M. Jurenka ; elle répond au contraire à l'idée que nous nous faisons d'Archiloque après ses campagnes de Thasos et de Thrace, c'est-à-dire après une vie d'aventures déjà mêlée de misère et de gloire : le prétendant farouche de Néoboulé nous apparaît comme un homme dont l'orgueil ressent les moindres blessures, comme un aristocrate déchu, qui s'est refait à lui-même une célébrité par ses armes et par ses vers, comme un irrégulier enfin aux prises avec les conventions sociales, avec les préjugés de la naissance et de la fortune. C'est à cet ordre d'idées que doit convenir, pour être vraisemblable, toute interprétation du fragment qui nous occupe. Aussi M. Immisch[1] nous paraît-il être plus près de la vérité que M. Jurenka dans l'explication qu'il donne du même passage. Selon lui, les blâmes de Lycambe s'adressent, non pas à Néoboulé, mais aux adversaires du mariage projeté avec Archiloque ; c'est à ces hommes, amis de la famille, ou

---

1. Immisch (O.), *Zu griech. Dichtern*, dans le *Philologus*, t. XLIX (1890), p. 193-203.

rivaux du poète, que le père oppose, pour défendre son futur gendre, l'incertitude de l'avenir et les vicissitudes des choses humaines : « Archiloque est pauvre, sa réputation est douteuse, son existence vagabonde ; mais qui sait ce qui peut arriver ? à quoi ne faut-il pas s'attendre ?..... » A vrai dire, si cette explication n'est pas certaine, elle est la seule qui nous semble s'accorder à la fois avec le texte d'Aristote et avec l'idée essentielle que nous nous formons d'Archiloque dans ses rapports avec Lycambe et Néoboulé.

En résumé, le hardi poète, qu'une humeur batailleuse et les nécessités de la vie avaient longtemps retenu loin de son île natale, semble avoir éprouvé, à Paros même, la plus cruelle souffrance qu'il ait jamais connue. Dans la force de l'âge et du talent, il ressentit un amour ardent et malheureux qui ne fit que tourmenter son cœur et exaspérer son esprit. Les détails de ce roman nous échappent ; mais il était nécessaire d'en marquer les traits essentiels, afin de mieux apprécier, dans la suite de notre travail, la valeur de cette poésie violente et passionnée.

C'est vers la même époque sans doute, au temps où le poète, en pleine possession de son art et de son génie, tenta de reconquérir, à Paros, le rang et les honneurs de sa famille, qu'il prit part à des concours locaux et alla porter peut-être au dehors, dans les grandes fêtes de la Grèce, sa gloire de poète parien : un hymne à Déméter[1], un autre à Héraclès[2], attestaient, aux yeux des anciens, ces épisodes de sa carrière poétique. D'autres souvenirs percent encore dans les fragments

1. Archil., fr. 120.
2. Fr. 119.

mutilés de son œuvre : tel le naufrage où avait péri le
mari de sa sœur[1]. Mais toute donnée fait défaut pour
rapporter ces faits à un moment précis de sa vie : ils
ne rentrent pas, à proprement parler, dans la biographie dont nous avons essayé de fixer ici les points principaux.

Quant à sa mort, nous en avons déjà parlé à plusieurs
reprises. Ajoutons qu'il n'y a pas lieu de supposer que
le poète ait cédé à une sorte de dépit en se rejetant
dans les aventures : loin de fuir devant l'outrage, il
semble avoir conservé jusqu'au bout une attitude provocante, et, s'il reprit sa lance pour affronter de nouvelles batailles, cette résolution s'explique assez par les
nécessités d'une guerre où l'intérêt de Paros était en
jeu, mais surtout par l'irrésistible attrait d'un métier
qui avait rempli la meilleure part de sa vie.

1. Plut., *De aud. poet.*, 6. — Archil., fr. 9-13.

CHAPITRE II

LES POÉSIES D'ARCHILOQUE

I

HISTOIRE DU TEXTE DE CES POÉSIES

En cherchant à reconstituer, dans notre premier chapitre, la biographie d'Archiloque, nous avons dû souvent fonder nos hypothèses sur les trop rares débris que nous possédons de son œuvre. L'insuffisance de cette tradition manuscrite se fait sentir à nous plus vivement encore au moment d'aborder l'étude directe de notre poète, de son art et de son génie. Mais, pour cette raison même, il importe de marquer exactement la nature de cette tradition, et, sans en dissimuler les lacunes, d'en maintenir aussi, contre les tentations d'un scepticisme assez naturel, la valeur après tout encore inappréciable.

1. — ÉTAT ACTUEL DES FRAGMENTS D'ARCHILOQUE.

Dans la 4ᵉ édition des *Poetae lyrici graeci* de Bergk (1882), les poésies diverses d'Archiloque s'élèvent à un total de 240 vers environ, auxquels il faut ajouter une soixantaine de citations isolées, je veux dire de mots, ou *gloses*, empruntés à notre auteur[1]. Depuis l'année 1882 trois fragments nouveaux ont pris place dans le recueil de M. O. Crusius (1901)[2], et, plus récemment encore, un papyrus de Strasbourg nous a fait connaître 24 vers, à peu près entiers, du recueil des *épodes*[3], tandis qu'une inscription de Paros, habilement déchiffrée, rendait à la lumière 5 tétramètres trochaïques du même poète, avec de nombreux morceaux mutilés, écrits dans le même mètre[4]. De nouvelles trouvailles peuvent encore, nous l'espérons bien, se produire. Mais les fragments mêmes que nous avons offrent une ample matière à notre étude, pourvu que l'authenticité en paraisse incontestable. C'est sur ce point qu'il faut porter d'abord notre attention : l'histoire du texte des poésies d'Archiloque, retracée depuis l'origine, nous apprendra d'abord comment cette œuvre a vu le jour, comment elle s'est transmise et répandue en Grèce ; puis, comment

1. Avant Bergk, il faut citer, parmi les éditeurs d'Archiloque, Liebel et Schneidewin. — Liebel, en 1812, réunit pour la première fois, en un volume à part, les fragments d'Archiloque : *Archilochi iambographorum principis reliquiae*, Vindobonae, 1812. Une seconde édition du même livre parut en 1818, revue et augmentée. Le commentaire de Liebel est encore utile à consulter aujourd'hui. — Schneidewin a publié les plus importants fragments d'Archiloque dans son *Delectus poesis Graecorum elegiacae, iambicae, melicae*, Göttingen, 1838-1839. — Depuis la quatrième édition de Bergk (1882), mentionnons les deux éditions de Fick (Bezzenberger's *Beiträge zur Kunde der Indogermanischen Sprachen*, t. XI (1886), p. 242 et suiv., t. XIII (1888), p. 173 et suiv., t. XIV (1889), p. 252 et suiv.), et de O. Hoffmann (*Die griech. Dialekte*, t. III, *Der Ionische Dialekt*, 1898, p. 91-119), intéressantes surtout pour la forme du dialecte ionien dans Archiloque.

2. *Anthologia lyrica*, ed. Hiller-Crusius, Teubner, 1901. Ce sont les fragments 101, 109 *a* et 112 *a*.

3. Reitzenstein, *Sitzungsber. Preuss. Akadem.*, 1899, p. 857 et suiv.

4. Hiller von Gärtringen, *Archilochosinschrift*, *Mitth. des athen. Inst.*, t. XXV (1900), p. 1 et suiv. — *Inscriptiones Graecae*, vol. XII, fasc. V, pars I, *Inscr. Cycladum praeter Tenum*, Berlin, 1903, n° 445.

cette tradition, orale et manuscrite, a servi de base à
une édition proprement dite, accompagnée de commentaires savants, au temps d'Aristophane de Byzance
et d'Aristarque ; comment enfin l'édition alexandrine
a été utilisée par les écrivains postérieurs, avant de
disparaître et de se perdre durant la période byzantine.

2. — COMMENT LES POÉSIES D'ARCHILOQUE ONT VU LE JOUR. — LE SOUVENIR OU L'IMITATION D'ARCHILOQUE DANS LA POÉSIE DU VIIᵉ SIÈCLE.

Un double fait se dégage de l'étude des textes et de
la nature même des choses : c'est que, dès le principe,
les poésies diverses d'Archiloque, destinées à être
entendues et non lues, ont été pourtant notées par
écrit et fixées par le poète dans un texte conforme à
l'inspiration qui les avait fait naître. Personne ne songe
à nier aujourd'hui que l'écriture n'ait été en usage dans
la Grèce ionienne de la première moitié du VIIᵉ siècle.
A cette date, il est vrai, l'épopée vivait encore dans la
mémoire des hommes, et cette poésie traditionnelle,
entretenue sinon renouvelée par les derniers aèdes,
pouvait presque se passer d'une ressource qui s'offrait
communément aux hommes pour la rédaction de leurs
contrats, de leurs actes publics ou privés. Mais c'est
précisément avec ces usages de l'épopée qu'Archiloque
a brusquement rompu : à ces récits impersonnels, à
cette peinture idéale des légendes héroïques, il a substitué une poésie toute de circonstance et d'action, uni-
quement inspirée des passions du jour. L'aède, soutenu

par une tradition séculaire, pouvait à la rigueur sans le secours de l'écriture développer des thèmes connus, et livrer ses improvisations à la mémoire de nouveaux chanteurs : Archiloque nous apparaît comme un poète isolé, qui ne se rattache à aucun maître, à aucune école, et qui chante avant tout pour lui-même, pour la satisfaction de son amour ou de sa haine, de son orgueil ou de sa colère. Sans doute il ne néglige aucun moyen, aucune occasion de se faire entendre, dans des cercles privés ou sur la place publique; mais il fixe d'abord pour lui seul l'expression de sa pensée ardente ; il écrit et il compose ; il a déjà conscience de son art. Soit que, jeté dans la guerre, il vante les exploits, les jouissances de sa vie aventureuse, ou que, fiancé malheureux, il poursuive de ses satires des ennemis personnels, c'est lui-même qu'il met en scène; c'est pour lui qu'il revendique l'honneur ou la responsabilité de ses actes et de ses paroles. Il imprime si bien sa marque propre à tout ce qu'il compose, que ses pièces même les plus impersonnelles portent son nom : l'hymne à Héraclès, tant de fois chanté par les vainqueurs olympiques, s'appelle encore pour Pindare le chant d'Archiloque, τὸ μέλος Ἀρχιλόχου[1]. Rien d'anonyme, en un mot, dans cette œuvre originale, non seulement conçue et créée, mais écrite par un poète qui a, chose nouvelle en Grèce, son amour-propre d'auteur.

Mais n'allons pas dans cette voie jusqu'à méconnaître les conditions qui s'imposaient encore à Archiloque dans la propagation de ses poésies. S'il a lui-même écrit ses vers, il ne les a pas adressés pourtant sous

---

1. Pindar., *Olymp.*, IX, v. 1.

cette forme à ses amis, et nous ne voyons pas l'indication d'un envoi de ce genre dans les mots ἀχνυμένη σκυτάλη, *triste message*, au début d'une de ses épodes[1]. Car cette expression même, dans ce passage, ne rappelle que de fort loin la pratique lacédémonienne de la *scytalé*, et c'est donner trop de force à l'étymologie du mot que d'en limiter le sens à un message écrit, à une sorte d'épître : cette pièce d'Archiloque a dû, comme les autres, être chantée d'abord par le poète dans une société d'amis.

Il faut en effet tenir compte, pour cette première publication, si je puis ainsi parler, de l'œuvre d'Archiloque, d'un élément essentiel, qui est la musique. Bien que peut-être, dès le commencement du viie siècle, sinon même auparavant, l'épopée ait renoncé à l'accompagnement de la cithare, on ne peut mettre en doute que les poèmes d'Archiloque n'aient été à l'origine lyriques, au sens strict du mot. Sauf les épigrammes, dont l'authenticité demeure douteuse (il y en a trois en tout[2]), les pièces dont nous avons conservé quelques fragments, hymnes, iambes, élégies, épodes, ont vu le jour sous la forme de chants, ou du moins de morceaux exécutés avec un accompagnement de musique. Les témoignages du traité attribué à Plutarque *Sur la musique*[3] confirment à cet égard les conclusions qu'on pourrait tirer d'ailleurs : dans l'hymne à Héraclès, le refrain (τήνελλα), qui servait, dit-on, à remplacer le son de la cithare absente, prouve bien le caractère lyrique

---

1. Archil., fr. 89.

2. Archil., fr. 17, 18, 19.

3. Plut., *De Musica*, 28 (§ 275-285 dans l'édition de MM. Weil et Th. Reinach). — Nous consacrerons, dans la suite de ce travail, une étude spéciale à ce texte fondamental.

de l'ensemble ; l'accompagnement mélodramatique de l'iambe n'est pas moins sûrement attesté[1], et Archiloque se vante quelque part de son adresse à entonner le chant du péan et du dithyrambe[2]. La flûte lui est aussi familière que la lyre[3], et l'exécution musicale de ses élégies ne saurait être mise en doute[4]. Nous reviendrons plus loin sur cet élément proprement lyrique de la poésie d'Archiloque. Mais ici même, et pour l'histoire du texte, il importe de remarquer que la tradition la plus ancienne de ces œuvres n'a pas dû séparer de la musique les paroles. Et cette tradition ne s'est pas tout de suite perdue : entre la mort d'Archiloque et le temps où les rhapsodes, comme nous le verrons tout à l'heure, se mirent à réciter, à déclamer les iambes ou les épodes, il dut s'écouler une période durant laquelle se perpétua le souvenir encore intact d'une double création, musicale et poétique. On savait en Grèce, à la fin du vᵉ siècle, que Thalétas avait imité les airs d'Archiloque « en leur donnant plus d'ampleur[5] ». Rien ne nous autorise à croire que ce témoignage doive s'entendre seulement de la métrique ; c'est bien dans l'histoire de la musique elle-même que le poète de Paros avait sa place marquée entre Terpandre et Thalétas. Sur quoi reposait cette tradition, sinon sur des « airs » connus, transmis de bouche en bouche ? Si des chan-

1. Plut., *De Musica*, 28.
2. Archil., fr. 76 et 77.
3. Archil., fr. 76 et 123.
4. Les grammairiens anciens n'étaient pas d'accord sur l'époque où l'élégie avait cessé d'être chantée (Athenae., XIV, p. 620 *c* et XIV, p. 632 *d*) ; mais ils n'avaient de doute qu'au sujet des poètes élégiaques du vɪᵉ siècle, Solon, Phocylide, Xénophane, Théognis. L'élégie du vɪɪᵉ siècle était certainement restée fidèle à ses origines musicales.
5. Plut., *De Musica*, 10 (§ 98 de l'éd. Weil-Reinach) : Γλαῦκος γὰρ μετ' Ἀρχίλοχον φάσκων γεγενῆσθαι Θαλήταν, μεμιμῆσθαι μὲν αὐτόν φησι τὰ Ἀρχιλόχου μέλη, ἐπὶ δὲ τὸ μακρότερον ἐκτεῖναι.

teurs comme Alcée et Sappho ont subi l'influence d'Archiloque, nous n'imaginons pas que cette influence se soit fait sentir à eux par l'intermédiaire de simples récitations rhapsodiques.

Dans le cours du viie siècle, la poésie élégiaque et iambique a-t-elle échappé à l'imitation du vieux maître ? Les fragments de Callinos et de Tyrtée n'offrent aucun trait qui révèle la connaissance de notre poète ; mais, vu le petit nombre de ces fragments, c'est là peut-être un effet du hasard : en réalité, l'inspiration guerrière n'a pas fait défaut au combattant de Thasos, et c'est même lui, selon nous, avant Callinos, avant Tyrtée, qui a imprimé ce caractère à la poésie élégiaque[1]. Quant à Simonide d'Amorgos, on a peine à croire la tradition qui fait de lui le contemporain d'Archiloque[2], et l'on serait tenté de supposer entre eux un assez long intervalle[3] ; en tout cas, la pièce la plus connue de Simonide, le poème iambique sur les femmes, passait aux yeux des anciens pour postérieur à Archiloque[4], et dès lors dans la même pièce une ressemblance assez remarquable

1. Les calculs de Strabon sur l'antériorité de Callinos nous ont paru reposer sur une base peu solide (cf. ci-dessus, p. 27-28). — La question de l'authenticité des poésies de Tyrtée ne saurait être traitée ici en quelques lignes. Cf. à ce sujet H. Weil, *Études sur l'antiquité grecque*, Paris, Hachette, 1895.

2. Suidas, au mot Σιμωνίδης 'Αμοργῖνος. — Cf. Rohde, *Kleine Schriften*, t. I, p. 149.

3. Christ place l'ἀκμή de Simonide vers l'année 625 (*Geschichte der griech. Litteratur*, 3e édition, 1898, p. 136, n° 7). Mais cette chronologie se fonde sur un texte altéré de Proclos, *Chrestomathie*, 6 (*Scriptores metrici graeci*, ed. Westphal, p. 243).

4. Athénée cite le mot μύρον comme ayant été employé pour la première fois par Archiloque (XV, p. 688 c) ; or le mot se trouve dans Simonide (fr. 7 de Bergk, v. 64). Il en est de même du mot τύραννος que les anciens signalaient pour la première fois chez Archiloque (*Hypothesis* de l'*Œdipe-Roi* de Sophocle), et qui est dans la même pièce de Simonide (fr. 7, v. 69).

avec un fragment de ce poète pourrait bien être une imitation[1].

Les mêmes doutes n'existent pas pour Alcée. Dans une ode célèbre, que mentionne Hérodote[2], Alcée racontait à un ami, Mélanippos de Mitylène, sa mésaventure dans la guerre contre les Athéniens, maîtres de Sigée, et il s'exprimait à ce propos sur un ton et dans des termes qui présentent une singulière ressemblance avec les vers fameux d'Archiloque[3]. La restitution de cette ode n'est pas, tant s'en faut, certaine ; mais le sens général ne peut en être sensiblement modifié : « Alcée est sain et sauf, mais non ses armes : son bouclier, les Athéniens l'ont suspendu dans le temple de la déesse aux yeux glauques[4]. » Soixante ou soixante-dix ans peut-être auparavant, Archiloque, à Thasos, avait, dans une circonstance analogue, avoué sans honte le même accident. Les deux faits, attestés par des témoins différents, ne sauraient être révoqués en doute ; mais il ne semble guère possible qu'entre les deux pièces il n'y ait pas un lien de dépendance étroite, un souvenir littéraire, une imitation. Alcée, il est vrai, ne fait pas aussi bon marché peut-être de ses armes qu'Archiloque ; du moins ne l'entendons-nous pas se vanter d'en retrouver bientôt de meilleures ; mais c'est bien sa

----

1. Archil., fr. 21 :

$$\text{Οὐ γάρ τι καλὸς χῶρος οὐδ' ἐφίμερος}$$
$$\text{οὐδ' ἐρατός.}$$

Cf. Simon., fr. 7, v. 51 :

$$\text{Κείνη γὰρ οὔτι καλὸν οὐδ' ἐπίμερον}$$
$$\text{πρόςεστιν, οὐδὲ τερπνόν, οὐδ' ἐράσμιον·}$$

2. Herod., V, 95.
3. Archil., fr. 6.
4. Alcae., fr. 32 (*Poetae lyrici graeci* de Bergk, 4e édit., t. III, p. 159-160).

vie sauve qu'il annonce d'abord sur un ton de triomphe, comme s'il ne devait pas son salut à la fuite.

Cependant l'imitation d'Archiloque ne suppose pas nécessairement chez Alcée la connaissance de l'œuvre entière, et l'on pourrait soutenir que cette pièce devait sa célébrité à l'espèce de scandale qu'elle avait dû provoquer[1]. Une autre preuve se tire d'une considération plus générale. Alcée et Sappho, à la fin du vii{sup} siècle, ont connu et imité les rythmes d'Archiloque. Ni l'un ni l'autre de ces deux chantres lesbiens n'aurait construit la strophe qui porte son nom sans les innovations décisives du poète de Paros : ce que dit à cet égard Horace semble l'expression de la vérité même[2]. Sappho, avec une mâle assurance, *mascula*, s'est approprié les mesures d'Archiloque en combinant dans ses vers les deux éléments, le trochée et l'iambe, que le poète novateur avait introduits dans le domaine de la poésie, et Alcée n'a fait, lui aussi, que modifier la place de ces éléments (*ordine dispar*), dans une strophe plus ample que l'épode parienne[3]. Pour que la chanson éolienne ait ainsi recueilli en les transformant les inventions d'Archiloque, il faut qu'une tradition vivante, orale et musicale, ait eu cours en Ionie pendant un demi-siècle au moins après la mort du célèbre poète.

---

1. On sait la légende qui représentait Archiloque comme banni de Sparte pour avoir jeté son bouclier (Plut., *Inst. Lacon.*, 34).

2. Horat., *Epist.*, I, 19, v. 28-29.

3. Sur la façon dont les métriciens anciens faisaient dépendre d'Archiloque les strophes de Sappho et d'Alcée, voir l'introduction de Kiessling à son édition explicative d'Horace (Horatius Flaccus, erklärt von Ad. Kiessling, Berlin, Weidmann, 2{sup} et 3{sup} édition, 1890-1898, *Die metrische Kunst des Horatius*, p. 5).

3. — ARCHILOQUE ET LES RHAPSODES

Mais, dès cette époque aussi, et durant le cours des deux ou trois siècles suivants, un fait se produisit qui nous paraît d'abord incroyable : c'est la récitation rhapsodique des œuvres d'Archiloque. A première vue, on s'explique mal qu'une poésie aussi personnelle ait pris place, dans les concours de la Grèce, à côté des poèmes épiques et didactiques d'Homère et d'Hésiode : tout semble s'opposer à une telle récitation publique, le caractère grossier, obscène même, d'un grand nombre de pièces, l'intérêt évidemment restreint des querelles particulières où se complaisait la muse d'Archiloque. Les textes pourtant sont positifs. Celui qui se rapporte à l'époque la plus ancienne est dans Diogène Laërce [1] : Héraclite, au témoignage de cet auteur, disait qu' «Homère aurait mérité d'être chassé des concours à coups de fouet, et Archiloque de même ». A vrai dire, ces derniers mots, qui se détachent aisément du reste de la phrase, pourraient paraître provenir d'une interpolation. Mais il ne faudrait recourir à cette hypothèse que s'ils étaient en contradiction avec d'autres textes certains. Or c'est le contraire qui arrive. Dans le dialogue platonicien intitulé *Ion*, Socrate demande au rhapsode : « Est-ce donc sur Homère seul que s'exerce ton art, ou bien aussi sur Hésiode et Archiloque [2] ? » Et un

---

1. Diog. Laert., IX, 1 (Diels (H.), *Die Fragmente der Vorsokratiker*, Berlin, Weidmann, 1903, p. 73) : Τόν τε "Ομηρον ἔφασκεν ἄξιον ἐκ τῶν ἀγώνων ἐκβάλλεσθαι καὶ ῥαπίζεσθαι καὶ 'Αρχίλοχον ὁμοίως.

2. Plat., *Ion.*, 2, p. 531 *a*.

témoignage plus précis encore, dû au philosophe péripatéticien Cléarchos, nous apprend que les poésies d'Archiloque étaient déclamées dans les théâtres par le rhapsode Simonide de Zacynthe[1]. Ces deux derniers textes attestent un usage bien établi au IVe siècle ; mais le premier, celui de Diogène Laërce, nous fait remonter jusqu'à la fin du VIe siècle, au temps d'Héraclite, et c'est bien, par conséquent, dans le cours du VIe siècle, sinon plus anciennement encore, que les rhapsodes adoptèrent, à côté de leur ancien répertoire épique, des pièces empruntées à l'œuvre si différente d'Archiloque.

Comment expliquer ce fait ? De deux manières, à notre sens : par la nature de certaines fêtes religieuses, et par le caractère, beaucoup plus varié qu'on ne le suppose ordinairement, des poésies d'Archiloque.

Avant de recevoir au VIIe siècle sa forme littéraire, l'iambe a eu certainement sa place et son rôle dans les improvisations satiriques que comportaient les fêtes de Déméter et de Dionysos. Ce n'est pas un effet du hasard, que le développement spontané de la poésie iambique dans une île où dominait le culte de ces deux divinités[2]; et l'hymne homérique à Déméter nous offre, on le sait, une légende[3] sous laquelle la critique historique a depuis longtemps reconnu l'origine véritable du genre.

---

1. Athenae., XIV, p. 620 c : Κλέαρχος δ' ἐν τῷ προτέρῳ περὶ Γρίφων · « Τὰ Ἀρχιλόχου, φησίν, [ὁ] Σιμωνίδης ὁ Ζακύνθιος ἐν τοῖς θεάτροις ἐπὶ δίφρου καθήμενος ἐραψῴδει. »

2. Archiloque lui-même parle de son dithyrambe en l'honneur de Dionysos (fr. 76) ; son hymne à Déméter (fr. 120) lui avait valu la victoire dans un concours à Paros (Schol. Aristoph., Av., v. 1764). — En outre, nous avons déjà cité la tradition qui montrait la jeune Cléoboea apportant de Paros à Thasos le culte de Déméter, plusieurs générations avant Archiloque (Pausan., X, 28, 3).

3. Hymn. hom., V, v. 202 sqq.

iambique[1]. Ainsi donc, ces libertés de langage, ces attaques violentes, ces sarcasmes grossiers, dont Archiloque a poursuivi volontiers amis et ennemis, c'est à la faveur de ces antiques usages religieux qu'il a pu se les permettre; et, réciproquement, lorsque l'iambe fut devenu, grâce à lui, littéraire, ce furent sans doute les heureuses trouvailles du maître qui se substituèrent naturellement aux improvisations informes d'autrefois. C'est de cette façon que les iambes d'Archiloque, je dis même les plus personnels, les plus violents, les plus libres, durent être de bonne heure recueillis non seulement en souvenir des aventures particulières du poète, mais comme un beau spécimen de cette littérature naturaliste. Or ces fêtes se maintinrent en Grèce pendant toute la période classique, et, au ive siècle encore, elles admettaient, au témoignage d'Aristote, ces plaisanteries outrées, ce dévergondage de paroles et de gestes, que les Grecs désignaient sous le nom de τωθασμός[2]. L'iambe était alors le mètre consacré pour ces débauches traditionnelles de l'esprit satirique, et c'est de ces sortes de représentations iambiques qu'Aristote voulait exclure les enfants, comme il faisait du spectacle de la comédie[3]. Voilà comment a pu se perpétuer, d'abord à Paros et à Thasos, puis dans les îles voisines et dans toute la Grèce, le souvenir exact, disons mieux, le texte des poésies en apparence les plus impropres à une déclamation publique.

1. Otfried Müller a, un des premiers, insisté sur ces origines religieuses de la poésie iambique (*Histoire de la littérature grecque*, trad. Hillebrand, t. II, p. 269 et suiv.).

2. Aristot., *Politic.*, p. 1336 *b*, l. 16-17.

3. Aristot., *Politic.*, p. 1336 *b*, l. 20 : Τοὺς δὲ νεωτέρους οὔτ' ἰάμϐων οὔτε κωμῳδίας θεατὰς θετέον.

Mais l'œuvre d'Archiloque n'avait pas toujours, tant s'en faut, ce caractère. Image d'une vie aventureuse et troublée, elle offrait bien des tons, bien des traits variés. Les élégies présentaient tantôt la peinture familière d'une existence de soldat, tantôt la description d'un naufrage, avec les consolations d'une philosophie virile. Les épodes étaient parsemées de ces fables qui excitent toujours et amusent la curiosité des hommes. Les iambes, ordinairement agressifs, servaient aussi à l'expression de pensées plus douces et d'une morale plus résignée. Les tétramètres enfin comportaient, nous le voyons aujourd'hui par l'inscription de Paros, de véritables récits, dont les fragments de Bergk nous donnent à peine l'idée : c'était, dans une suite ininterrompue de longs vers, toute l'histoire des luttes soutenues par les colons de Thasos contre les ennemis du dehors ou du dedans ; c'était, à un point de vue plus général, l'éternelle succession des espérances et des déceptions qui forment la trame de la vie humaine[1]. Toute cette odyssée d'un soldat-poète pouvait bien figurer dans le répertoire des rhapsodes, à une époque où les hommes, lassés des fictions héroïques, commençaient à goûter les réalités de l'histoire,

4. — LE SOUVENIR D'ARCHILOQUE DANS LES ŒUVRES DE LA LITTÉRATURE GRECQUE, DU VIe AU IVe SIÈCLE AVANT NOTRE ÈRE.

Ainsi associé à Homère et à Hésiode, Archiloque était assuré de vivre : blâmé par les uns, loué ou admiré

---

1. Archil., fr. 66, v. 7 :

Γίγνωσκε δ' οἷος ῥυσμὸς ἀνθρώπους ἔχει.

par les autres, il ne cessa pas d'attirer dès lors l'attention des philosophes et des poètes.

Un curieux fragment d'Héraclite nous permet d'entrevoir à la fois cette survivance des poésies d'Archiloque et les transformations inévitables qui devaient se produire avec le temps dans l'interprétation de ces poésies. Archiloque avait emprunté à Homère une pensée qu'Ulysse développe devant les prétendants : « l'esprit des hommes change avec les jours, bons ou mauvais, que Zeus leur envoie »,

τοῖος γὰρ νόος ἐστὶν ἐπιχθονίων ἀνθρώπων
οἷον ἐπ' ἦμαρ ἄγῃσι πατὴρ ἀνδρῶν τε θεῶν τε [1],

c'est-à-dire, loin de trouver en eux-mêmes un principe ferme de conduite, ils tournent au gré des événements. Inconstance et légèreté de l'homme, telle était la réflexion d'Ulysse, reprise par Archiloque :

τοῖος ἀνθρώποισι θυμός, Γλαῦκε, Λεπτίνεω πάϊ,
γίγνεται θνητοῖς, ὁκοίην Ζεὺς ἐπ' ἡμέρην ἄγῃ.

Mais, tandis que dans Homère cette idée se résumait en deux hexamètres, Archiloque l'avait complétée par un troisième vers conçu en ces termes :

καὶ φρονεῦσι τοῖ' ὁκοίοις ἐγκυρέωσιν ἔργμασιν [2],

ce qui devait se comprendre ainsi : « Et leur pensée varie avec les choses qu'ils rencontrent. » Or c'est ce vers seul qui fournit à Héraclite l'occasion d'une critique assez vive. « Non, disait-il, non, il n'est pas vrai

1. Hom., *Od.*, 18, v. 136-137.
2. *Archil.*, fr. 70.

que les hommes se fassent une idée des choses selon
la manière dont elles s'offrent à eux ; ils sont inca-
pables de comprendre même ce qu'ils perçoivent, ils ne
savent que se forger à eux-mêmes de vaines appa-
rences [1]. » Ainsi Héraclite modifiait la pensée d'Archiloque, en interprétant ce vers dans un sens philosophique au lieu d'y reconnaître une observation morale.
Mais ce n'est pas tout : ce vers, que certainement
Héraclite avait visé, nous a été conservé dans un dialogue platonicien, l'*Eryxias*, comme une citation
empruntée à Archiloque par le sophiste Prodicos de
Céos [2], et, dans la bouche de Prodicos, il avait une
signification encore sensiblement différente de celle que
lui avait prêtée Héraclite. « La richesse, disait Prodicos,
est un bien pour les hommes vertueux, et pour les
méchants un mal. Il en est ainsi de toutes choses :
tant valent ceux qui en font usage, tant valent les
choses elles-mêmes, et ce vers d'Archiloque est bien
vrai : « Le sage est sage dans tout ce qu'il fait. » Le
poète aurait-il jamais reconnu sa pensée sous ce tra-
vestissement ?

Discuté et commenté par les philosophes, Archiloque
ne fut pas oublié des poètes dans le cours du VIe et du
Ve siècle. Son exemple semble avoir directement inspiré
Hipponax ; mais aucune allusion certaine à son œuvre
n'apparaît dans les fragments iambiques ou choliam-
biques de ce poète. Un autre Ionien, Anacréon, lui
doit quelques traits de mordante satire [3], et plusieurs

---

1. Heraclit., fr. 17 dans l'édition de Diels (*Die Fragmente der Vorsokratiker*, Berlin, 1903, p. 69).

2. [Plat.], *Eryx.*, 13, p. 397 *e*.

3. En particulier dans la pièce dirigée contre Artémon, ὁ περιφόρητος
Ἀρτέμων (*Poet. lyr. Graec.*, ed. Bergk, t. III, 4ᵉ éd. (1882), p. 261, fr. 21)..

formes rythmiques, empruntées aux épodes [1] ; mais il
ne le nomme pas. Quand il racontait sa fuite et la perte
de son bouclier à la bataille [2], Anacréon songeait-il à
Archiloque ou à Alcée ? A l'un et à l'autre sans doute,
et l'absence de toute donnée historique sur cette prétendue aventure permet de croire à une simple imitation littéraire. La poésie élégiaque et gnomique ne
fournit elle-même aucune allusion directe au poète de
Paros : un couplet de huit vers, attribué à Théognis [3],
rappelle bien certain fragment d'Archiloque [4] ; mais
tous deux ont pu s'inspirer d'une source commune,
Homère. En revanche, il n'est pas douteux que l'œuvre
d'Archiloque n'ait été présente à l'esprit de Pindare :
l'auteur de la IIe Pythique se défend de suivre l'exemple
des médisances qui valurent au vieux poète une vie
d'embarras et de misères [5] ; mais il le connaît, et il
caractérise ses iambes en termes expressifs ; bien plus,
il semble faire allusion dans la même pièce à l'une de
ses fables, et lui emprunte peut-être plusieurs pensées
morales [6]. Ailleurs il le nomme avec honneur, τὸ μὲν
Ἀρχιλόχου μέλος [7]. Enfin, si une ou deux imitations
qu'on a signalées restent douteuses, une ressemblance,
au moins bien singulière, nous frappe entre un mot

1. Anacr., fr. 87.
2. Anacr., fr. 28 :

     Ἀσπίδα ῥίψας ποταμοῦ καλλιρόου παρ' ὄχθας.

Fr. 29 :

     ... Ἐγὼ δ' ἀπ' αὖτις φύγον ὥςτε κόκκυξ.

3. Theogn., v. 1029 sqq. (*Poet. lyr. Graec.*, ed. Bergk, t. II, 4e édit.
(1882), p. 207).
4. Archil., fr. 66.
5. Pindar., *Pyth.*, II, v. 52 sqq.
6. Nous avons indiqué ces rapprochements dans les *Mélanges Perrot*,
Paris, Fontemoing, 1903, p. 161-165.
7. Pindar., *Olymp.*, IX, 1.

d'Archiloque, τρηχύς τε καὶ παλίγκοτος [1], et un vers de la IVᵉ Néméenne, τραχὺς δὲ παλιγκότοις ἔφεδρος [2]. Dans un autre genre, Eschyle offre, lui aussi, quelques traces de la même influence [3] ; mais des expressions isolées ne suffisent pas à établir une preuve, et il n'y a pas lieu de poursuivre ici des rapprochements plus curieux que probants entre le style d'Archiloque et celui de la tragédie. Aussi bien le développement de la comédie grecque avait-il donné, dans le même temps, au créateur de la poésie iambique un regain de faveur et de popularité.

L'imitation d'Archiloque dans la comédie ancienne ne suppose pas seulement une connaissance générale de son œuvre : des mots rares, des sobriquets, des vers entiers attestent que le texte du poète était connu des auteurs comiques et du public. A la rigueur, le titre donné par Cratinos à l'une de ses comédies, *les Archiloques*, οἱ Ἀρχίλοχοι, pourrait n'être que l'écho d'une réputation consacrée, devenue proverbiale ; mais, dans cette même pièce, Cratinos empruntait au vieux maître un surnom Ἐρασμονίδης, qu'il appliquait plaisamment à un bellâtre de son temps [4], et, dans la *Bouteille*, c'est par une apostrophe d'Archiloque qu'il interpellait ses juges, les spectateurs, dont il avait à se plaindre : Ὦ

---

1. Archil., fr. 87 :

Ὁρᾷς ἵν' ἔστ' ἐκεῖνος ὑψηλὸς πάγος
τρηχύς τε καὶ παλίγκοτος,
ἐν τῷ κάθημαι σὴν ἐλαφρίζων μάχην.

2. Pindar., *Nem.*, IV, v. 96 : τραχὺς δὲ παλιγκότοις ἔφεδρος.
3. Cf. Deuticke (P.), *Archilocho Pario quid in graecis litteris sit tribuendum*, diss. inaug., Halis Saxonum, 1877, p. 58-59. — Am. Hauvette, *les Nouveaux fragments d'Archiloque*, dans la *Revue des Etudes grecques*, t. XIV (1901), p. 84, n. 1.
4. *Comicorum atticorum fragm.*, ed. Kock, Cratin., fr. 10.

λιπερνῆτες θεαταί, τἀμὰ δὴ ξυνίετε[1]. Les exemples tirés d'Aristophane mettent en lumière un fait plus précis encore : c'est que toutes les formes de la poésie d'Archiloque étaient représentées dans les parodies ou les allusions du poète comique : dans les *Oiseaux*[2], l'hymne à Héraclès ; dans les *Acharniens*[3], l'épode fameuse du singe et du renard ; dans les *Grenouilles*[4], les trimètres iambiques ; dans *Lysistrata*[5], les tétramètres trochaïques ; dans la *Paix*[6], enfin, les élégies. Ce dernier texte nous apprend en outre que, si Aristophane connaissait Archiloque, le public n'éprouvait aucune surprise à entendre réciter sur le théâtre des vers de ce poète ; bien plus, la plaisanterie dirigée contre le lâche Cléonyme ne pouvait se comprendre que si, dans la vie réelle, les enfants athéniens déclamaient ainsi des morceaux tirés d'Archiloque. Est-ce que, bien des années auparavant, Périclès, tout plein de la lecture des anciens poètes, ne faisait pas à la sœur de Cimon, Elpinicé, l'application injurieuse d'un mot lancé contre Néoboulé[7] ?

Mais déjà, dans la seconde moitié du ve siècle, tandis que le commerce des livres se propage à Athènes et dans toute la Grèce, le texte des écrivains célèbres commence à devenir un objet d'étude. Prodicos de Céos, avons-nous vu[8], cite Archiloque, quitte à lui faire dire

---

1. Cratin., fr. 198.
2. Aristoph., *Av.*, v. 869. — Archil., fr. 119.
3. Aristoph., *Acharn.*, v. 120. — Archil., fr. 94.
4. Aristoph., *Ran.*, v. 704. — Archil., fr. 23.
5. Aristoph., *Lysistr.*, v. 1257. — Archil., fr. 139.
6. Aristoph., *Pac.*, v. 1298. — Archil. fr. 6.
7. Plut., *Pericl.*, 28. — Archil., fr. 31. — Sur ce mot de Périclès, voir l'étude que nous avons nous-même publiée dans le volume dédié à M. Gomperz, *Festschrift Theodor Gomperz dargebracht*, Wien, 1902, *Sur un vers d'Archiloque*, p. 216-219.
8. Cf. ci-dessus, p. 92.

tout autre chose que ce qu'il avait dit ; Hippias observe que le mot τύραννος apparaît seulement dans la langue au temps d'Archiloque[1] ; Gorgias traite Platon de νέος Ἀρχίλοχος[2] ; Critias — et c'est ici le plus précieux des témoignages de cette époque — rectifie ou complète, d'après un recueil de vers qu'il a sous les yeux, la biographie du poète[3]. Dans le même temps, l'érudition historique détermine la place d'Archiloque dans le développement de la musique et de la poésie : c'est le temps où se rédige la *Chronique de Sicyone* (ἡ ἀναγραφὴ ἡ περὶ τῶν ποιητῶν[4]), le temps où Glaucos de Rhégion écrit son ouvrage περὶ τῶν ἀρχαίων ποιητῶν τε καὶ μουσικῶν[5]. Relevons encore une allusion de Platon au renard fameux « du très sage Archiloque »[6], et nous arrivons aux contemporains d'Aristote, à Aristote lui-même, dont les recherches historiques et littéraires ont préparé directement le travail des Alexandrins.

1. Cf. ci-dessus, p. 22, n. 2.
2. Athenae., XI, p. 505 *e*.
3. Ælian., *Var. Hist.*, X, 13.
4. Cet écrit est mentionné par Plutarque (*De Musica*, 3, § 26 de l'édition Weil-Reinach).
5. Plut., *De Musica*, 4, § 47 de l'édition Weil-Reinach. — Sur la date de la *Chronique de Sicyone* et de l'ouvrage de Glaucos de Rhégion, voir l'introduction de M. Th. Reinach à son édition du traité de Plutarque, p. IX-XII.
6. Plat., *De republ.*, II, p. 365 *c*.

5. — ARISTOTE ET SES DISCIPLES. — LA CRITIQUE DES ALEXANDRINS. — L'ÉDITION ALEXANDRINE DES POÉSIES D'ARCHILOQUE. — LES DESTINÉES ULTÉRIEURES DU RECUEIL.

Qu'était-ce que l'ouvrage d'Aristote intitulé ἀπορήματα Ἀρχιλόχου[1]? Nous n'en pouvons juger que par analogie, d'après les questions du même genre que le même auteur s'était posées sur Homère : c'était un essai d'interprétation appliqué aux passages obscurs, embarrassants, du grand poète; il n'y avait pas là de commentaire suivi, méthodique, mais une série de notes recueillies par un lecteur attentif, préoccupé d'expliquer le fond des choses plutôt que la forme; ce n'était pas encore de la grammaire, à proprement parler; mais cette étude minutieuse d'un texte poétique supposait une tournure d'esprit, une curiosité historique et philologique, que n'avaient pas connue au même degré les âges précédents. Aussi bien, en traitant Archiloque avec le même souci qu'Homère, Aristote se conformait-il à l'idée qu'il avait du rôle joué par l'un et l'autre dans l'histoire de la poésie : comme, à ses yeux, la tragédie dérivait de l'épopée, c'est de l'iambe que venait la comédie[2], et ce rapprochement seul assurait à Archiloque une place éminente parmi les anciens poètes. Aristote le cite

1. Cet ouvrage se présente, dans Hésychius, sous ce titre : Ἀπορήματα Ἀρχιλόχου, Εὐριπίδου, Χοιρίλου ἐν βιβλίοις γ̄; c'est le même sans doute que cite Diogène Laërce, d'après Hermippos, sous cette forme abrégée : (ἀπορημάτων) ποιητικ<ῶν> ᾱ. — Voir ces deux catalogues dans l'édition publiée par l'Académie de Berlin, Aristot., *Opera*, vol. V, p. 1463 sqq.

2. Aristot., *Poetic.*

donc, dans sa *Rhétorique*[1], comme un modèle, auquel il emprunte certaines règles de composition et de style, comme un classique, qu'il désigne à l'attention de ses élèves et de ses successeurs.

Héraclide du Pont donne le signal : au nombre des écrits grammaticaux de cet érudit figure un ouvrage Περὶ Ὁμήρου καὶ Ἀρχιλόχου[2], qui suppose, soit une comparaison des deux poètes, soit une étude des passages imités de l'un par l'autre. Dans une autre voie, mais toujours à l'exemple d'Aristote, Philochore dépouille le texte d'Archiloque pour en tirer les éléments d'une histoire des colonies grecques en Thrace[3], et vers la même époque, auparavant peut-être, l'historiographe parien Déméas range dans un ordre chronologique les poèmes de son illustre compatriote[4]. Cependant, à partir du iiiᵉ siècle, avec l'ouverture du Musée et de la Bibliothèque d'Alexandrie, les commentaires grammaticaux dominent décidément : si les catalogues de Callimaque (πίνακες) comportent des données biographiques et historiques sur chaque écrivain[5], la tâche principale des bibliothécaires consiste à recueillir les œuvres elles-mêmes, à en contrôler l'authenticité, à en fixer le texte et le sens. Eratosthène discute la valeur du refrain τήνελλα καλλίνικε de l'hymne à Héraclès[6]; Apollonius de Rhodes, dans un livre sur

---

1. Aristot., *Rhet.*, III, 17.
2. Diogen. Laert., V, 87.
3. Philoch., fr. 128 (*Fragm. histor. graec.*, t. I, p. 404).
4. Cf. ci-dessus, p. 6-11.
5. Le titre général de ces catalogues semble avoir été le suivant : Πίνακες τῶν ἐν πάσῃ παιδείᾳ διαλαμψάντων καὶ ὧν συνέγραψαν, en 120 livres; l'un de ces livres était intitulé : Πίναξ τῶν κατὰ χρόνους καὶ ἀπ' ἀρχῆς γενομένων διδασκάλων. Voir à ce sujet Christ (W.), *Geschichte der griech. Litteratur*, 3ᵉ édit., 1898, p. 504.
6. Schol. Pindar., *Olymp.*, IX, 1.

Archiloque[1], résout à sa façon l'ἀπόρημα que soulève la formule ἀγνυμένη σκυτάλη, et le même problème s'impose à Aristophane de Byzance[2] et à Aristarque[3]. Mais ces témoignages isolés ne nous font connaître encore que des travaux de détail; ils ne nous éclairent pas sur la question fondamentale : y a-t-il eu, durant cette brillante période des grands bibliothécaires d'Alexandrie, une édition d'Archiloque?

La réponse à cette question n'est pas *a priori* affirmative; car, si Homère, les lyriques et les tragiques, pour ne parler que des poètes, ont été à Alexandrie l'objet d'une étude grammaticale, il semble bien que les élégiaques et les poètes gnomiques n'aient pas eu la même faveur. C'est ce que M. U. von Wilamowitz-Möllendorff a bien mis en lumière dans un récent mémoire sur l'histoire du texte des neuf lyriques[4]; et c'est ce qu'il a expliqué par de justes considérations littéraires. D'où vient que Callinos et Tyrtée, Mimnerme et Solon, ne nous sont connus que par de maigres citations, dues presque toutes à des historiens, des philosophes ou des orateurs? D'où vient aussi que le recueil de Théognis contient, dans l'état actuel, tant d'interpolations, de morceaux suspects ou certainement apocryphes? C'est que ces œuvres diverses, au lieu d'être revisées et commentées par les savants d'Alexandrie, ont subi les hasards de publications partielles et successives, établies sans ordre et sans méthode. Et si les grammairiens d'Alexandrie ont eu cette apparence

1. Ἐν τῷ περὶ Ἀρχιλόχου (Athenae., X, p. 451 *d*).
2. Athenae., III, p. 85 *e*.
3. Clem. Alex., *Strom.*, I, p. 388.
4. Wilamowitz-Möllendorff (U. von), *Die Textgeschichte der griech. Lyriker*, Berlin, Weidmann, 1900, p. 57 et suiv.

d'indifférence à l'endroit de poètes dont quelques-uns semblent avoir été les maîtres de la sagesse antique, la cause en est sans doute complexe ; mais on peut en proposer surtout deux explications : c'est d'abord que la langue de ces poètes élégiaques, assez voisine de l'ionien d'Homère et de l'ancien dialecte attique, n'était pas devenue inintelligible pour les hommes du III° et du II° siècle : ni la forme de ces poésies ni le fond ne réclamait un savant commentaire ; on pouvait les lire sans les étudier ; — et puis, c'est que le genre élégiaque n'avait pas, comme le lyrisme pur, cessé de vivre au temps des Alexandrins : comme, au contraire, après une carrière ininterrompue de succès, l'élégie et l'épigramme avaient retrouvé, avec Philétas et Callimaque, un regain de jeunesse, il ne convenait pas à des grammairiens d'opposer aux nouveautés du jour l'œuvre de maîtres anciens : en publiant Simonide ou Pindare, les mêmes grammairiens ne faisaient concurrence à personne.

Archiloque fut-il donc traité comme un élégiaque ou comme un poète lyrique ? Sa qualité d'iambographe fut, ce semble, ce qui le sauva. La littérature iambique du VII° et du VI° siècle constituait un genre proprement ionien, étroitement lié à certaines conditions sociales, et caractérisé en outre par ce fait, que, sans disparaître entièrement de la littérature au V° siècle, il avait perdu dès lors sa vie propre, pour renaître sous une autre forme dans la comédie attique. Il y avait là pour les grammairiens d'Alexandrie une matière toute trouvée : ils ne faillirent pas à cette tâche.

Aucun texte, il est vrai, ne nous parle formellement d'une édition d'Archiloque. Mais, indirectement, plusieurs témoignages en attestent l'existence. Ce qu'on appelle, en effet, le *canon* des Alexandrins, n'est point autre chose, d'après M. de Wilamowitz, que la liste des écrivains qui, dans chaque genre, avaient pu être l'objet d'une édition (ἔκδοσις ou διόρθωσις). S'il y a eu dans ce canon neuf poètes lyriques, c'est que l'œuvre de neuf de ces poètes avait survécu ; d'autres avaient pu laisser un nom plus ou moins célèbre, peu importe ; les savants d'Alexandrie ne considérèrent que les poèmes conservés. Il ne s'agit donc pas, à proprement parler, d'un choix, sinon dans ce sens que, selon le témoignage de Quintilien, Aristarque et Aristophane de Byzance exclurent de leurs listes les poètes contemporains [1]. Mais les autres, les anciens, ne furent pas soumis à une sorte de concours littéraire, ni classés par ordre de mérite et admis comme tels aux honneurs d'une publication savante ; ils devinrent l'objet d'un travail critique et grammatical du jour où leurs œuvres purent prendre place dans les bibliothèques d'Alexandrie. Or il y a eu, nous le savons, un canon des iambographes, et ce canon contenait trois noms, ce qui équivaut à dire, dans l'interprétation nouvelle, que trois poètes de ce genre avaient fourni la matière d'une ἔκδοσις. Archiloque est expressément nommé par Quintilien comme le seul des iambographes que l'orateur doive utilement connaître et étudier ; nul doute que les autres ne soient Simonide d'Amorgos et Hipponax [2].

Quel était donc l'auteur de cette édition ? et que pouvons-nous savoir de la forme qu'elle présentait, de sa valeur au point de vue de l'authenticité et de la correction du texte ?

Déjà Lysanias de Cyrène, le maître d'Eratosthène,

1. Quintil., X, 1, 54 : *Neminem sui temporis in ordinem redegerunt.*
2. Quintil., X, 1, 59 : *Ex tribus receptis Aristarchi judicio scriptoribus iamborum ad* ἕξιν *maxime pertinebit unus Archilochus.*

avait écrit un livre περὶ ἰαμβοποιῶν[1] : les citations que fait Athénée de cet ouvrage se rapportent à Simonide et à Hipponax aussi bien qu'à Archiloque, et c'est la preuve que le groupe des trois iambographes était constitué dès lors, vers le milieu du IIIe siècle. Mais Lysanias ne passait pas pour un éditeur de textes. Aristophane de Byzance et Aristarque, au contraire, ont à cet égard une réputation bien établie. Rapprochés l'un de l'autre par Quintilien, précisément à propos du prétendu canon alexandrin, c'est à eux qu'on attribue assez naturellement l'édition des vieux poètes iambiques. Est-ce à dire qu'ils aient tous les deux entrepris successivement le même travail ? La chose est peu probable, si l'on songe que cette édition n'offrait pas les difficultés d'une *diorthose* d'Homère par exemple ; et il n'y a pas lieu non plus de croire, avec Usener[2], qu'ils aient été en désaccord sur la composition du canon des iambographes. A notre avis, le premier en date, Aristophane, rencontrant sur son chemin, dans la publication des poètes lyriques, la question délicate de la division des strophes en κῶλα, ne manqua pas de remarquer que la même question se posait pour Archiloque, dans les épodes et dans les hymnes : ainsi dut-il être amené à prendre parti sur un point essentiel, la *colométrie*, et c'était déjà pour un éditeur la moitié de sa tâche. Rappelons-nous aussi le jugement qu'inspirait à Aristophane de Byzance la lecture d'Archiloque : « Le plus long de ses iambes, disait-

---

1. Athenae., VII, p. 304 *b* ; XI, p. 504 *b* ; XIV, p. 620 *c*.

2. Usener, *Dion. Hal. de imitatione librorum rell. epistolaeque duae criticae*, Bonn, 1889, p. 138, n. 1. — M. Usener s'appuie seulement sur le texte de Quintilien (X, 1, 54) : *ex tribus receptis Aristarchi judicio scriptoribus iamborum.* Mais c'est forcer le sens des mots que de voir dans cette phrase l'indice d'une opposition entre Aristarque et Aristophane de Byzance. Cf. Bahntje (U.), *Quaest. archiloch.*, p. 16-17.

il, est le meilleur[1] », et nous admettrons sans peine que cette admiration reposait sur une étude approfondie de l'œuvre tout entière. A son tour, Aristarque, en reprenant pour son compte le commentaire d'Archiloque, suivit dans ses ὑπομνήματα l'ordre adopté par son prédécesseur, sans refaire l'édition elle-même.

La disposition des matières dans cette édition alexandrine peut, en effet, se restituer aisément. D'abord la nature même des œuvres d'Archiloque entraînait une distinction nécessaire entre les iambes, les élégies et les hymnes. C'est la classification qu'observe déjà Théocrite, dans l'épigramme composée à la louange d'Archiloque[2]. C'est de la même façon que Suidas parle des élégies et des iambes de Simonide[3], tandis que, pour Hipponax, les citations anciennes se rapportent seulement à deux livres d'iambes[4]. Cependant, l'édition alexandrine d'Archiloque comportait une importante subdivision. Le nom d'iambe est le terme général sous lequel le poète lui-même avait désigné ses poésies :

$$\text{καί μ' οὔτ' ἰάμβων οὔτε τερπωλέων μέλει}^{5},$$

1. Cicer., *Ad Attic.*, XVI, 11, 2.
2. Theocr., Epigr. 21 :

'Αρχίλοχον καὶ στᾶθι καὶ εἴσιδε τὸν πάλαι ποιητάν,
τὸν τῶν ἰάμβων, οὗ τὸ μύριον κλέος
διῆλθε κἠπὶ νύκτα καὶ πρὸς ἀῶ.
ἦ ῥά μιν αἱ Μοῖσαι καὶ ὁ Δάλιος ἠγάπευν 'Απόλλων,
5 ὡς ἐμμελής τ' ἔγεντο κἠπιδέξιος
ἔπεά τε ποιεῖν πρὸς λύραν τ' ἀείδειν.

Archiloque est célébré d'abord pour ses iambes (v. 2), puis pour ses vers élégiaques, ἔπεα (v. 6. — Cf. sur le sens de ce mot les remarques de M. de Wilamowitz, *Hermes*, t. X, p. 345), enfin pour ses pièces lyriques (v. 6 πρὸς λύραν).

3. Suidas, au mot Σιμωνίδης, avec la correction de Bergk (*Poetae lyrici graeci*, 4e édit. t. II, p. 441) : ἔγραψεν ἐλεγεῖα, ἰάμβους ἐν βιβλίοις β'.

4. Schol. Nicand., *Theriac.*, v. 633. — Erotian., ed. Klein, p. 119. — Pollux, X, 18.

5. Archil., fr. 22.

et pendant longtemps le même nom fut indifféremment
appliqué aux trimètres iambiques, aux tétramètres
trochaïques, aux épodes. Deux citations d'Aristote
offrent à cet égard une indication suffisante[1]. En revanche, dans Hérodote, la mention d'un trimètre
iambique (ἐν ἰάμϐῳ τριμέτρῳ)[2] fait partie d'un membre
de phrase que nous avons, pour d'autres raisons, con-
damné[3] : la singularité même de l'expression, dans la
langue de cette époque, suffirait à trahir l'interpolation. Au contraire, à partir du IIe siècle avant notre
ère, apparaît chez les auteurs l'usage courant d'une
désignation plus précise : ἐν τοῖς τριμέτροις[4], τετραμέτροις[5],
ἐπῳδοῖς[6], et cette division toute grammaticale, où se
marque bien l'influence des éditeurs alexandrins, est
aussi celle qu'avait adoptée Aristarque dans ses commentaires : οὕτως εὗρον, dit un auteur[7], ἐν ὑπομνήματι
ἐπῳδῶν Ἀρχιλόχου. Ces témoignages ne permettent
guère de douter que les iambes d'Archiloque ne com-
prissent au moins trois livres (*trimètres*, *tétramètres*,
épodes) ; et si, comme il y a lieu de le croire, cette subdivision fut rendue nécessaire par l'abondance des poésies conservées, on peut se demander même, après la
découverte de l'inscription de Paros, si les tétramètres

1. Aristot., *Rhet.*, III, 17. — Dans ce passage, le même mot (ἐν ἰάμϐῳ)
est appliqué par Aristote, une fois à un trimètre iambique d'Archiloque (Archil., fr. 25), une autre fois à un tétramètre trochaïque
(Archil., fr. 74).

2. Herod., I, 12.

3. Cf. ci-dessus, p. 15-21.

4. Harpocration., 143, 7 (Archil., fr. 34), et Eustath., *Iliad.*, 518, 22
(d'après Hérodien) (Archil., fr. 48).

5. Hephaestion., 47, et Athenae., X, p. 415 *d* (Archil., fr. 79-82).

6. Hephaestion., 38 (Archil., fr. 98) et 129 (Archil., fr. 104. — Schol.
Aristoph., *Acharn.*, v. 120 (Archil., fr. 91). — Steph. Byz., s. v. Πάρος
(Archil., fr. 117).

7. Texte cité dans Miller, *Mélanges de littérature grecque*, p. 179.

à eux seuls ne remplissaient pas plus d'un livre ; car le caractère de ces tétramètres, particulièrement épisodique et historique, donne à penser que le poète y avait longuement raconté et décrit les aventures de sa vie guerrière.

A ces livres d'iambes se joignaient, dans l'édition alexandrine, un livre d'élégies (ἐλεγεῖα)[1], qui ouvrait sans doute le recueil, et un autre livre, composé de poésies diverses, religieuses ou autres, et principalement lyriques, dont l'attribution paraissait d'ailleurs moins sûrement établie : ἐν τοῖς ἀναφερομένοις εἰς Ἀρχίλοχον Ἰοβάκχοις[2]. Cette note, qui atteste la conscience des éditeurs, nous amène à examiner l'authenticité du recueil tout entier.

Il y a, pour une édition, deux manières d'être authentique : c'est de contenir toutes les œuvres authentiques d'un auteur, ou bien de ne contenir de cet auteur que des œuvres authentiques. La première de ces deux conditions a-t-elle été réalisée par les éditeurs alexandrins ? On peut d'autant plus en douter que l'érudition de ces bibliothécaires était purement livresque : sans doute les Ptolémées ont fait de louables efforts pour recueillir partout les restes de la vieille littérature grecque ; mais c'était déjà une tâche immense que de réunir les livres qui contenaient cette littérature, manuels de rhapsodes ou cahiers d'écoliers, recueils dus à la curiosité des amateurs ou à l'investigation des historiens : bien des archives, publiques ou privées, durent échapper, malgré tout, à cette enquête ; bien des ouvrages même purent demeurer inconnus, qui contenaient,

1. Athenae., XI, p. 483 d (Archil., fr. 4). Cf. Archil., fr. 8.
2. Hephaestion., 94 (Archil., fr. 120).

sans qu'on s'en doutât, des fragments inédits d'œuvres anciennes. La révélation récente de l'historien Déméas doit nous rendre circonspects : puisque le livre de cet historien a passé inaperçu, qui sait si du même coup de longues citations d'Archiloque n'ont pas été pour jamais oubliées? Nous avons vu pourtant qu'une tradition ininterrompue avait maintenu autour du nom d'Archiloque une renommée toujours vivante, et le caractère personnel de ses œuvres a dû rendre facile, dès le principe, la tâche de ceux qui voulaient en faire le recueil. Seules, certaines élégies étaient exposées à se confondre avec d'autres poésies gnomiques, et nous n'affirmerions pas que la collection si mêlée, qui porte le nom de Théognis, ne contient pas quelques distiques d'Archiloque.

Aussi bien serait-il surtout intéressant de savoir si du moins toutes les pièces de l'édition alexandrine étaient authentiques. Car c'est d'elle que découlent toutes les citations, tous les extraits ultérieurs; c'est d'elle que dépend, en dernière analyse, la connaissance que nous pouvons acquérir, encore aujourd'hui, du vieux poète.

A en juger par ce qui nous reste des élégies, les détails biographiques semblent avoir fourni aux éditeurs alexandrins le criterium le plus sûr. Et ces indices positifs, ces allusions à des noms et à des faits connus, garantissaient mieux encore l'authenticité des pièces iambiques. Ainsi donc, dans cette partie du moins de l'œuvre d'Archiloque, l'édition alexandrine, si nous la possédions en entier, aurait pour nous la valeur d'un original, et, en l'absence de cette édition, l'authenticité des citations qui dérivent d'elle ne saurait être contestée. L'embarras commence avec celui des livres d'Archiloque

où les éditeurs avaient accumulé des pièces lyriques,
naturellement plus impersonnelles : l'origine parienne
des hymnes à Héraclès et à Déméter, dont il nous est
parvenu de maigres fragments, ne semble guère douteuse ; mais l'attribution à Archiloque se trouve mêlée
à des traditions singulièrement légendaires ; elle remonte
toutefois, du moins pour l'hymne à Héraclès, à une
époque si ancienne que nous ne saurions la contester.
D'autres pièces lyriques, aujourd'hui perdues, pouvaient
offrir encore, au IIIe et au IIe siècle avant Jésus-Christ,
des garanties suffisantes d'authenticité : Callimaque
fait allusion quelque part à un prélude dithyrambique
d'Archiloque[1] ; or, si l'on recherche sur quoi reposait
alors cette attribution, on découvre que le poète lui-
même avait parlé de ce prélude dans un de ses tétramètres[2]. Ainsi les Alexandrins ont pu disposer de
termes de comparaison qui nous échappent, et se prononcer avec preuves à l'appui en faveur de pièces qui
ne portaient pas en elles-mêmes la marque certaine
du poète. Reste la question des épigrammes. Des trois
distiques que publie Bergk, en les considérant d'ailleurs
comme suspects[3], il y en a un qui n'est pas dans l'Anthologie et qui ressemble moins aux pièces ordinaires de
ce recueil qu'à une épigramme au sens moderne du
mot, à une fine moquerie[4] : le distique sur Pasiphilé
pourrait donc faire partie du livre des élégies, où l'esprit

---

1. Callim., ed. Schneider, fr. 223 : Τοῦ μεθυπλῆγος φροίμιον Ἀρχιλόχου.
2. Archil., fr. 77. — Nous empruntons ce rapprochement à M. Bahntje (U.),
Quaest. archil., p. 16.
3. Archil., fr. 17, 18, 19.
4. Archil., fr. 19 :

Συκῆ πετραίη πολλὰς βόσκουσα κορώνας
εὐήθης ξείνων δέκτρια Πασιφίλη.

satirique d'Archiloque, pour être moins virulent que
dans les iambes, se donnait encore assez libre carrière.
Par eux-mêmes, ces deux vers, qu'Athénée a rapportés
mais à tort à une courtisane fameuse du temps de la
comédie nouvelle [1], ont tout le caractère d'une pièce
ancienne : outre le jeu de mots, dont on retrouverait
comme un pendant chez le poète Alcman [2], les mots
mêmes de συκῆ et de κορώνη appartiennent, nous le
savons, au vocabulaire du vieux maître [3]. Quant aux
dédicaces proprement dites, funéraires ou votives, il
dut y en avoir dans l'édition alexandrine d'Archiloque ;
lorsque Méléagre composa sa couronne, c'est dans
l'œuvre des grammairiens qu'il puisa, et, s'il ne recueillit
que quelques épines de cette fleur piquante, « quelques
gouttes d'eau de cet océan [4] », c'est sans doute que la
sévérité de cette poésie archaïque inspirait plus d'admiration que de goût au délicat poète syrien [5]. En tout
cas, les épigrammes d'Archiloque, quel qu'en fût le
nombre, devaient dans l'édition alexandrine se joindre
aux élégies, suivant un usage connu [6], et non, comme
le pense M. O. Crusius [7], aux poésies lyriques. Est-ce

1. Athenae., XIII, p. 594 c.
2. Alcman., fr. 27 (*Poetae lyrici graeci*, t. III (4ᵉ édit.), p. 47) :

Πολλαλέγων ὄνυμ' ἀνδρί, γυναικὶ δὲ Πασιχάρηα.

3. Archil., fr. 51 (σῦκα), fr. 109 a (*Anth. lyric.*, ed. Hiller-Crusius)
(κορώνη).
4. Meleagr., *Prooem. Coronae*, v. 37-38 (ed. Stadtmüller, t. I, p. 70) :

Ἐν δὲ καὶ ἐκ φορβῆς σκολιότριχος ἄνθος ἀκάνθης
Ἀρχιλόχου, μικρὰς στράγγας ἀπ' ὠκεανοῦ.

5. Voir, à ce sujet, les fines observations de H. Ouvré, *Méléagre de
Gadara*, p. 74-75.
6. Cf. Suidas, s. v. Σαπφώ.
7. Crusius (O.), art. *Archilochos*, dans Pauly-Wissowa, *Real-Encyclopaedie*, t. II, p. 496.

à dire qu'elles fussent pour cela à l'abri de tout soupçon ?
Des deux spécimens que nous en avons conservés dans
l'Anthologie, l'attribution à Archiloque est suspecte,
mais non impossible : on croit du moins y trouver la
trace de l'effort fait par les Alexandrins pour ne rapporter à cet Ionien des îles que des pièces d'une authenticité probable, une épitaphe de deux Naxiens, voisins
de Paros[1], et une dédicace à Héra[2], divinité parienne
dont le temple avait joué un certain rôle, à ce qu'il
semble, dans les démêlés d'Archiloque et de Néoboulé[3].

La valeur de l'édition alexandrine au point de vue
de la correction du texte ne saurait être établie que
sur un examen minutieux des formes dialectales attribuées à Archiloque par la tradition des manuscrits.
Mais cette question est inséparable d'une autre, qui a
pour nous plus d'intérêt encore, nous voulons dire
la question de savoir dans quelle mesure Archiloque a
employé, en même temps que des mètres nouveaux,
une langue littéraire plus locale et populaire, plus
purement ionienne qu'on ne l'avait fait avant lui. Aussi
réservons-nous l'étude de ce problème pour la seconde
moitié de ce chapitre, où nous chercherons à définir les
innovations introduites par Archiloque dans la forme
de la poésie grecque.

Pour en revenir à l'histoire même de ses œuvres,
nous apprenons, par la découverte des papyrus de Strasbourg, que des copies s'en faisaient encore en Égypte
au iie siècle de notre ère, et que ces copies comportaient
des annotations interlinéaires ou marginales, assez

1. Archil., fr. 17.
2. Archil., fr. 18.
3. Cf. l'épigramme de Dioscoride, citée ci-dessus, p. 68, n. 2.

semblables aux notes d'une édition scolaire[1]. Les deux
papyrus de Strasbourg appartenaient-ils donc à une
sorte d'édition annotée du vieux poète, ou seulement
à un choix, à un volume d'extraits? On ne pourrait
douter que ce ne fût un choix, si, comme le veut
M. Jurenka[2], le même rouleau de papyrus contenait à
la fois des pièces d'Archiloque et d'Hipponax. Mais cette
hypothèse paraît peu fondée : il reste toujours, à nos
yeux, fort improbable qu'Hipponax ait exactement
reproduit un genre de rythme que de nombreux témoignages attribuent en propre à Archiloque[3]. Toutefois,
même en restituant avec M. Reitzenstein les deux pièces
à Archiloque, nous pensons que cette copie égyptienne
des épodes contenait des morceaux choisis, c'est-à-dire
déjà quelque chose comme une de ces anthologies
qui avaient commencé depuis longtemps à se produire
en Grèce, et qui amenèrent peu à peu l'oubli et la perte
des œuvres originales. La *Couronne* de Méléagre inau-
gura, pour les auteurs d'épigrammes cette disparition
insensible des éditions complètes. D'autres anthologies,
où les préoccupations morales dominaient, se multi-
plièrent avec le temps : Stobée nous offre de nombreuses
citations d'Archiloque, extraites ainsi de manuels de
philosophie morale[4].

Cependant, l'édition alexandrine ne devait pas disparaître sans fournir à une foule de grammairiens, d'historiens, de rhéteurs, l'occasion de sauver de l'oubli,

1. Reitzenstein, *Sitzungsber. Preuss. Akadem.*, 1899, p. 857 et suiv.
2. Jurenka (H.), *Archilochos von Paros*, p. 12, n. 3.
3. C'est un des arguments que nous avons fait valoir contre l'opinion
qui attribuait à Hipponax les papyrus de Strasbourg (*Revue des Etudes
grecques*, t. XIV (1901).
4. C'est à Stobée que nous devons les fragments 9, 16, 56, 63, 66, 74,
84, 103.

bien inconsciemment parfois, quelques beaux restes de poésie iambique. Les métriciens méritent à cet égard une reconnaissance particulière[1] : la nécessité où ils étaient de reproduire des vers en entier, pour en faire comprendre la mesure, nous a valu des séries importantes de citations. Les lexicographes, à l'affût de formes et de mots vieillis, n'offrent guère que des gloses ; mais c'est assez pour faire entrevoir la richesse et l'originalité du vocabulaire d'Archiloque. Plutarque, parmi les historiens[2], Lucien, parmi les rhéteurs[3], se distinguent par l'abondance et l'intérêt de leurs emprunts : l'un et l'autre sans doute ont eu encore entre les mains une édition complète du vieux poète.

Mais, à partir du IIIe siècle, en même temps que les anthologies se multipliaient, une autre cause tendit à diminuer le nombre de ceux qui lisaient Archiloque. Le caractère de l'ancienne poésie iambique n'avait pas toujours été compris, même de ses admirateurs ; il vint un temps où, la critique et le blâme se donnant librement cours, Archiloque commença à être méprisé et honni. Les philosophes cyniques, comme Œnomaos de Gadara[4], fournirent aux Pères de l'Église des armes toutes prêtes contre un genre de poésie où la violence du langage n'avait d'égal que l'intempérance des passions[5]. C'est un signe des temps que ce fait, attesté aujourd'hui par

1. Nous leur devons les fragments 60, 79-82, 85, 94, 98-100, 104, 115, 120.

2. Plutarque est le seul auteur qui nous ait conservé les fragments 3, 12, 13, 21, 59, 71, 75, 93, 114, 132, 148. Il en cite d'autres qui nous étaient connus d'ailleurs.

3. Le début du dialogue intitulé *le Pseudologiste* est tout rempli de sentiments et de mots même empruntés à Archiloque (cf. Archil., fr. 143). Dans un autre dialogue (*les Amours*, 3), Lucien paraît avoir eu sous les yeux une pièce d'Archiloque à laquelle appartiennent deux de nos fragments (Archil., fr. 29 et 30).

4. Euseb., *Praep. evang.*, V, 33, VI, 7.

5. Clem. Alex., *Strom.*, I, p. 316.

la découverte de l'inscription de Paros : peu après le
IIIᵉ siècle, dans la patrie même du grand poète, le
monument élevé à sa gloire fut à ce point délaissé, oublié et détruit, que les pierres servirent à la construction de tombeaux privés.

Des exemplaires isolés durent pourtant se conserver
encore après que la réputation d'Archiloque eut subi
cette atteinte irréparable. Quand l'empereur Julien défendait à ses prêtres la lecture d'Archiloque, d'Hipponax
et d'autres écrivains du même genre [1], il visait peut-
être encore une édition complète de ces poésies ; mais
c'est le dernier exemple probable d'un pareil fait, et
toutes les citations ultérieures, faites de seconde ou de
troisième main, confirment la disparition définitive du
recueil des œuvres d'Archiloque [2].

II

DES INNOVATIONS INTRODUITES PAR ARCHILOQUE
DANS LA FORME DE LA POÉSIE GRECQUE

1. — LE DIALECTE. — EXAMEN DE LA THÉORIE
DE MM. FICK ET O. HOFFMANN SUR L'IONISME PUR D'ARCHILOQUE.

Archiloque a-t-il innové en matière de langue, de
dialecte ? En d'autres termes, comme, avant lui, la
poésie, homérique ou hésiodique, avait seule fourni
l'exemple d'une langue littéraire, Archiloque a-t-il en

1. Julian., *Or.*, p. 300 c.
2. Cf. Bahntje (U.), *Quaestiones archilocheae*, p. 33-35.

général pris cette langue pour modèle, quitte à là modifier çà et là dans quelques détails, ou au contraire n'a-t-il retenu du chant des aèdes que le souvenir du fond, sans rien leur emprunter dans la forme? Nous ne parlons ici que de la langue, et non du vocabulaire ni du style d'Archiloque ; mais, dans ces limites mêmes, la question est des plus complexes ; car il s'agit de comparer entre eux deux objets, la langue d'Homère et celle d'Archiloque, qui nous sont également mal connus, du moins dans leur forme primitive ; or cette forme primitive serait la seule qu'il nous importât de connaître, pour apprécier sûrement l'originalité de notre poète.

Faut-il donc renoncer à reconstituer par hypothèse, au seuil de cette étude sur la poésie d'Archiloque, les éléments, en quelque sorte matériels, de cette poésie ? Faut-il désespérer d'entrevoir jamais, au-delà de l'édition alexandrine dont nous avons reconnu précédemment l'existence, l'aspect extérieur de cette langue poétique dont nous voudrions pénétrer le sens profond, goûter la saveur intime et originale ? Disons mieux : pouvons-nous renoncer à prendre parti entre les différents auteurs qui de nos jours ont publié les fragments d'Archiloque ? Et, si un devoir s'impose à nous, avant d'aborder la critique d'une œuvre poétique, n'est-ce pas celui d'en établir le texte sur une base raisonnée et rationnelle ? Ce travail d'un éditeur d'Archiloque, nous ne le poursuivrons pas ici dans le détail ; mais nous en fixerons du moins les principes, en nous attachant aux faits essentiels que l'étude de la tradition nous paraît mettre suffisamment en lumière.

C'est, en effet, de la tradition elle-même qu'il faut partir, à condition d'en peser au juste et d'en discuter

la valeur, suivant la méthode que nous avons appliquée
à la chronologie et à la biographie du poète.

Considérons donc à ce point de vue l'œuvre d'Archiloque, telle qu'elle se présente à nous, soit dans le
texte des auteurs qui l'ont citée, soit dans les documents, inscriptions ou papyrus, qui nous en ont
transmis une connaissance plus directe; et demandons-
nous si quelques faits certains ne s'en dégagent pas,
qui permettent de juger du reste d'après une règle sûre[1].

Il est naturel de commencer par le seul phénomène
dialectal qui soit, ce semble, tout à fait indépendant de
la métrique et de la prosodie : je veux parler de la
forme des pronoms et adverbes interrogatifs dont la
racine est πο- dans Homère, dans la langue attique
et en général dans tous les dialectes grecs, et κο- en
ionien. S'il peut sembler indifférent, en soi, qu'Archiloque ait écrit πω ou κω, ὁποῖος ou ὁκοῖος, peut-être l'emploi de l'une ou de l'autre de ces deux formes, ou de
l'une et de l'autre à la fois, nous fournira-t-il une indication caractéristique de l'attitude prise par le poète
à l'égard des variantes dialectales qui s'offraient à lui.
Or, sur ce point, les données des manuscrits sont les

1. Nous avons utilisé pour cette étude, outre les grammaires géné-
rales de la langue grecque et des dialectes, les ouvrages suivants, spé-
cialement consacrés au dialecte ionien :

Renner (J.-G.), *Quaestiones de dialecto antiquioris Graecorum poesis
elegiacae et iambicae*, dans le tome I des *Etudes* de G. Curtius (*Studien
zur griechischen und lateinischen Grammatik*), 1868, p. 133 à 237.

Fick (G.), *Die Sprachform der altionischen und altattischen Lyrik*,
dans Bezzenberger's *Beitraege zur Kunde der Indogermanischen Sprachen*, t. XI (1886), p. 242 et suiv., t. XIII, p. 173 et suiv., t. XIV, p. 252
et suiv. — Fick (G.), *Zur ionischen Mundart und Dichtersprache*, dans
Neue Jahrbücher, 1898, t. I, p. 601 et suiv.

Smyth (H.-W.), *The ionic dialect*, Oxford, Clarendon, 1894.

Hoffmann (O.), *Die griechischen Dialekte*, t. III, *Der ionische Dialekt,
Quellen und Lautlehre*, Göttingen, 1898.

suivantes : dans cinq fragments d'une authenticité incontestable, la leçon unanime des manuscrits donne
les formes πω[1], πῇ[2], που[3], ποῖον[4], πῶς[5], et chacun de ces
témoignages dérive apparemment de l'édition alexandrine : Plutarque, Héphestion, Clément d'Alexandrie,
Erotianos, appartiennent à une période de l'histoire
encore assez rapprochée d'Aristarque (Iᵉʳ et IIᵉ siècle de
notre ère). En face de ces données concordantes, un
fragment unique, mais cité, il est vrai, par différents
auteurs, donne deux fois, en deux vers, les formes
ὀκοίην, ὀκοίοις[6]. Tel est l'état de la tradition, et c'est
entre ces deux témoignages que nous avons à choisir.
Que faire? Faut-il supposer que la forme en κο-, primitivement adoptée par le poète, ait été méconnue de
bonne heure, et transformée, sous l'influence attique,
en la forme πο-, ou bien que la forme πο-, seule originale,
et conservée dans le plus grand nombre de cas, ait été
une seule fois, à tort, corrigée en κο-, sous l'influence
d'une demi-science, c'est-à-dire d'une conception fausse,
qui aurait attribué au vieux poète ionien une forme
usitée seulement chez les Ioniens du VIᵉ et du Vᵉ siècle?
La première de ces hypothèses a été de notre temps,
depuis Ahrens et Schneidewin, défendue par plusieurs
linguistes, et en dernier lieu par MM. Fick et O. Hoffmann, qui partout restituent κω, κῇ, κου, κοῖον, κῶς.
Quelle garantie particulière présente donc le fragment
70 de Bergk, pour qu'on lui sacrifie tous les autres?
Ni M. Fick ni M. O. Hoffmann ne s'expliquent à ce

1. Archil. fr. 25. — Plut., *De tranquillitate animi*, 10.
2. Archil., fr. 60. — Hephaestion., p. 34.
3. Archil., fr. 73. — Clem. Alex., *Strom.*, VI, 739.
4. Archil., fr. 94. — Hephaestion., 129.
5. Archil., fr. 122. — Erotian., 117, ed. Klein.
6. Archil., fr. 70.

sujet ; mais on peut donner, croyons-nous, une raison spécieuse de cette préférence : c'est que, si les deux premiers vers du fragment en question proviennent des *Eclogae physicae* de Stobée[1], le troisième vers figure dans un dialogue apocryphe de Platon, l'*Eryxias*[2], dont la date est assez basse sans doute, mais qui nous a conservé tout un morceau du sophiste Prodicos de Céos. C'est même d'après Prodicos que l'auteur de l'*Eryxias* cite le vers d'Archiloque, avec la forme ὁκοίοις. Nous serions donc en présence d'une tradition plus ancienne que la tradition alexandrine, et par suite peut-être plus pure. Mais ce n'est là, selon nous, qu'une apparence, et voici pourquoi : nous avons lieu de croire que le vers cité isolément par Prodicos avait cours dans les écoles de philosophie ionienne, et que Prodicos l'avait emprunté, non au recueil même des poésies d'Archiloque (car il en avait singulièrement modifié le sens[3]), mais à un écrit plus récent, à une citation d'Héraclite d'Ephèse, lequel avait, lui aussi, rapporté et discuté le mot d'Archiloque[4]. Dans cette hypothèse, il est aisément explicable qu'Héraclite, répondant au poète de Paros, ait donné aux mots qu'il citait la forme de son propre dialecte ; ainsi la leçon ὁκοίοις, pour être fort ancienne, pourrait bien ne provenir, malgré tout, que d'une erreur.

Convient-il donc, d'après cette observation, de rétablir partout dans Archiloque la forme πο-, au lieu de κο- ? En prenant ce parti, nous aurions l'avantage de

---

1. Stob., *Ecl. phys.*, I, 38.
2. [Plat.], *Eryx.*, 13, p. 397 *e*.
3. Cf. ci-dessus, p. 92.
4. Heraclit., fr. 17, dans l'édition de Diels, *Die Fragmente der Vorsokratiker*, Berlin, 1903, p. 69.

mettre le texte de notre poète en parfait accord avec le
témoignage unanime des plus vieilles inscriptions ioniennes des Cyclades. En effet, depuis les publications de
Bechtel[1], c'est un fait avéré, que l'existence, non pas
prédominante, mais unique, des formes en πο- dans les
inscriptions ioniennes des îles, et M. de Wilamowitz
en a conclu que le dialecte d'Archiloque devait offrir
la même particularité[2]. A cette conclusion nous paraissent s'opposer pourtant plusieurs considérations :
c'est d'abord que les inscriptions ioniennes du continent
asiatique (inscriptions de la dodécapole ionienne), au vi[e]
et au ve siècle, présentent, elles aussi, la forme πο-[3],
alors que sans aucun doute la forme κο- était en usage
à la même époque dans le dialecte des poètes et des
prosateurs de cette région : il n'y a donc pas nécessairement accord entre la langue de l'épigraphie et celle
des textes littéraires. Ensuite on peut se demander si
l'hypothèse que nous avons fondée sur la citation
d'Héraclite vaut contre le témoignage des *Eclogae
physicae* de Stobée ; car, après tout, ce texte, qui donne
la forme ἐκοίην, indépendamment du vers cité par Prodicos dans l'*Eryxias*, dérive de la même source, l'édition alexandrine, que toutes les autres citations
d'Archiloque, et a, ce semble, la même valeur. Enfin,
le fragment II du papyrus de Strasbourg, découvert
en 1899, nous montre la forme κώ parfaitement lisible

1. Bechtel, *Die Inschriften des ionischen Dialektes*, dans les *Abhand-
lungen der Kön. Gesellschaft der Wissenschaften zu Göttingen*, t. XXXII
(1885) et t. XXXIV (1887).

2. Wilamowitz-Möllendorff (U. von), *Homer. Untersuch.*, p. 318. — Cf.
O. Hoffmann, *Der ionische Dialekt*, p. 216.

3. Le recueil des inscriptions ioniennes de O. Hoffmann (*Der ionische
Dialekt*, p. 4-82) présente les formes suivantes : ὁπόσοι, à Téos (n° 106),
ὁποῖον à Iasos (n° 131), ποῦ à Zéléa (n° 139), ὅπου, à Halicarnasse
(n° 173). On remarquera l'esprit doux dans ὁπόσοι ὁποῖον, ὅπου.

dans une épode d'Archiloque[1]. Faudra-t-il aussi rejeter ce témoignage, pour donner au texte de notre poète
une homogénéité dialectale dont il a pu ne pas se sou-
cier ? Quand MM. Fick et O. Hoffmann, après Schneidewin, rétablissent partout la forme κο-, ils partent de
ce principe, considéré comme un axiome, qu'Archiloque
n'a subi aucune influence littéraire, qu'il a parlé la
langue de son pays et de son temps. Mais qui nous dit
que cette langue elle-même n'a pas subi, précisément
au temps d'Archiloque, une sorte de mélange, et que,
à côté de la forme πο- attestée par les inscriptions, la
forme κο- ne s'est pas fait sentir jusque dans les
Cyclades, avant de dominer définitivement dans les
villes de la Grèce asiatique ? Et, si cette particularité
dialectale n'a laissé que quelques traces dans le dialecte
de notre poète, qui sait si sa fidélité à la forme πο- n'a
pas été déterminée moins encore par les habitudes
populaires de sa patrie, que par le souvenir encore
vivant, et toujours présent, de l'épopée, où la forme πο-
était seule connue ?

Une solution analogue nous paraît convenir à un
autre problème, qui tient de près au précédent. Archiloque a-t-il, comme les poètes et prosateurs ioniens du
vi⁰ et du v⁰ siècle, maintenu la consonne forte devant
les voyelles qui, dans les autres dialectes, étaient pré-
cédées d'une aspiration ? Autrement dit, a-t-il observé
cet usage que les grammairiens grecs ont appelé la
ψίλωσις des Ioniens ? Et serait-ce là un signe caractéris-

---

1. Papyrus de Strasbourg, II, v. 6 : οὐ]δαμά κώ σ' εἶδε (*Sitzungsber.
Preuss. Akadem.*, 1899, p. 857 et suiv.). — Il est vrai que l'on pourrait
voir dans cette forme une preuve à l'appui de l'attribution à Hipponax.
Mais d'autres raisons nous semblent plus fortes en faveur d'Archiloque. Cf. Am. Hauvette, *les Nouveaux Fragments d'Archiloque*, dans
la *Revue des Etudes grecques*, t. XIV (1901), p. 71 et suivantes.

tique de sa rupture avec les traditions épiques ? Je ne
sache pas qu'aucun savant ait voulu supprimer les
traces nombreuses que l'esprit rude a laissées dans les
fragments d'Archiloque, ἐτράπεθ ᾽αἱματόεν[1], φίλταθ᾽ ἑταίρων[2],
ἔθ᾽ ὑμῶν[3], οὐκέθ᾽ ὁμῶς[4], ὑφ᾽ ἡδονῆς[5], ἐφ᾽ ἥπατι[6], ἄφελκε[7],
ἐφέπων[8], κάθημαι[9], καθαιρεῖ[10], ἐφ᾽ ὁρκίοις[11]. Schneidewin est
le seul qui, dans cette voie, ait corrigé ἐφίμερος en
ἐπίμερος[12]. Les autres savants reconnaissent au contraire
que ces traces manifestes d'aspiration correspondent
chez Archiloque à la langue ionienne des Cyclades, telle
que nous la font connaître les inscriptions archaïques
de Naxos, de Céos, d'Amorgos, de Délos, de Paros, de
Thasos et de Siphnos[13]. La *psilosis*, en revanche, apparaît et domine dans les documents épigraphiques de la
même époque en Asie Mineure et dans les villes de la
Dodécapole ionienne. La question est donc plutôt de
savoir si, d'une façon absolue, et avec une constante
rigueur, le poète de Paros n'a pas plutôt conservé
partout l'aspiration. C'est l'opinion de MM. Fick et
O. Hoffmann, et même de M. O. Crusius. Et, de fait, la
forme ἐφ᾽ ἡμέρην, au fr. 70, a pour elle les manuscrits
de Stobée, tandis que la variante ἐπ᾽ ἡμέρην, adoptée
par Bergk, repose seulement sur le texte de Diogène

1. Archil., fr. 9.
2. Archil., fr. 79.
3. Archil., fr. 74.
4. Archil., fr. 100.
5. Archil., fr. 102.
6. Archil., fr. 131.
7. Archil., fr. 4.
8. Archil., fr. 13.
9. Archil., fr. 87.
10. Archil., fr. 116.
11. Archil., Papyrus de Strasbourg, I, v. 13.
12. Archil., fr. 21.
13. Hoffmann (O.), *Der ionische Dialekt*, p. 546-547.

Laërce. La correction peut donc ici sembler légitime ; mais, pour le fragment 115, la leçon ἐπ' ἥβης est unique dans les deux classes entre lesquelles se répartissent les manuscrits d'Héphestion, et c'est là une autorité plus grave. Enfin il y a doute dans la tradition sur deux autres passages : θητέρη δὲ πῦρ ou τητέρη[1], et Γλαῦχ' ὅρα ou Γλαῦχ' ἔρα[2]. Pour affirmer, avec M. O. Hoffmann, que ces *hyperionismes* proviennent d'une correction savante dans le texte d'Archiloque, nous voudrions être sûr que l'influence de la *psilosis* ionienne n'a pu en aucune manière se faire sentir à Paros, dans le cours du viie siècle ; mais, en réalité, les inscriptions les plus anciennes dans les Cyclades portent quelques traces de cette influence : ἐκηβόλωι à Naxos[3], ὁ à Amorgos[4]; bien plus, ces exemples sont relativement plus nombreux à Thasos, la seconde patrie d'Archiloque[5]. Ainsi, même en se tenant aussi près que possible de la langue populaire couramment parlée autour de lui, Archiloque a pu suivre tantôt un usage, tantôt un autre : une règle absolue en ces matières n'est-elle pas plutôt le fait d'un grammairien que d'un poète?

A plus forte raison, le poète a-t-il le droit de choisir, entre plusieurs formes, celle qui convient à la mesure de son vers. Personne, même parmi les savants les plus convaincus de l'uniformité linguistique du dialecte d'Archiloque, ne conteste la présence simultanée dans ses vers de la forme πελάγεσσι à côté de κήδεσιν[6], de

---

1. Archil., fr. 93.
2. Archil., fr. 54.
3. Hoffman (O.), *Der ionische Dialekt*, inscr. de Naxos, n° 32.
4. *Ibid.*, inscr. d'Amorgos, n° 44.
5. *Ibid.*, inscr. de Thasos, n° 67 et n° 69.
6. Πελάγεσσι (Archil., fr. 11), et κήδεσιν (fr. 66).

πσσσί à côté de πσσί[1], de εἰς à côté de ἐς[2], de δουρικλυτοί à côté de δορί[3], de πολλόν à côté de πολύς[4], du pronom relatif οὕς à côté de ἐν τῷ κάθημαι[5], du démonstratif κεῖνος à côté d'ἐκεῖνος[6]. Cette liberté, Archiloque la prend à l'égard des formes dialectales, exactement comme il fait, en métrique, à l'égard des diphtongues, qu'il décompose parfois en deux brèves (ὀϊζύς, à côté de τρισοιζύρην[7]), et des voyelles qu'il réunit par synizèse (μέλεα, θεῶν) ou qu'il sépare dans la mesure (κήδεα, ξιφέων, θεοί, θεοῖσι, θεῶν)[8]. Malgré ces exemples incontestables, il y a un point sur lequel ni M. Fick ni M. O. Hoffmann n'accordent qu'Archiloque ait usé de la même licence : c'est au datif pluriel masculin et féminin de la première et de la deuxième déclinaison. Sur ce point, ils demeurent inflexiblement attachés à la forme purement ionienne, en -οισι, -ῃσι, et reconnaissent là un trait caractéristique du dialecte d'Archiloque. La question mérite de nous arrêter un instant.

Que les datifs en -οισι et en -ῃσι dominent dans Archiloque, c'est ce que prouve une statistique facile à établir[9] ; et cette prépondérance des formes pleines sur les formes abrégées peut justifier la substitution des premières aux secondes toutes les fois qu'un datif

1. Ποσσί (fr. 58) et ποσίν (fr. 59).
2. Εἰςορῶν (fr. 74), εἰς ἀναιδείην (fr. 78), et ἐς ἡμέας (fr. 9), ἐς Θάσον (fr. 52).
3. Δουρικλυτοί (fr. 3), et δορί (fr. 2).
4. Πολλόν (fr. 78), et πολύς (fr. 94).
5. Οὕς (fr. 59), et ἐν τῷ κάθημαι (fr. 87).
6. Κεῖνοι (fr. 3), κείνου (fr. 12), κεῖνα (fr. 51), et ἐκείνη (fr. 6), ἐκεῖνος (fr. 87 et 92).
7. Ὀϊζύς (fr. 52) et τρισοιζύρην (fr. 129).
8. Μέλεα (fr. 12), θεῶν (fr. 25). — Κήδεα (fr. 9), ξιφέων (fr. 3), θεοί (fr. 9). θεοῖσι (fr. 55), θεῶν (fr. 84).
9. Archil., fr. 9 (ἀνηκέστοισι κακοῖσιν), 12 (καθαροῖσιν), 31 (μύροισι), 55 (θεοῖσι), 58 (βοστρύχοισι), 66 (ἀμηχάνοισι, ἐν δοκοῖσιν, χαρτοῖσιν), 70 (ἀνθρώποισι), 74 (τοῖσι), 84 (χαλεπῇσι θεῶν ὀδύνῃσιν), 94 (ἀστοῖσι).

pluriel précède immédiatement une voyelle, comme dans les vers ἀμφ' ὀδύνηισ' ἔχομεν [1], ξυνὸς ἀνθρώποισ' Ἄρης [2], γίγνεται θνητοῖσ' ὀκοίην [3], et ὀκοίοισ' ἐγκυρέωσιν [4]. A la rigueur, nous pouvons admettre aussi qu'un vers incomplètement rapporté par le scoliaste d'Euripide se continuait par un mot commençant par une voyelle (μηρούς τε μηροῖσ') [5]. Mais, ces exemples écartés, et sans tenir compte non plus d'un fragment d'une authenticité contestable [6], il reste cinq passages qui résistent à la règle formulée par MM. Fick et O. Hoffmann. Ces cinq passages doivent-ils donc, ou peuvent-ils même, être corrigés ? Tous les cinq offrent d'abord cette particularité, que les datifs pluriels qui s'y trouvent terminés en -οις, -αις ou -ηις, y sont attestés sans aucune variante par la tradition manuscrite, par Stobée [7], le scoliaste d'Aristophane [8], le scoliaste d'Hermogène [9], l'apologiste chrétien Théophile [10], c'est-à-dire, en fin de compte, par l'édition alexandrine. Or les Alexandrins, qui nous ont conservé dans la plupart des cas les formes pleines en -οισι et en -ηισι, auraient-ils méconnu l'emploi des mêmes formes dans quelques passages seulement ? A cette objection générale s'ajoutent les considérations suivantes, propres à chaque fragment. Dans l'épode 94, v. 2-3,

$$\text{τίς σὰς παρήειρε φρένας}$$
$$\text{ἧς τὸ πρὶν ἠρήρησθα ;}$$

1. Archil., fr. 9, v. 4.
2. Archil., fr. 62.
3. Archil., fr. 70, v. 2.
4. Archil., fr. 70, v. 3.
5. Archil., fr. 72.
6. Archil., fr. 15.
7. Archil., fr. 9, v. 2, et fr. 56, v. .
8. Archil., fr. 23.
9. Archil., fr. 94, v. 3.
10. Archil., fr. 65.

le datif du relatif est indispensable, comme on le voit
d'après l'expression homérique φρεσὶν ᾗσιν ἀρηρώς[1], et
ce rapprochement suffit à rendre bien douteuse la correction de M. Fick : ᾷς τὸ πρίν... ; mais la locution τὸ
πρίν n'est pas moins indispensable, et M. O. Hoffmann,
en écrivant ᾗσι πρὶν ἠρήρεισθα, néglige la nuance que
contient τὸ πρίν, c'est-à-dire l'idée d'une circonstance
déterminée dans le passé. « Tu étais plus sage, quand
tu m'accordais naguère (τὸ πρίν) la main de ta fille. »
Le fragment 65 se prête plus difficilement encore à la
correction demandée par M. Fick. Voici le texte de
Bergk :

$$\text{ἓν δ'ἐπίσταμαι μέγα,}$$
$$\text{τὸν κακῶς} <\text{με}> \text{δρῶντα δεινοῖς ἀνταμείβεσθαι κακοῖς }[2].$$

Si l'on rejette les conjectures d'Ahrens, déjà condamnées par Renner[3], on ne peut que changer, avec
MM. Fick et O. Hoffmann, κακοῖς en κακῶς. Mais alors
c'est δεινοῖς, employé comme un substantif neutre, qui
ne convient guère[4] ; en outre, ἀνταμείβεσθαι κακῶς n'offre
qu'une symétrie apparente avec τὸν κακῶς με δρῶντα : ce
n'est pas ἀνταμείβεσθαι κακῶς qu'il faudrait, c'est δρᾶν ou
ποιεῖν κακῶς. Enfin la locution ἀνταμείβεσθαι κακοῖς est
garantie dans le texte d'Archiloque par deux passages
d'Eschyle qui semblent bien en dériver, παθὼν κακῶς

1. Hom., *Od.*, 10, 553.
2. Archil., fr. 65.
3. Ahrens proposait de transformer ces tétramètres trochaïques en
vers épodiques, par l'addition ou la correction de plusieurs mots.
Cf. les notes critiques de Bergk.
4. Au lieu de l'adjectif δεινοῖς, M. O. Crusius rétablit le substantif
ionien δέννοις, qui s'est rencontré dans les poèmes récemment décou-
verts d'Hérondas (VII, 104). Cette conjecture, adoptée par M. Jurenka
(*Archilochos von Paros*, p. 11, note 2) ne me paraît pas bonne : Archiloque se vante de rendre dent pour dent, le mal pour le mal, et non de
savoir se défendre par des paroles injurieuses (δέννοις).

κακοῖσιν ἀντημείβετο [1] et τὸν ἐχθρὸν ἀνταμείβεσθαι κακοῖς [2].
C'est aussi une imitation directe d'Archiloque, et même
une parodie, que nous trouvons dans ce vers d'Aristophane,

τὴν πόλιν καὶ ταῦτ' ἔχοντες κυμάτων ἐν ἀγκάλαις [3],

et le scoliaste, qui cite à ce propos le vers parodié par
le poète comique, le donne sous cette forme,

ψυχὰς ἔχοντες κυμάτων ἐν ἀγκάλαις [4].

Est-il permis, avec M. Fick, de corriger dans Archiloque ἀγκάλαις en ἄγκασιν? C'est l'image tout entière
qui disparaît; et, quant à l'interversion imaginée par
M. O. Hoffmann, ἀγκάληισ' ἐν κυμάτων, elle détruit la ressemblance extérieure des deux vers, et supprime en
quelque sorte la parodie. Enfin mettra-t-on en doute
l'attribution du vers à Archiloque? Le scoliaste d'Aristophane dit : ἔστι δὲ οὕτως παρὰ 'Αρχιλόχῳ [5]; il est vrai
que Didyme l'attribuait à Eschyle [6]; mais Didyme ne
pouvait-il pas faire plutôt allusion à l'expression πόντιαι
ἀγκάλαι [7], qui paraît bien venir, elle aussi, du vieux
poète dont Eschyle a plusieurs fois suivi la trace? Au
vers 2 du fragment 9, la leçon θαλίης τέρψεται a l'avantage, sur la correction θαλίη ou θαλίης, de donner à ce
mot la forme du pluriel, comme dans cet autre vers

1. Æschyl., *Sept.*, v. 1033 (éd. Kirchhoff).
2. Æschyl., *Choeph.*, v. 116.
3. Aristoph., *Ran.*, v. 704.
4. Archil., fr. 23.
5. Schol. Aristoph., *Ran.*, v. 704.
6. *Ibid.* : Δίδυμός φησι παρὰ τῷ Αἰσχύλῳ.
7. Æschyl., *Choeph.*, v. 586.

du même poète : τερπωλὰς καὶ θαλίας ἐφέπων[1]. Reste le
dernier des cinq fragments qui nous occupent : il débute
par ces deux formes abrégées du datif pluriel,

$$\text{τοῖς θεοῖς τίθει τὰ πάντα}[2].$$

Évidemment, le fait qu'Archiloque, dans des mots
comme θεοῖς, compte, selon les besoins du vers, tantôt
deux syllabes, tantôt une seule, autorise l'écriture :
τοῖσι θεοῖς τίθει τὰ πάντα. Mais, pour changer θεοῖς en θεοῖσι,
il faut corriger un mot essentiel, τίθει, comme fait
M. O. Hoffmann,

$$\text{τοῖσι θεοῖσ' ἰθεῖα πάντα}[3].$$

Or cette leçon éveille une idée assez éloignée de celle
que développe Archiloque dans les quatre vers qui
suivent : chez Homère[4], les mots de Ménélas, ἰθεῖα γὰρ
ἔσται, désignent une sentence définitive, sans appel,
tandis qu'Archiloque fait ressortir au contraire les
vicissitudes multiples de grandeur et de misère que
les dieux imposent aux hommes[5].

En résumé, soit à l'hémistiche (θαλίης), soit à la fin
des vers (κακοῖς, ἀγκάλαις), soit même au début (ἧς τὸ
πρίν... et τοῖς θεοῖς ou τοῖσι θεοῖς), Archiloque a employé
quelquefois la forme abrégée du datif pluriel, et la ré-
sistance de MM. Fick et O. Hoffmann à cette conclusion
ne s'explique que par un système, par une théorie

---

1. Archil., fr. 13.
2. Archil., fr. 56.
3. Hoffmann (O.), *Der ionische Dialekt*, p. 102.
4. Hom., *Iliad.*, 23, v. 579.
5. M. U. Bahntje (*Quaestiones archilocheae*, p. 46) cite ce vers d'après
une correction de Kaibel : τοῖς θεοῖσι θεῖα πάντα... Aucune conjecture ne
nous semble valoir, pour le sens, la leçon τίθει. Dès lors, la forme
θεοῖς est nécessaire.

générale, qu'il nous suffira maintenant d'exposer pour
en montrer le point faible.

C'est M. Fick qui l'a formulée[1] : selon lui, les poètes
ioniens du vii⁰ et du vi⁰ siècle, auteurs d'iambes, d'élégies et de poésies lyriques, se divisent en deux groupes,
suivant qu'ils sont antérieurs à l'année 540 ou postérieurs à cette année. Pourquoi cela? parce que l'année 540 marque la fin de l'indépendance ionienne
en Asie mineure, la chute des cités grecques de la côte
sous les coups d'Harpage, et que cette révolution
politique entraîne un bouleversement singulier dans
les lettres : avant 540, les poètes ioniens écrivent un
dialecte purement local, sans aucun mélange de formes
empruntées aux dialectes populaires ou aux œuvres
littéraires des tribus voisines; après 540, ils renoncent,
pour ainsi dire, à ce particularisme dialectal, et ce qu'ils
introduisent, ce qu'ils adoptent dans leurs poésies, c'est
le dialecte de l'épopée ionisée, c'est la langue bariolée
issue de la transcription en ionien des anciens poèmes
éoliens d'Homère. On voit tout de suite comment cette
théorie s'accorde, dans la pensée de l'auteur, avec son
système bien connu sur la rédaction des poèmes homériques; et, quoiqu'il cherche lui-même à rendre ces
deux hypothèses indépendantes l'une de l'autre, il a
beau faire : une préoccupation, une arrière-pensée le
domine dans l'examen qu'il entreprend des faits propres
à appuyer ou à infirmer sa théorie. Nous n'insisterons
pas sur les raisons diverses qui nous font rejeter le

---

1. Fick (G.), *Die Sprachform der altionischen und altattischen Lyrik*
(*Beiträge zur Kunde der Indogermanischen Sprachen*, t. XI, p. 242 et
suiv., t. XIII, p. 173 et suiv., t. XIV, p. 252 et suiv.). — Fick (G.), *Zur
ionischen Mundart und Dichtersprache* (*Neue Jahrbücher*, 1898, t. I,
p. 501 et suiv.).

choix, tout artificiel, de l'année 540 pour l'apparition du texte ionien d'Homère, ni sur l'inconsistance des classements chronologiques qui rangent, par exemple, Hipponax parmi les plus vieux Ioniens et Xénophane parmi les plus jeunes, comme si tous deux n'étaient pas vraiment contemporains. Nous nous bornerons à montrer, en ce qui touche Archiloque, l'insuffisance de la démonstration.

Si, de l'aveu de M. Fick, les formes en -οις et en -αις apparaissent chez les Néo-ioniens sous l'influence des poésies homériques, pourquoi cette influence n'aurait-elle pas agi déjà sur la langue d'Archiloque? MM. Fick et O. Hoffmann repoussent résolument cette hypothèse, et n'hésitent pas, nous l'avons vu, à corriger sur ce point la tradition des manuscrits ; mais quelle raison donnent-ils de cette conjecture? Aucune, sinon que, d'une manière générale, Archiloque se tient plus près qu'Homère des formes purement ioniennes. Or cette vérité générale, nous ne voudrions pas nous-même la nier, et nous l'appuierons tout à l'heure d'exemples précis ; mais la question n'est pas là ; ce qu'il s'agit de savoir, c'est si le poète ionien n'a pas pu, comme l'aède homérique, à côté des formes en -οισι et en -ῃσι, utiliser les formes abrégées, qui souvent s'accommodaient seules à la mesure du vers. Ces formes, nous les trouvons dans son œuvre ; nous voyons même qu'on ne peut les en faire disparaître sans violence : n'est-ce pas dès lors la théorie de M. Fick qui doit céder? Et n'est-il pas évident que l'épopée, en même temps qu'elle inspirait à Archiloque des vers entiers, lui a fourni de même quelques variantes dialectales?

Nous avons cité déjà plusieurs exemples de cette liberté laissée au poète dans le choix de son dialecte et de sa métrique; mais nul phénomène n'est à cet égard plus caractéristique et plus probant que l'emploi du génitif en -οιο. Certes le génitif en -ου est le plus fréquent chez Archiloque, aussi bien dans les élégies[1] que dans les iambes, les tétramètres ou les épodes[2]. Mais trois fois les manuscrits présentent une forme en -οιο que personne n'a jamais songé à éliminer du texte de notre poète[3]. Seul, Hermann, suivi en cela par Renner[4], écrivait ὡς Διωνύσου ἄνακτος, au lieu de Διωνύσοι' ἄνακτος[5]; mais, ce qui lui semblait inacceptable dans la leçon donnée par Athénée[6], c'était, non la forme en -οιο, mais l'élision de cette finale. Ni M. Fick ni M. O. Hoffmann n'ont le même scrupule, et Bergk cite avec raison un vers d'Homère où l'élision semble nécessaire[7]. Comment donc expliquer la présence de ce génitif homérique dans un poète qui ne doit pas, selon MM. Fick et O. Hoffmann, avoir emprunté rien au dialecte de l'épopée ? La question se résout ainsi, d'après M. Fick : le génitif en -οιο, puisqu'il se rencontre dans Archiloque, appartient en réalité au vieux dialecte ionien lui-même; c'est une ancienne forme locale, que le créateur de l'iambe n'a nullement prise à Homère. Cette conclusion, un peu suspecte déjà par le fait même qu'elle vient à point con-

---

1. Θανάτου (Archil., fr. 6), δειλοῦ (fr. 8), κείνου (fr. 12).

2. Ὄνου (fr. 21), τοῦ πολυχρύσου (fr. 25), μηλοτρόφου (fr. 26), τοιούτου φυτοῦ (fr. 42), ἀνέμου (fr. 43), μιηφόνου (fr. 48), νήσου (fr. 53), τοῦ ζοοῦ (fr. 63), ἡλίου (fr. 74), οὐρανοῦ (fr. 88), τέου (fr. 95), ὄνου (fr. 97), μελαμπύγου (fr. 110); Papyrus de Strasbourg, fr. I, v. 6 ῥόθου; fr. II, v. 7 γράσου.

3. Archil., fr. 1, 9, 77.

4. Renner dans les *Studien* de G. Curtius, t. I, p. 206-208. — Voir ci-dessus, p. 114, n. 1, le titre complet de cet écrit.

5. Archil., fr. 77.

6. Athenae., XIV, p. 628 *a*.

7. Hom., *Iliad.*, 11, v. 35, et la note de Bergk au fr. 77 d'Archiloque.

firmer une théorie générale, est appuyée cependant par
l'auteur sur des considérations linguistiques, dont nous
sommes incapable d'apprécier la valeur[1]. Mais, en supposant parfaite cette démonstration, il reste que cette
forme prétendue ionienne a totalement disparu du
dialecte ionien le plus archaïque; on n'en trouve pas
trace dans les inscriptions ioniennes du viie et du
vi[e] siècle, et M. Fick est forcé de convenir qu'elle était
déjà tombée en désuétude au début du viie siècle : Archiloque a dû l'aller chercher dans un vieux fonds
poétique, antérieur à ses propres essais, et que M. Fick,
ne voulant pas entendre parler d'Homère, appelle la
langue primitive de l'élégie. Mais c'est là une hypothèse contestable, et l'existence d'une élégie ionienne,
antérieure à notre poète, n'a guère d'autre fondement
que la théorie même qu'il s'agit d'édifier. C'est un cercle
vicieux. En outre, pour éviter d'avoir à reconnaître
l'influence épique dans ces génitifs en -οιο, MM. Fick et
O. Hoffmann ont recours, ici encore, à une conjecture
qui ne nous paraît pas justifiée. Ils acceptent Διωνύσοι'
ἄνακτος, comme une forme propre au dialecte ionien,
parce que le *digamma* n'existe pas dans ce dialecte, et
que les inscriptions n'en révèlent aucune trace[2]. Mais,
pour la même raison, ils rejettent, au fragment 1, les
mots Ἐνυαλίοιο ἄνακτος, qui trahissent le souvenir encore
vivant du *digamma*. Si, comme nous le pensons, cette
dernière locution vient d'Homère, tout s'explique sans
peine, puisque chez Homère le mot ἄναξ s'emploie
indifféremment avec ou sans *digamma*; mais la théorie

---

1. Fick (G.), *Die Sprachform der altionischen und altattischen Lyrik*
(dans le tome XI (1886) des *Beiträge zur Kunde der Indogermanischen
Sprachen*), p. 247 et suivantes.
2. Hoffmann (O.), *Der ionische Dialekt*, p. 556 et suivantes.

de M. Fick exige qu'Archiloque n'ait pas connu cette licence, et c'est pourquoi nos deux auteurs préfèrent à la leçon d'Athénée une variante donnée par Plutarque, ἐνυαλίοιο θεοῖο[1]. Mais cette variante est-elle autorisée, et donne-t-elle un sens satisfaisant ? Plutarque ne fait qu'une allusion rapide au mot connu d'Archiloque ; il le cite de mémoire, modifiant même le début du vers, ἀμφότερον, θεράπων μὲν ἐνυαλίοιο... La variante vient donc vraisemblablement de Plutarque, et non d'une tradition meilleure que le texte d'Athénée. En outre, il est bien vrai que l'expression Ἐνυαλίοιο ἄνακτος ne figure que dans le *Bouclier d'Héraclès*, œuvre faussement attribuée à Hésiode, et qui date sans doute d'une époque postérieure à Archiloque[2]. Mais la fin de vers... -οιο ἄνακτος est courante chez Homère, tandis que la locution Ἐνυάλιος θεός est sans exemple. En fait, dans la vieille langue poétique de la Grèce, Ἐνυάλιος est, non pas un adjectif, mais un nom propre, au même titre que Ἥφαιστος et Διόνυσος, et c'est ce nom propre qu'Archiloque a employé dans son distique fameux, en le faisant suivre de l'épithète ἄνακτος, également appliquée par lui aux deux divinités que nous venons de nommer[3]. Cette raison nous oblige à conserver dans ce vers la forme traditionnelle, qui est en même temps, sans conteste, un souvenir d'Homère.

La cause nous paraît donc entendue : Archiloque a dans sa langue des particularités qui ne s'expliquent bien que par l'influence de l'épopée homérique, et les efforts de M. Fick pour ramener à une forme purement io-

----

1. Plut., *Phoc.*, 7.
2. Fick (G.), *Zur ionischen Mundart und Dichtersprache*, dans *Neue Jahrbücher*, 1898, p. 509-510.
3. Archil., fr. 75 et 77.

nienne les données de la tradition manuscrite ont pour point de départ une hypothèse qui ne peut se soutenir. Nous ne citerons plus ici qu'un exemple. Les deux noms propres, Χαρίλαε[1], Ἰόλαος[2], peuvent sans inconvénient devenir Χαρίληε, Ἰόληος, et M. Fick, conformément à son système, estime que cette double correction s'impose, puisque le poète Hipponax a dit encore ληόν[3]. Mais alors une autre conclusion s'ensuit : c'est que la forme λεώς, postérieure à Hipponax, date seulement du vɪᵉ siècle, et, de fait, M. Fick écrit dans Archiloque au fragment 69, non Λεώφιλος, mais Ληόφιλος. Comment donc peut-il supposer que le même poète ait dit ailleurs ἵλεως γενοῦ[4]? Dans l'adjectif ἵλαος, la voyelle α, longue ordinairement chez Homère, a dû donner en vieil ionien ἵληος, puis, en néo-ionien et en attique, ἵλεως. Mais cette transformation dernière peut-elle, d'après les principes mêmes de M. Fick, dater du vɪɪᵉ siècle ? Évidemment non ; et l'abréviation nécessaire de la voyelle α, au début du tétramètre d'Archiloque, ἵλαος γενοῦ, nous apparaît encore comme un emprunt direct à l'épopée[5].

Il était nécessaire, ce semble, de réagir contre la tendance de quelques linguistes à supprimer dans le dialecte d'Archiloque toute trace d'une influence littéraire. Mais les travaux mêmes dont nous avons combattu les conclusions ont fait pourtant ressortir une vérité : c'est que, si le vieux poète de Paros, en parlant et en écrivant la langue ionienne de son temps, a pu y admettre quelques

---

1. Archil., fr. 79.
2. Archil., fr. 119.
3. Hippon., fr. 88 (Bergk, *Poetae lyrici graeci*, 4ᵉ éd., t. II, p. 490).
4. Archil., fr. 75.
5. Cf. Hom., *Iliad.*, 9, v. 639 : Σὺ δ' ἵλαον ἔνθεο θυμόν, et 19, v. 178 : Θυμὸς ἐνὶ φρεσὶν ἵλαος ἔστω.

formes épiques, il ne les a pas toutes accueillies, tant
s'en faut ; et celles qu'il a écartées étaient si usuelles dans
l'épopée, si commodes aussi pour la versification, que
nous devons en attribuer le rejet à une volonté cons-
ciente et réfléchie du poète. Ce n'est pas un effet du
hasard que l'absence complète dans Archiloque des
infinitifs en -μεν, -μεναι, des génitifs en -αο et en -αων,
enfin de cette particule κε, si alerte et si vive dans Homère,
si bonne pour remplacer la particule ἄν ou pour se glisser à
côté d'elle, voire même pour se répéter plusieurs fois dans
la même phrase. Telle autre alliance de mots, δέ τε,
fréquente dans Homère, n'apparaît pas une fois dans
Archiloque, et tout cela prouve bien la nouveauté, l'originalité du dialecte écrit par le poète de Paros. En inau-
gurant une poésie nouvelle, dont nous allons maintenant étudier la forme métrique, il a voulu se distinguer,
par sa langue même, des aèdes épiques, ses devanciers ;
il ne les a ni ignorés ni méconnus ; il leur a emprunté
çà et là quelques formes ; mais, avant tout, il a écrit
dans une langue toute voisine du langage vivant de
ses concitoyens, dans un dialecte sinon pur de tout
alliage, du moins proprement ionien au fond, et certainement aussi, à bien des égards, parien.

2. — LA MÉTRIQUE

C'est à une innovation métrique, d'ailleurs imparfaitement définie, qu'Archiloque doit la plus grande part
de sa renommée : il passe pour le « créateur de l'iambe ».
Ce titre de gloire, qui le désigne à la fois comme le

créateur d'un genre littéraire et comme l'inventeur
d'un mètre, ne représente pourtant qu'une partie de
son rôle et de son mérite dans l'histoire de la poésie
grecque. Ce n'est pas seulement un mètre nouveau
qu'Archiloque a introduit dans la littérature, c'est la
combinaison de plusieurs mètres; c'est la construction
d'une unité métrique, qui, réunissant des membres de
rythme différent, offre déjà les caractères propres de la
strophe. Ainsi, même sans parler du fond des idées,
Archiloque nous apparaît déjà dans l'étude de sa métrique, comme l'initiateur, disons mieux, le fondateur
de la poésie lyrique chez les Grecs.

Voilà ce qu'il nous faut maintenant démontrer dans
le détail.

§ 1. — MÈTRES DACTYLIQUES. — LE DISTIQUE ÉLÉGIAQUE. — TRIPODIE
ET TÉTRAPODIE DACTYLIQUES.

Archiloque se sépare nettement de tous les poètes
ses prédécesseurs, en renonçant au vers épique, ou du
moins à l'emploi qu'avaient fait de ce vers, pendant
plusieurs siècles, les représentants de la poésie narrative et didactique. Si Théocrite vante l'adresse de notre
poète à composer des ἔπεα, en même temps qu'à chanter
en s'accompagnant de la lyre[1], l'expression ἔπεα désigne,
par opposition aux poésies proprement chantées, celles
qui comportaient seulement un accompagnement musical de flûte ou de cithare, comme les vers élégiaques ou
iambiques : on sait que, dans la langue de la critique
littéraire, chez Aristophane par exemple[2], le mot ἔπη

1. Theocrit., Epigr. 21. — Voir le texte de cette épigramme ci-dessus,
p. 103.
2. Aristoph., *Ran.*, v. 862.

désigne le dialogue de la tragédie, par opposition aux parties lyriques, μέλη. Il ne faut donc pas attribuer au hasard l'absence de citations où figure l'hexamètre dactylique employé κατὰ στίχον : Archiloque n'avait fait usage de ce vers qu'en l'associant à d'autres, soit du même rythme, soit d'un rythme différent. En cela il rompait avec tout le passé littéraire de la Grèce ; mais c'était la conséquence naturelle du genre nouveau qu'il inaugurait en poésie.

Le rythme dactylique, pur de tout mélange, ne se présente donc chez lui que sous la forme *épodique*, soit dans la combinaison de l'hexamètre avec une tripodie ou une tétrapodie dactylique, soit dans le distique élégiaque. C'est bien en effet une sorte d'épode que le distique élégiaque lui-même, puisque le soi-disant pentamètre a exactement la valeur d'une double tripodie catalectique. Quelle est donc, dans l'emploi de ces mètres, l'originalité d'Archiloque ? Dans quelle mesure en est-il l'inventeur ?

Pour le distique élégiaque, la question ne se poserait même pas, s'il était démontré que Callinos eût vécu avant Archiloque, et que l'élégie guerrière d'Éphèse fût antérieure aux distiques où le poète de Paros chantait ses aventures, ses combats, ses campagnes de Thasos et de Thrace. Mais l'antériorité de Callinos n'est rien moins que prouvée, et l'argument de Strabon, fondé sur le mot fameux d'Archiloque, τὰ Μαγνήτων κακά, nous est apparu, dans nos précédentes recherches, comme insuffisant[1] : nous avons reconnu que les circonstances politiques visées par Callinos se plaçaient à une date bien déterminée, au temps de l'invasion des Cimmériens et

____

1. Cf. ci-dessus, p. 27-28.

des Trères en 652, tandis que les élégies d'Archiloque,
ne portant avec elles aucune indication semblable, pouvaient aussi bien, et mieux, se rapporter à une époque
sensiblement plus ancienne : vingt-cinq ou trente ans
peut-être avant Callinos, le poète de Paros avait déjà
fait servir l'élégie à l'expression de ses sentiments personnels. A l'appui de cette opinion se présente le témoignage de plusieurs critiques anciens : Plutarque, dans
son livre sur *la Musique*[1], dit expressément, que, suivant quelques auteurs, le distique élégiaque était attribué à Archiloque ; le pentamètre même était quelquefois
qualifié de μέτρον ἀρχιλοχεῖον[2]. Faut-il donc trancher
aujourd'hui dans ce sens le débat qui divisait, au temps
d'Horace, les grammairiens anciens ?

> Quis tamen exiguos elegos emiserit auctor,
> Grammatici certant et adhuc sub judice lis est[3].

MM. Usener, Ed. Meyer et O. Crusius se sont pro-
noncés récemment en faveur d'Archiloque[4] : à leurs
yeux, le puissant initiateur, qui a frayé des voies nouvelles à la poésie grecque, est aussi le maître de l'élégie ; le même poète qui a introduit l'usage des épodes
a aussi donné le modèle de la construction épodique
la plus simple, du distique élégiaque. L'argument
n'est pourtant pas sans réplique : plutôt que de prêter
à un seul homme de génie tout le mérite d'une révolution
littéraire, ne vaut-il pas mieux chercher la trace d'une

---

1. Plut., *De Musica*, 28 (§ 280 de l'édition de Weil-Réinach) : ὑπ' ἐνίων
δὲ καὶ τὸ ἐλεγεῖον.
2. Schol. Aristoph., *Pac.*, v. 1199.
3. Horat., *Art. poet.*, v. 77-78.
4. Usener (H.), *Altgriechischer Versbau*, Bonn, 1887, p. 114. —
Meyer (Ed.), *Geschichte des Alterthums*, t. II, § 372. — Crusius (O.),
art. *Archilochos*, dans Pauly-Wissowa, *Real-Encyclopaedie*, t. II,
p. 503.

influence qu'il ait pu subir lui-même? Et si les textes nous font entrevoir l'existence d'une poésie élégiaque antérieure à Archiloque, n'est-il pas juste de supposer que ce premier essai d'un mètre nouveau fut pour lui l'occasion d'innovations plus hardies et plus étendues ? Ces textes existent : le Péloponnésien ou Béotien Klonas était donné par Glaucos de Rhégion pour l'auteur de vers élégiaques, ἐλεγείων ποιητής[1], et ce poète, d'après la même source, était antérieur à Archiloque[2]. Ce n'est pas tout : à la suite de Klonas, le mètre élégiaque tient une place importante dans la poésie des nomes aulodiques : Polymnestos et Sacadas, entre autres, composèrent des élégies ; le nom d'ἔλεγος fut donné à un nome de ces vieux maîtres[3]. Tout ce mouvement littéraire et musical du viie et du vi[e] siècle semble bien dériver de la plus ancienne élégie, et non d'Archiloque : comment le caractère plaintif et funèbre qui appartient en propre à cette poésie (νόμοι ἐπιτυμβίδιοι, ἐπικήδειον αὐλῆσαι, γοερὸν ὄντα καὶ θρηνώδη)[4] aurait-il pu se développer sous l'influence des poésies personnelles, mais nullement thrénétiques, du poète de Paros ? Au contraire, on s'explique sans peine qu'un accompagnement de flûte, adapté d'abord à l'hexamètre dans certains chants de deuil, ait amené, par le son prolongé d'une ou deux syllabes accentuées, la formation d'un vers comme le pentamètre. Ce rythme, plus chantant, plus pathétique aussi que celui de l'hexamètre, se produisit sans doute dans les chants populaires longtemps avant

---

1. Plut., *De Musica*, 3 (§ 39 de l'édition Weil-Reinach).
2. Plut., *De Musica*, 5 (§ 52 de l'édition Weil-Reinach).
3. Plut., *De Musica*, 4 (§ 41 de l'édition Weil-Reinach).
4. Nous empruntons ces textes à l'ouvrage de Rossbach et de Westphal (*Griechische Metrik*, 3e édition, par Rossbach, Leipzig, 1889), p. 84, note.

la naissance de l'élégie proprement dite ; mais cette élégie même, quand elle devint un genre littéraire, dut conserver d'abord son trait essentiel, son caractère thrénétique. Il est vrai que M. Usener rejette, sur ce point aussi, l'opinion traditionnelle[1] : contrairement à toutes les étymologies anciennes et modernes (étymologies toutes également douteuses, mais unanimement fondées sur l'identité de l'élégie et du thrène), il rapproche le mot ἔλεγος du verbe ἐλεγαίνειν dans le sens de παραφρονεῖν, et ce verbe même, de la forme connue ἀσελγαίνειν : il rappelle en outre le nom d''Ελέγη que porte la fille de Prœtos, frappée de délire par Aphrodite[2], et celui d''Ελεγηίς donné à une fille de Nélée dans des circonstances analogues[3] ; il en conclut que l'élégie primitive est née, comme l'iambe, de certains cultes populaires, qui comportaient une sorte de délire obscène. Nous ignorons si cette étymologie a rencontré dans le monde savant un accueil favoable ; mais, sans entrer dans la discussion des textes invoqués par l'auteur, nous ne concevons pas, dans cette hypothèse, comment jamais, non pas même chez Archiloque, son prétendu fondateur, l'élégie n'aurait revêtu ce caractère obscène que l'on suppose en elle primordial. Non, les anciens n'ont pas fait erreur, quand ils ont considéré l'élégie primitive comme un chant funèbre, et, si Archiloque, en adoptant le mètre élégiaque, a chanté d'autres sujets que le deuil, c'est qu'il trouvait dans ce rythme déjà existant une forme bien appropriée à l'expression de la vie individuelle et de la passion.

1. Usener (H.), *Altgriech. Versbau*, p. 113, note 7.
2. Ælian., *Var. hist.*, III, 42.
3. Etym. Magn., 152, 50, 57, et 327, 11.

En résumé, Archiloque, et non Callinos, est bien pour nous le plus ancien représentant de la poésie élégiaque ; mais il n'a pas lui-même créé le mètre de l'élégie ; et c'est, au contraire, l'existence de ce rythme qui l'a mis sur la voie de nouvelles combinaisons métriques.

Deux combinaisons, fort voisines du distique élégiaque, lui sont expressément attribuées par la critique des anciens : c'est la réunion, en un distique, de l'hexamètre dactylique avec la tripodie dactylique catalectique et avec la tétrapodie dactylique acatalectique [1]. De la première il ne subsiste aucun exemple grec ; seul, Horace, l'imitateur des mètres d'Archiloque, nous en donne un spécimen :

> Diffugere nives, redeunt jam gramina campis
> Arboribusque comae [2].

La seconde ne se présente également sous sa forme complète que dans Horace [3] ; mais c'est à une strophe de ce genre qu'appartient sans doute la tétrapodie dactylique citée par Héphestion, et empruntée aux épodes d'Archiloque :

> φαινόμενον κακὸν οἴκαδ' ἄγεσθαι [4].

Dans cette épode comme dans l'élégie, le poète tirait un effet nouveau, non d'une différence de rythme, mais de l'inégalité des membres (κῶλα) réunis dans une même unité strophique.

---

1. Rossbach et Westphal, *Griechische Metrik*, 3ᵉ édit. (1889), p. 85-86.
2. Horat., *Carm.*, IV, 7.
3. Horat., *Carm.*, I, 28.
4. Archil., fr. 98.

§ 2. — MÈTRES IAMBIQUES ET TROCHAÏQUES. — LA QUESTION DU MARGITÈS.
STRUCTURE DE L'IAMBE DANS ARCHILOQUE.

Ce fut un changement plus grave dans les usages de la poésie grecque, que l'introduction des mètres iambiques et trochaïques. Ici encore le rôle d'Archiloque doit être défini avec précision.

Les métriciens anciens, toujours portés à mettre un nom sur chacune des créations lyriques du génie grec, ont fait honneur à Archiloque de l'invention de l'iambe [1], et c'est même là, si l'on excepte deux textes manifestement sans valeur [2], un témoignage unanime. En réalité, cependant, les modernes ne sont pas moins unanimes à reconnaître que le poète de Paros n'a proprement créé ni le nom ni la chose. Lui-même parle de ses iambes de telle façon que le mot devait être courant dans la langue de ses auditeurs [3], et, de fait, l'étymologie permet de lui attribuer une très haute antiquité. Le trochée, qui appartient comme l'iambe au genre double (γένος διπλάσιον), et qui a exactement la même valeur rythmique, n'est pas moins ancien. Rappelons d'abord, brièvement, les preuves de cette origine populaire et lointaine du genre.

Par sa nature, le rythme de l'iambe est rapide et dansant. Le trochée (de τρέχω) s'appelle aussi χορεῖος : c'est un pied naturellement propre à la danse. Mais

1. Plut., *De Musica*, 28 (§ 275 de l'édition Weil-Reinach). — Mar. Victor., 2585. — Atil. Fort., 2692. — Horat., *Art. poet.*, 79. — Ovid., *Ib.*, 521.
2. Suidas, s. v., Σιμωνίδης Ἀμοργῖνος (ce texte attribue l'invention de l'iambe à Simonide d'Amorgos), et Atil. Fort., 2692 (à Hipponax).
3. Archil., fr. 22 :

Καί μ' οὔτ' ἰάμβων οὔτε τερπωλέων μέλει.

cette danse même, qui se règle sur une mesure à trois
temps et qu'accompagnent des chants de même rythme,
ne convient pas également à toute fête religieuse : c'est
une danse plus particulièrement dionysiaque et démé-
triaque, c'est-à-dire usitée dans les cérémonies champêtres des divinités qui président à la vendange et à la
moisson. Le nom de mètre *ithyphallique*, donné à l'une
des formes les plus anciennes du mètre trochaïque[1], rend
cette origine manifeste, et non moins clair est le témoignage d'Aristophane : lorsque, dans les *Grenouilles*, le
coryphée invite le chœur à célébrer par des chants et
des danses la déesse des moissons, Déméter, c'est dans
une série de strophes en dimètres iambiques que les
choreutes s'exhortent aux joyeux ébats et aux plaisanteries mordantes[2]. Ainsi apparaissent à la fois le caractère de la danse iambique et l'esprit de la poésie qui
s'y accommode. Nous reconnaissons là les mêmes rires et
les mêmes quolibets par lesquels, selon la légende, la
servante Iambé, dans la maison de Kéléos, avait réussi
à dérider le visage en pleurs de Déméter[3]. L'histoire

---

1. Ce mètre, considéré parfois comme une tripodie trochaïque acata-
lecte, est en réalité une tétrapodie brachycatalectique, δίμετρον ἰθυφαλ-
λικόν (Hephaest. p. 21). — Cf. Masqueray (P.), *Traité de métrique
grecque*, Paris, Klincksieck, 1899, p. 106, n. 4.
2. Aristoph., *Ran.*, v. 384 sqq. :

> Δήμητερ, ἁγνῶν ὀργίων
> ἄνασσα, συμπαραστάτει,
> καὶ σῶζε τὸν σαυτῆς χορόν ·
> καί μ' ἀσφαλῶς πανήμερον
> παῖσαί τε καὶ χορεῦσαι ·
> καὶ πολλὰ μὲν γέλοιά μ' εἰ-
> πεῖν, πολλὰ δὲ σπουδαῖα; καὶ
> τῆς σῆς ἑορτῆς ἀξίως
> παίσαντα καὶ σκώψαντα νι-
> κήσαντα ταινιοῦσθαι.

3. *Hymn. hom.*, V, v. 202, sqq.

interprète cette légende précisément comme l'image symbolique d'usages propres au culte de Déméter : Iambé personnifie ces choreutes volontaires, ces poètes improvisés qui, dans les Thesmophories, se faisaient une loi de lancer au visage (ἰάπτειν) des sarcasmes grossiers : νόμος ἐν τοῖς Θεσμοφορίοις ἐγένετο ..... λοιδορεῖν τε καὶ λέγειν ... κακῶς μετὰ γέλωτος [1]. Voilà plus de textes qu'il n'en faut pour attester que, dès la période la plus ancienne de la civilisation hellénique, les deux formes du rythme double ont existé dans les improvisations populaires de certaines fêtes.

Il ne peut donc être question pour Archiloque que d'avoir réglé la *rythmopée* de ces iambes, et d'avoir notamment fixé les deux mètres caractéristiques de ce rythme : d'une part, le trimètre, qui constitue à lui seul une série métrique, la plus longue que ce rythme admette; de l'autre, le tétramètre trochaïque, formé de deux membres légèrement inégaux, mais étroitement réunis dans un vers d'une allure élégante et rapide. Le mérite de cette invention du moins doit-il lui être sûrement accordé ?

Aucune objection sérieuse ne peut venir, ce semble, de ce fait, que la poésie des nomes, aulodiques et citharodiques, a connu, elle aussi, le rythme à trois temps. Plusieurs textes du traité de Plutarque attribuent au fameux créateur du nome aulodique, au Phrygien Olympos, l'emploi du trochée dans des chants en l'honneur de la Mère des Dieux[2] et dans un nome à Athéna[3]. A supposer, ce qui n'est pas sûr, qu'il s'agisse, en effet,

---

1. Keil (H.), *Anal. gramm.*, Halle, 1848, p. 5 (texte tiré du *Codex Ambrosianus*, C, 222). — Cf. Deuticke, *Archilocho Pario quid in graecis litteris sit tribuendum*, p. 24.
2. Plut., *De Musica*, 29 (§ 290 de l'édition Weil-Reinach).
3. Plut., *De Musica*, 33 (§ 377 de l'édition Weil-Reinach).

dans ces passages, de compositions musicales antérieures à Archiloque, l'indication vague de Plutarque
ne permet pas de dire qu'il y ait là rien de commun
avec les vers trochaïques proprement dits. La même
conclusion s'impose, avec plus de force encore, si l'on
considère le texte qui prête à Terpandre « le genre de
mélodie nommé orthien, avec les pieds orthiens et,
outre l'orthien, le trochée sémantique [1] ». Nul doute
que les deux rythmes ici mentionnés ne relèvent du
genre double ; mais c'est le seul point de ressemblance
que nous puissions reconnaître entre ces longs trochées
ou ces longs iambes et les vers alertes d'Archiloque.

Une question plus embarrassante est soulevée par le
Margitès. Il existait, sous ce nom, au temps d'Aristote,
un poème satirique attribué à Homère, et composé de
vers hexamètres entremêlés de trimètres iambiques [2].
La critique moderne a perdu, depuis longtemps, l'habitude de jurer par Aristote ; mais encore un témoignage aussi formel ne peut-il être rejeté sans discussion. Laissons de côté, naturellement, l'attribution à
Homère, et bornons-nous à rechercher ici deux choses :
d'abord, si réellement le *Margitès*, sous sa forme originale, comportait un mélange de trimètres iambiques
et d'hexamètres dactyliques ; ensuite, si ce poème est
antérieur à Archiloque et a pu être connu de lui.

L'hypothèse d'une interpolation, due à un écrivain
sensiblement postérieur à la composition primitive de
l'œuvre, a séduit de nombreux savants, y compris
Welcker [3] et Bernhardy [4], et, de nos jours encore,

---

1. Plut., *De Musica*, 28 (§§ 271-272 de l'édition Weil-Reinach).
2. Aristot., *Poet.*, 4.
3. Welcker, *Kleine Schriften*, t. IV, p. 27 et suivantes.
4. Bernhardy, *Grundriss der griechischen Litteratur*, t. I, 5ᵉ édit.,
1892, p. 388.

MM. Sittl[1] et Christ[2] : les trimètres n'auraient été, dans le texte qui avait cours au temps d'Aristote, qu'un jeu, une fantaisie de lettré, et tous les grammairiens, à la suite d'Aristote, auraient été victimes d'une sorte de mystification. Pour rendre possible une telle hypothèse, il a fallu que de semblables procédés, dignes, ce semble, de grammairiens de basse époque, fussent explicitement attribués déjà à un écrivain du vi° ou du v° siècle. Or Pigrès d'Halicarnasse, disait-on, avait pratiqué ce genre d'interpolation ; même, il y avait fait école : Suidas cite deux autres auteurs qui avaient de même interpolé Homère. Le malheur est que toute cette tradition ne repose pas sur un témoignage sérieux : les notices de Suidas, relatives à Pigrès, à Idæos et à Timolaos, dérivent, selon M. O. Crusius[3], d'une même source, et de la plus suspecte, qui n'est autre que le livre du charlatan et faussaire Ptolemæos Chennos. C'est cet auteur sans scrupules qui a inventé toutes ces fantaisies : les prétendus pentamètres insérés par Pigrès dans l'*Iliade* n'ont pas plus d'authenticité que l'attribution de la *Batrachomyomachie* ou du *Margitès* lui-même à ce prétendu frère de la reine Artémise d'Halicarnasse.

On voit combien fragile est, par elle-même, l'hypothèse d'un remaniement opéré dans la versification du *Margitès*. Mais cette hypothèse s'écroule tout à fait, si l'on se range à l'opinion que le *Margitès* a été connu d'Archiloque, et cela dans la forme où Aristote le lisait, avec cet accompagnement de trimètres iambiques, dis-

---

1. Sittl (K.), *Geschichte der griechischen Litteratur*, t. 1, p. 236-237.
2. Christ (W.), *Geschichte der griechischen Litteratur*, 3° édit., p. 74-75.
3. Crusius (O.), *Der Dichter Pigres und seine Genossen*, dans le *Philologus*, t. LIV (1895), p. 734 et suiv.

séminés dans des séries d'hexamètres. Or cette opinion n'est pas même une hypothèse, et c'est bien plutôt pour l'écarter qu'il faut recourir à des conjectures. Un scoliaste d'Aristote, Eustratios, dit en propres termes : « Archiloque, Cratinos et Callimaque attestent que le *Margitès* est l'œuvre d'Homère[1]. » En vain a-t-on voulu corriger ce texte : ces corrections, destinées à supprimer un témoignage en lui-même inattaquable, ne sauraient s'imposer. Bien plus, le parémiographe Zénobios nous fait connaître un trimètre iambique,

$$\pi ό λ λ' \; ο ἶ δ' \; ἀ λ ώ π η ξ, \; ἀ λ λ' \; ἐ χ ῖ ν ο ς \; ἓ ν \; μ έ γ α\,^2,$$

en ajoutant, d'abord, qu'Archiloque s'était souvenu de ce vers dans une épode, ensuite qu'Homère en était l'auteur. Si cette citation était d'Homère, elle ne pouvait provenir que du *Margitès*, et, si Archiloque avait cité ou imité ce trimètre, c'est qu'il avait sous les yeux ou dans la mémoire le petit poème satirique en question. Voilà, ce semble, la conclusion qui se dégage d'un examen impartial des textes, et nous croirions même en affaiblir la portée, si nous invoquions d'autres arguments plus contestables[3].

C'est donc un fait établi, que l'existence de trimètres iambiques dans une œuvre littéraire antérieure à Archiloque. Il ne s'agit plus seulement, on le voit, de poésies composées sur ce rythme double, trochaïque ou iambique, qui avait ses racines dans les plus

1. Ce texte est discuté et justement défendu par Bergk (Archil. fr. 153, *Poet. lyr. graec.*, t. II, 4ᵉ éd., p. 430).
2. Zenob., V, 68. — Archil., fr. 118.
3. M. Usener voit dans le fragment 65 d'Archiloque, une imitation de l'iambe cité par Zénobios et attribué au *Margitès*. — Cf. *Altgriech. Versbau*, p. 112.

vieilles mélodies populaires ; c'est bien de trimètres proprement dits qu'Archiloque a pu trouver le modèle dans un poème répandu en Grèce de son temps. Mais empressons-nous d'ajouter que ces iambes ne figuraient encore dans le *Margitès* qu'à l'état de mètres isolés, irréguliers, μέτρα ἄτακτα. Héphestion définit exactement l'emploi qu'en avait fait le poète : ce n'étaient ni des vers composés κατὰ στίχον, ni des systèmes de vers (οὔτε κατὰ συστήματα) ; c'étaient des iambes dispersés (παρεσπαρμένα) sans ordre au milieu des hexamètres[1]. On conçoit l'effet comique et déjà satirique que pouvaient produire par contraste ces sortes de parenthèses rythmiques dans la marche solennelle des dactyles. Le rôle d'Archiloque fut d'étendre à des pièces entières cet usage des iambes, de le régler, de le développer, et de constituer enfin cette poésie primitive en un genre littéraire.

Dans la structure même de ces vers, Archiloque a-t-il innové ? Si l'on s'en rapporte au passage bien connu de l'*Epître aux Pisons*[2], l'iambe dans le principe dut compter six pieds purs, sans aucun spondée ; plus tard, pour ralentir un mouvement trop rapide, on introduisit des syllabes longues à certaines places, et, du même coup, le vers, décomposé en trois mesures de deux pieds chacune, fut appelé *trimètre*. Cette innovation, Horace ne l'attribue pas expressément à Archiloque[3], et nous ne savons rien de ces origines. Ce qui est sûr, c'est que déjà les fragments iambiques et trochaïques

---

1. Hephaestion., 17 (*Scriptores metrici graeci*, édit. Westphal, p. 61).
2. Horat., *Art. poet.*, v. 251 sqq.
3. Telle paraît être pourtant sa pensée, et c'est aussi l'interprétation de M. Weil dans un article de la *Revue de philologie*, 1895, p. 20, réédité récemment dans le volume intitulé : *Etudes de littérature et de rythmique grecques*, Paris, Hachette, 1902, p. 148-152.

d'Archiloque présentent une extrême variété de formes:
les iambes et les trochées s'y rencontrent parfois sans
mélange, et parfois aussi les pieds irrationnels y con-
trebalancent les pieds purs; mais ce qui domine, c'est
la forme où deux spondées prennent place dans les
deux premières dipodies, de manière à laisser intacte,
à la fin du vers, le caractère iambique ou trochaïque
du mètre[1]. Il y a là un art déjà éloigné de ses premiers
essais, et cette considération vient encore à l'appui de
celles que nous avons fait précédemment valoir.

§ 3. — MÈTRES COMPOSÉS. — MÈTRES IAMBO-TROCHAÏQUES, DACTYLO-
TROCHAÏQUES ET DACTYLO-IAMBIQUES.

Employés séparément (κατὰ στίχον) dans des séries
plus ou moins longues, les iambes et les trochées
d'Archiloque constituaient une partie importante de
son œuvre. Mais les fragments attestent un nombre
peut-être aussi considérable de formes métriques plus
compliquées : tantôt des iambes de différentes longueurs
se combinaient les uns avec les autres, en une strophe
assez semblable au distique élégiaque ; tantôt l'iambe
et le trochée se rapprochaient dans un même vers ou
dans une même période. La seconde de ces combinaisons nous est peu connue : la présence d'un trochée,
dans l'hymne à Héraclès, à côté d'un iambe, ne laisse
pas que de paraître à Rossbach assez douteux[2], et le

1. Sur la structure du trimètre iambique et du tétramètre trochaïque
dans Archiloque, nous renvoyons aux statistiques de M. H. Dettmer,
De arte metrica Archilochi quaestiones, Hildesheim, 1900, p. 102 et 104.
2. Rossbach et Wesphal, *Griechische Metrik*, 3ᵉ édit. (1889), p. 306.

vers iambo-trochaïque tiré des 'Ιόβαχχοι n'est pas d'une
authenticité certaine[1]. Aussi bien ces combinaisons ne
visaient-elles encore que des membres de même nature,
du genre double (γένος διπλάσιον). Un progrès plus sensible et plus fécond fut accompli quand Archiloque
réunit dans un même système des membres de rythme
différent.

Naturellement, cette fusion ne se produisit pas d'abord
sous la forme où elle nous apparaît plus tard chez les
poètes lyriques et dramatiques ; dans Archiloque elle a
un caractère encore tout primitif : les membres dactyliques et iambiques se succèdent bien l'un à l'autre en
une sorte de période ; mais, d'abord, ces χῶλα hétéro-
gènes ne dépassent jamais le nombre de trois, ce qui
donne une strophe encore bien maigre ; ensuite la liai-
son de ces unités métriques souffre plus d'une atteinte :
pour quelques vers où la continuité de la mesure ne
présente aucun arrêt, beaucoup de ces ἀσυνάρτητα μέτρα
se divisent en χῶλα terminés par un hiatus ou une
syllabe indifférente, c'est-à-dire en véritables vers
isolés ; il y a donc là juxtaposition plutôt que composition véritable. Mais ce fait même nous révèle précisément un état de choses encore tout voisin des origines, et confirme la tradition des anciens[2], qui rapporte
l'invention à Archiloque : la tentative du vieux poète
de Paros se renouvela et se développa rapidement ; on
peut dire qu'elle donna l'essor à la poésie lyrique
proprement dite.

Voici l'énumération des combinaisons épodiques que

---

1. Archil., fr. 120. — Héphestion, dans son *Manuel*, p. 94, dit que ce
vers se trouvait ἐν τοῖς ἀναφερομένοις εἰς 'Αρχίλοχον 'Ιοβάχχοις.

2. Plut., *De Musica*, 28 (§ 276 de l'édition Weil-Reinach). — Hephaestion., 15 (*Scriptores metrici graeci*, ed. Westphal, p. 47) : (περὶ τῶν
ἐπισυνθέτων) πρῶτος δὲ καὶ τούτοις 'Αρχίλοχος κέχρηται.

nous font connaître soit les fragments originaux d'Archiloque, soit les imitations qu'on en a faites.

1° *Trimètre iambique et tripodie dactylique catalectique* (penthémimère). — C'est la forme épodique la mieux représentée dans ce qui nous reste d'Archiloque[1]. Elle semble lui appartenir en propre ; une seule imitation se rencontre dans tout le recueil des poètes postérieurs, chez Anacréon[2]. Deux fragments épodiques, composés dans ce mètre, et déchiffrés récemment sur un papyrus de Strasbourg, nous ont paru, pour cette raison entre autres, devoir être attribués à Archiloque.

2° *Hexamètre dactylique et dimètre iambique.* — Le vers le plus court suit le plus long, et forme épode. Dans le fragment 84, le dimètre δύστηνος ἔγκειμαι πόθῳ venait certainement après un hexamètre, comme on le voit par les imitations d'Horace[3].

3° *Hexamètre dactylique et trimètre iambique.* — Cette strophe se rapproche beaucoup de la précédente ; on peut l'attribuer sans crainte à Archiloque, puisqu'Horace en offre un spécimen dans les *Épodes*[4]. Mais déjà Critias, au vᵉ siècle, en avait fait usage[5], ainsi que plus tard les poètes de l'Anthologie.

Chacune des deux premières de ces combinaisons s'est développée par l'addition d'un troisième élément, iambique ou dactylique.

4° *Trimètre iambique, tripodie dactylique catalectique* (penthémimère) *et dimètre iambique.* — Le second et le troisième élément d'une strophe de ce genre sub-

---

1. Archil., fr. 89, 93, 104 (Bergk), fr. 101 (Hiller-Crusius).
2. Anacr., fr. 87 (Bergk).
3. Horat., *Epod.*, 14 et 15.
4. Horat., *Epod.*, 16.
5. Crit., fr. 3, v. 2 (*Poet. lyr. graec.*, t. II (4ᵉ édit.), p. 282).

sistent dans le fragment 85 d'Archiloque[1] : Horace
nous en donne, dans sa 4ᵉ *Épode*, le dessin complet.

5° *Hexamètre dactylique, dimètre iambique et tripodie
dactylique catalectique*. — C'est la même formation que
dans le cas précédent, si ce n'est que le dactyle prend
la place de l'iambe. La 13ᵉ *Épode* d'Horace est écrite dans
ce mètre.

Les deux combinaisons suivantes offrent un κῶλον
trochaïque (ithyphallique), précédé d'une tétrapodie
anapestique ou dactylique.

6° *Dimètre anapestique catalectique* (parémiaque) *et tétrapodie trochaïque brachycatalectique* (ithyphallique).
— Les exemples de ce vers, composé de deux κῶλα séparés
par une césure et par une syllabe indifférente, présentent
chez Archiloque cette particularité que le premier pied
du parémiaque peut être, non pas seulement un spondée
(équivalent exact et ordinaire de l'anapeste), mais un
iambe :

$$\cup - \mid \cup \cup - \mid \cup \cup - . \mid \underset{\smile}{} \parallel \; - \cup \; - \; \cup \underset{\smile}{-} . \underset{\smile}{} \; \underset{\wedge}{-}{}^{2}$$

Ἐρασμονίδη Χαρίλαε, χρῆμά τοι γελοῖον.

Ce fait donne à penser que le rythme double, marqué par l'ithyphallique, s'étendait aussi à la première
partie du vers, de telle sorte que les anapestes eussent,
au point de vue rythmique, la valeur de trois temps
premiers. Ce mètre a été souvent repris par les comiques
athéniens, avec des différences de facture qu'il est inutile de noter ici.

7° *Tétrapodie dactylique et ithyphallique*. — C'est un
vers, ou du moins un composé de deux κῶλα, que plu-

---

1. Archil., fr. 85 :

   Ἀλλά μ' ὁ λυσιμελής, ὦ 'ταῖρε, δάμναται πόθος.

2. Archil., fr. 79-82.

sieurs métriciens anciens ont attribué en propre à Archiloque, et qui garde encore son nom [1]. Mais on peut
croire, d'après les fragments, que ces deux κῶλα faisaient partie d'un ensemble plus étendu, d'une strophe
de trois membres, telle que nous la trouvons constituée
dans le fragment 103 :

> τοῖος γὰρ φιλότητος ἔρως ὑπὸ καρδίην ἐλυσθείς
> πολλὴν κατ' ἀχλὺν ὀμμάτων ἔχευεν,
> κλέψας ἐκ στηθέων ἀταλὰς φρένας.

Le troisième membre est un trimètre iambique catalectique, appelé lui-même *hendecasyllabum Archilo-
chium*. Les fragments 100, 114 et 115 ne nous présentent, il est vrai, que le premier groupe de ces
éléments; mais l'imitation d'Horace, jointe à l'exemple
ci-dessus donné, ne laisse aucun doute sur l'étendue
ordinaire de la strophe.

La variété de ces mètres permet d'entrevoir la richesse de l'invention rythmique chez Archiloque. Nous
tâcherons ailleurs de déterminer dans quelle mesure
ces formes métriques répondaient à l'inspiration du
poète, aux élans de sa passion satirique ou à l'expression de ses idées morales. Nous avons voulu signaler
d'abord les innovations, en quelque sorte matérielles,
dont il était l'auteur. Cette étude, nous l'avons faite
jusqu'ici d'après les fragments épars de son œuvre;
il nous reste à en contrôler le résultat par l'explication
d'un passage capital, où Plutarque expose précisément
les inventions d'Archiloque dans le domaine musical.
Mais ceci nous amène au troisième point que nous vou-
lions examiner, aux innovations introduites par notre

---

1. Masqueray (P.), *Traité de métrique grecque*, p. 301.

poète dans la musique et en particulier dans l'accompagnement musical de la poésie.

3. — L'ACCOMPAGNEMENT MUSICAL. — EXAMEN DU TÉMOIGNAGE DE PLUTARQUE SUR LES INVENTIONS MUSICALES D'ARCHILOQUE.

Le texte qui doit nous servir de guide conserve tout son intérêt, même dans l'hypothèse où Plutarque n'en serait pas l'auteur. Que le traité Περὶ Μουσικῆς appartienne ou non au célèbre écrivain, cette compilation, assez faible comme œuvre littéraire, vaut par les extraits qu'elle contient. On pourrait donc sans inconvénient s'abstenir de se prononcer sur la question d'authenticité ; mais les arguments présentés naguère par MM. Weil et Th. Reinach nous semblent prouver qu'il faut laisser à Plutarque l'honneur ou la responsabilité de cet écrit : aussi maintiendrons-nous ici l'attribution traditionnelle.

Le chapitre relatif aux inventions musicales d'Archiloque[1] fait partie d'un exposé historique dont la source est indiquée par ces mots : οἱ ἱστορήσαντες τὰ τοιαῦτα[2] ; c'est le résumé des développements successifs de la musique ancienne. Les plus récents ouvrages cités appartiennent à la fin du ve siècle (le *Chiron* de Phérécrate) et au début du ive (le *Plutus* d'Aristophane) ; mais ce ne serait pas là une raison suffisante pour rejeter l'attribution du morceau à un auteur alexandrin, puisque la question

---

1. Plut., *De Musica*, 28.
2. Plut., *De Musica*, 28 (§ 270 de l'éd. Weil-Reinach).

traitée se borne aux innovations des anciens maîtres (ὑπὸ τῶν ἀρχαίων προςεξεύρηται καὶ κεκαινοτόμηται)[1]. Ce qui nous porte à admettre une origine pourtant assez haute, c'est que l'historien anonyme connaît encore les vieux airs, τὰ ἀρχαῖα μέλη[2], et s'en sert comme d'arguments à l'appui de sa démonstration : or on sait que les savants alexandrins n'ont plus guère considéré la technique des vieux poètes que comme une métrique détachée de toute mélodie. Parmi les écrivains du ive siècle, on pourrait penser à Héraclide, dont Plutarque, à plusieurs reprises, invoque expressément l'autorité ; mais une contradiction formelle se remarque entre le passage qui nous occupe et une donnée de ce même Héraclide sur Archiloque[3]. Aristoxène, au contraire, nous apparaît ailleurs comme l'historien des progrès accomplis dans la musique[4] ; en outre, nous savons qu'il employait couramment certains termes dans le sens où nous allons les retrouver ici. Ajoutons que l'esprit général de notre morceau répond bien aux idées et aux goûts d'Aristoxène, à son dédain des « corrupteurs de la musique », à son admiration exclusive du passé. Si cette attribution est admise, elle donne, il est vrai, une rare valeur au témoignage de Plutarque ; mais elle n'exclut pas la possibilité de certaines erreurs : des altérations ont dû se produire, soit par le fait des intermédiaires chez qui Plutarque a puisé sa connaissance d'Aristoxène, soit par la propre faute du compilateur ou la négligence de ses copistes. En ce qui concerne Archiloque, cepen-

---

1. Plut., *De Musica*, 28 (§ 268 de l'éd. Weil-Reinach).
2. Plut., *De Musica*, 29 (§ 292 de l'éd. Weil-Reinach).
3. Plut., *De Musica*, 10 (§ 99 de l'éd. Weil-Reinach).
4. Aristox., fr. 41, 56, 68, 70, dans les *Fragm. histor. graec.*, t. II, p. 269 et suiv.

dant, le texte se prête, sauf d'insignifiantes retouches,
à une interprétation satisfaisante.

Plutarque vient de parler de Terpandre, et il ajoute[1] :
« Semblablement, Archiloque inventa la rythmopée
des trimètres, et leur combinaison avec des rythmes
d'une autre espèce ; puis la παρακαταλογή, et l'accompagnement musical qui convient à ces diverses formes de
chant. » Ce début annonce, en les résumant, les quatre
inventions essentielles du vieux poète : les deux premières nous sont déjà connues, et les termes que
Plutarque emploie se recommandent par une précision
presque irréprochable : s'il n'est pas l'inventeur du
trimètre iambique, Archiloque en a créé du moins la
rythmopée, c'est-à-dire qu'il a réglé l'usage des diverses
formes rythmiques de l'iambe. Quant à la combinaison
du trimètre avec des rythmes d'une autre espèce (τὴν
[τῶν τριμέτρων] εἰς τοὺς οὐχ ὁμογενεῖς ῥυθμοὺς ἔντασιν), c'est
la définition exacte des essais, timides encore, mais
décisifs, que nous avons énumérés plus haut. Sur ces
deux points déjà le témoignage de Plutarque mérite
toute confiance, et c'est de bon augure pour le reste
de la démonstration. Mais, avant d'expliquer le sens
du mot παρακαταλογή et la nature de l'accompagnement
instrumental, l'auteur revient avec plus de détail sur
la rythmopée de l'iambe et du trochée, ainsi que sur les
combinaisons de rythmes divers. Le passage, d'un
caractère plus technique que le précédent, présente
quelque obscurité, parce que plusieurs termes qui s'y
rencontrent ont eu, dans la langue des rythmiciens, une

1. Nous citerons en entier le texte de ce passage (Plut., *De Musica*, 28)
d'après l'édition Weil-Reinach, § 275 et suivants : Ἀλλὰ μὴν καὶ Ἀρχίλοχος τὴν τῶν τριμέτρων ῥυθμοποιίαν προςεξεῦρε, καὶ τὴν εἰς τοὺς οὐχ
ὁμογενεῖς ῥυθμοὺς ἔντασιν, καὶ τὴν παρακαταλογὴν καὶ τὴν περὶ ταῦτα
κροῦσιν.

valeur variable ; mais la suite des idées se laisse facilement saisir, sans qu'il y ait lieu, comme il arrive
souvent dans le même ouvrage, de transposer certaines
phrases : deux corrections seulement, et des plus légères,
depuis longtemps introduites dans le texte par Sau-
maise et par Burette, suffisent à donner le sens suivant[1] : « On lui attribue aussi le premier emploi des
épodes, des tétramètres (trochaïques), du crétique (ditrochée) et du prosodiaque, l'allongement du vers
héroïque, et, suivant quelques-uns même, le distique
élégiaque ; en outre, la combinaison du vers iambique
avec le péon épibate et celle du vers héroïque allongé
avec le prosodiaque et le crétique. »

L'épode, ici mentionnée en tête de la liste, est en
effet la plus caractéristique des inventions d'Archiloque ;
on peut dire qu'elle se rattache à la rythmopée de
l'iambe, puisque souvent la composition épodique com-
prend un trimètre iambique suivi d'un dimètre[2]. Quant
à l'expression τὰ ἐπωιδά (sous-entendu μέτρα), bien qu'elle
ne se rencontre pas ailleurs, elle est aussi légitime
que la forme usuelle, οἱ ἐπωιδοί (sous-entendu στίχοι).

Les tétramètres par excellence, τὰ τετράμετρα, sont
les tétramètres trochaïques : l'expression de Plutarque
n'avait pas besoin d'être précisée davantage ; ces vers
tenaient dans l'œuvre d'Archiloque une place considérable, ils remplissaient un ou plusieurs livres de l'édition alexandrine.

Le crétique, en tant que pied de cinq temps premiers

1. Plut., *De Musica*, 28 (§ 278 et suiv. de l'édition Weil-Reinach) :
Πρώτωι δ'αὐτῶι τά τ' ἐπωιδὰ καὶ τὰ τετράμετρα καὶ τὸ κρητικὸν καὶ τὸ προςοδιακὸν ἀποδέδοται, καὶ ἡ τοῦ ἡρώιου αὔξησις, ὑπ' ἐνίων δὲ καὶ τὸ ἐλεγεῖον·
πρὸς δὲ τούτοις ἥ τε τοῦ ἰαμβείου πρὸς τὸν ἐπιβατὸν παίωνα ἔντασις, καὶ ἡ
τοῦ ηὐξημένου ἡρώιου εἴς τε τὸ προςοδιακὸν καὶ τὸ κρητικόν.
2. Archil., fr. 94.

(– ⌣ –), n'apparaît pas dans nos fragments, et Plutarque, dans le même traité, nous apprend qu'Héraclide du Pont, sur l'autorité de Glaucos de Rhégion, refusait à Archiloque la connaissance de cette mesure [1]. Mais, plutôt que de prêter à Plutarque une contradiction aussi grave, et de supposer dans l'un des deux passages une erreur grossière, il vaut mieux attribuer ici au mot κρητικός la valeur que lui donnait précisément Aristoxène, celle d'un ditrochée (– ⌣ – ⌣ ou – ⌣ – ⌄ [2]). Or le ditrochée, sous la forme d'une tétrapodie brachycatalectique (– ⌣ – ⌣ –⌣ – ⌄), constitue le mètre ithyphallique, fréquent dans les fragments d'Archiloque. L'auteur suivi par Plutarque n'a donc commis, ici encore, aucune erreur.

La question du *prosodiaque* est plus embarrassante, parce que ce mot s'applique à des combinaisons diverses, dont la scansion demeure incertaine. Toutefois la forme la plus commune est celle que présente ce vers de Sappho :

$$\overline{}\ -\ \breve{}\ \breve{}\ |\ -\ \breve{}\ \breve{}\ -$$
αὔτα δὲ σὺ Καλλιόπα [3],

dans laquelle la première longue peut être remplacée par une brève :

$$\breve{}\ -\ \breve{}\ \breve{}\ |\ -\ \breve{}\ \breve{}\ -$$
τὸν Ἑλλάδος ἀγαθέας [4].

Or cette forme existe dans Archiloque, non pas seule, mais associée à un κῶλον de rythme double (dimètre iambique ou trochaïque), comme dans ce vers :

$$\breve{}\ -\ \breve{}\ \breve{}\ -\ \breve{}\ \breve{}\ -\ |\ \breve{}\ -\ \breve{}\ -\ \breve{}\ -\ \breve{}\ -\ \breve{}$$
Ἐρασμονίδη Χαρίλαε, χρῆμά τοι γελοῖον.

---

1. Plut., *De Musica*, 10 (§ 99 de l'édition Weil-Reinach).
2. Sur ce point, comme sur beaucoup d'autres, dans le commentaire de ce passage, nous adoptons les savantes conclusions de M. Th. Reinach.
3. Sappho, fr. 82 (Bergk).
4. Plut., *Lysandr.*, 18.

A vrai dire, le prosodiaque Ἐρασμονίδη Χαρίλα-, identique à τὸν Ἑλλάδος ἀγαθέας, ne nous paraît pas devoir
être attribué sous cette forme à Archiloque, parce que
le poète de Paros, à l'encontre de ses imitateurs les
poètes comiques, sépare toujours par la fin d'un mot
les deux éléments qu'il combine. C'est pourquoi nous
avons précédemment scandé ce vers, avec Rossbach,
comme un ithyphallique, précédé d'un dimètre anapestique catalectique[1]. Mais cette scansion n'empêche pas
que ce membre anapestique lui-même ne soit le prosodiaque visé par Plutarque, s'il est vrai que le mètre
ἐνόπλιος, identique au prosodiaque, ait eu primitivement
la valeur d'un mètre anapestique[2]. Le vers αὖτα δὲ σὺ
Καλλιόπα peut être scandé comme une tripodie de ce
rythme(– ‿ ⏑ ⏑ ‿ ⏑ ⏑ ‿).

L'expression ἡ τοῦ ἡρώιου αὔξησις a quelque chose de
factice, et l'on s'étonne d'abord de rencontrer chez un
auteur bien informé cette conception, toute extérieure,
d'un vers héroïque « augmenté » d'une ou plusieurs
syllabes. Mais la même singularité se retrouve dans une
autre expression courante chez les métriciens, ἑξάμετρον
περιττοσυλλαβές, et Rossbach a reconnu, avec toute apparence de raison [3], que ces deux noms s'appliquaient au
vers appelé *Grand Archiloquien*, c'est-à-dire à une
tétrapodie dactylique, suivie d'un ithyphallique[4]. Ainsi
entendue, l'expression de Plutarque convient bien à
l'une des créations les plus certaines d'Archiloque.

1. Cf. ci-dessus, p. 149.
2. Voir le commentaire de M. Th. Reinach sur ce passage (Plutarque,
De la musique, § 278, p. 108-109).
3. Rossbach et Westphal, *Griechische Metrik*, 3ᵉ édition, 1889, p. 384.
4. Archil., fr. 100 :

Οὐκέθ'ὁμῶς θάλλεις ἁπαλὸν χρόα · κάρφεται γὰρ ἤδη.

Les doutes émis sur l'attribution du vers élégiaque au même poète ne sont pas moins justifiés. Mais l'opinion, même inexacte, que signale Plutarque était bonne à rapporter, dans un temps où d'autres auteurs, se fondant sur des calculs contestables, proclamaient Callinos l'inventeur du genre.

Restent deux combinaisons, celle de l'iambe avec le péon épibate, et celle du *Grand Archiloquien* avec le prosodiaque et le crétique. Par *péon épibate* il faut entendre, d'après Aristide Quintilien, un mètre de dix temps premiers, composé de cinq longues, suivant la forme de l'invocation antique, ἰὴ παιήων [1]. Rien de pareil ne se rencontre, il est vrai, dans les débris d'Archiloque ; mais l'iambe s'y montre souvent associé à une mesure de dix temps premiers, à une tripodie dactylique catalectique (penthémimère), comme celles-ci : ἀλλά μ' ὁ λυσιμελής [2], ἀχνυμένη σκυτάλη [3], dont le nom a pu varier, selon les auteurs et selon les formes rythmiques où elle figurait. Quant à la seconde combinaison, elle nous est, en fait, inconnue ; mais nous savons par Héphestion que le *Grand Archiloquien*, très fréquent παρὰ τοῖς νεωτέροις, entrait dans toutes sortes de constructions métriques [4] : celle-ci n'a par elle-même rien d'impossible ; tout au plus peut-on se demander si elle remontait au créateur du genre ou seulement à quelqu'un de ses imitateurs.

Après cette énumération des variétés rythmiques dues à l'invention d'Archiloque, Plutarque revient en

1. Plut., *De Musica*, 28 (§ 281 de l'éd. Weil-Reinach). Nous suivons, ici encore, l'excellent commentaire des savants éditeurs.
2. Archil., fr. 85.
3. Archil., fr. 89.
4. Hephaestion., p. 50.

ces termes à la question de la παρακαταλογή et de
l'accompagnement musical[1] : « De plus, c'est Archiloque, dit-on, qui introduisit l'usage tantôt de
réciter les vers iambiques au son d'un instrument,
tantôt de les chanter : les poètes tragiques lui emprun-
tèrent ce double mode d'exécution, et Crexos s'en
empara à son tour pour le dithyrambe. On pense aussi
que c'est Archiloque le premier qui imagina l'accompagnement divergent, à l'aigu du chant, tandis que
chez les anciens l'accompagnement était toujours à
l'unisson. » On remarquera que la fin de ce passage
précise le sens de la phrase initiale (τὴν παρακαταλογὴν
καὶ τὴν περὶ ταῦτα κροῦσιν). On pouvait, à la rigueur, au
début du chapitre, interpréter ces derniers mots (τὴν
περὶ ταῦτα κροῦσιν) comme se rapportant à la παρακαταλογή
seule. Mais ici nous voyons que le principe adopté par
Archiloque s'applique à toute espèce de chant ; c'est la
règle même de l'accompagnement musical en général.
La παρακαταλογή ne figure à l'une et à l'autre place que
comme un des modes d'exécution usités pour les trimètres ; il ne s'ensuit même pas qu'elle soit par elle-
même un chant. Voilà ce qu'il nous fallait d'abord établir.

Le texte de Plutarque a donné lieu, en effet, à un
dissentiment profond sur la nature de la παρακαταλογή.
A côté des iambes chantés, dit l'auteur, il y en avait
qui se récitaient au son d'un instrument, τὰ μὲν λέγεσθαι
παρὰ τὴν κροῦσιν, τὰ δ' ἄδεσθαι. Entre ἄδεσθαι et λέγεσθαι la

1. Plut., *De Musica*, 28 (§ 283 et suiv. de l'édition Weil-Reinach) :
Ἔτι δὲ τῶν ἰαμβείων τὸ τὰ μὲν λέγεσθαι παρὰ τὴν κροῦσιν τὰ δ'ἄιδεσθαι, Ἀρχί-
λοχόν φασι καταδεῖξαι, εἶθ' οὕτω χρήσασθαι τοὺς τραγικοὺς ποιητάς, Κρέξον
δὲ λαβόντα εἰς διθυράμβων χρῆσιν ἀγαγεῖν. Οἴονται δὲ καὶ τὴν κροῦσιν τὴν
ὑπὸ τὴν ᾠδὴν τοῦτον πρῶτον εὑρεῖν, τοὺς δ' ἀρχαίους πάντα πρόςχορδα
κρούειν.

différence devrait paraître assez claire, ce semble ; mais la mention d'un accompagnement musical a fait croire à Godefroy Hermann qu'il s'agissait, par opposition à un chant véritable, régulièrement rythmé, d'un « récitatif » proprement dit, c'est-à-dire encore d'un chant, mais d'un chant dégagé de toute mesure fixe[1]. Westphal, au contraire, a soutenu que la παρακαταλογή correspondait à ce que nous appelons aujourd'hui le débit ou la déclamation « mélodramatique »[2] : par une convention analogue à celle qui se produit encore quelquefois de nos jours, la parole de l'acteur ou du poète se donnait librement carrière, soutenue seulement par les accords et les accents d'un instrument de musique. M. Zielinski[3], approuvé d'ailleurs par M. O. Crusius[4], a cru devoir revenir à l'explication de G. Hermann. Son argumentation se fonde avant tout sur la raison suivante : il prétend découvrir dans les textes le nom que les anciens donnaient à l'accompagnement mélodramatique, et, comme ce nom diffère de παρακαταλογή, il en conclut que ce dernier mot désignait en réalité autre chose. Hésychius donne, en effet, cette définition : καταλογή, τὸ τὰ ἄσματα μὴ ὑπὸ μέλει λέγειν. « Débiter des morceaux de chant (ἄσματα) sans tenir compte de la mélodie (μὴ ὑπὸ μέλει) », voilà le sens qu'Hésychius donne au mot καταλογή, et c'est en quoi M. Zielinski reconnaît le débit « mélodramatique ». Mais, pour admettre cette interprétation, il faut supposer dans Hésychius l'omission d'un détail essentiel, qui est

1. Hermann (G.), *Elem. doctr. metr.*, p. 751 ; *Epit. doctr. metr.*, § 53, § 268.

2. Westphal, *Griechische Rythmik*, 3e édit., p. 55 et suiv. — *Griechische Musik*, 3e édit., p. 32 et suivantes.

3. Zielinski, *Die Gliederung der altattischen Komödie*, p. 313.

4. Crusius (O.), art. *Archilochos*, dans Pauly-Wissowa, *Real-Encyclopaedie*, t. II, p. 502.

l'accompagnement musical. Or cette omission est d'autant moins vraisemblable que le mot καταλογή, par lui-même, n'implique en aucune façon l'idée d'un accompagnement. Καταλέγειν, c'est « débiter » en général, et, si on ajoute à ce verbe les mots πρὸς τὸν αὐλόν[1] ou παρὰ τὴν κροῦσιν, c'est « débiter avec un accompagnement de musique », autrement dit, c'est exécuter une « παρακαταλογή ». La signification du mot παρακαταλογή est donc conforme à l'étymologie : ce n'est pas un chant, puisque le verbe καταλέγειν exclut précisément cette idée (μὴ ὑπὸ μέλει) ; mais c'est un débit accompagné de musique (παρά), comme le dit Plutarque[2], et comme l'entend Westphal. Quant au « récitatif », on ne sait s'il était en usage dans l'exécution des vers d'Archiloque ; mais si la réponse à cette question devait être affirmative, nous dirions que, chez Plutarque, ce mode d'exécution était compris, non sans raison, dans la catégorie générale des chants (τὰ δὲ ᾄδεσθαι).

La même distinction que fait Plutarque entre le chant et l'accompagnement mélodramatique des iambes reparaît dans un auteur dont la source semble être aussi Aristoxène. Le Délien Phillis, dans son second livre sur la Musique, énumérant les différentes sortes d'instruments à cordes, nous apprend qu'on appelait ἰαμβύκη l'instrument destiné à l'accompagnement des iambes chantés, et κλεψίαμβος celui qui servait à la παρακαταλογή : ἐν οἷς δὲ παρ[ακατ]ελογίζοντο τὰ ἐν τοῖς μέτροις κλεψιάμβους[3]. La correction que nous indiquons dans ce texte par des crochets, et qui est due à G. Hermann, nous semble

----

1. Xenoph., *Conviv.*, 6.

2. Plut., *De Musica*, 28 (§ 283 de l'édition Weil-Reinach) : τὰ μὲν λέγεσθαι παρὰ τὴν κροῦσιν, τὰ δ'ᾄδεσθαι.

3. Athenae., XIV, p. 636 *b*.

nécessaire, bien que Kaibel ne l'ait pas introduite dans son édition d'Athénée : le verbe παρελογίζοντο n'aurait aucun sens.

La dernière phrase de Plutarque, avons-nous dit, se rapporte, non plus seulement aux iambes, mais à tous les mètres et à tous les rythmes. L'accompagnement divergent, à l'aigu du chant, est conforme à l'usage de la musique grecque [1], et l'expression ὑπὸ τὴν ὠιδήν appartient à la terminologie la plus ancienne, d'après laquelle, comme dans le jeu de la lyre, les notes les plus aiguës sont dites les plus « basses » (ὑπὸ τὴν ὠιδήν), tandis que les plus « hautes » (ὑπέρ) sont celles que nous appelons les plus « graves ». La justesse de ces termes ajoute à la valeur du témoignage de Plutarque, et Archiloque nous apparaît une fois de plus comme un novateur, comme le créateur de l'accompagnement hétérophone, c'est-à-dire d'un mode d'exécution qui ne pénétra jamais chez les Grecs dans la musique vocale, mais qui se développa dans la musique concertante de flûte et de cithare.

L'origine de cette invention dérive de l'usage qu'avait fait Archiloque de la flûte, en particulier de la flûte double, instrument à deux tuyaux, dont l'un servait à l'exécution de la mélodie, l'autre à l'accompagnement [2]. Ainsi se marque, par un progrès décisif, l'influence de la flûte sur le développement de la musique grecque. Archiloque a connu et pratiqué le jeu de la cithare (πρὸς λύραν τ'ἀείδειν, dit Théocrite) ; mais ce que lui-même il se vante surtout de savoir faire, c'est de chanter au son de la

---

1. Voir les textes recueillis par M. Th. Reinach (§ 285 de l'édition Weil-Reinach), et le commentaire qu'il en a donné.

2. Plut., *De musica*, 19, et la note de M. Th. Reinach (§ 173) sur la flûte à deux tuyaux.

flûte, ἄδων ὑπ' αὐλητῆρος [1], et encore αὐτὸς ἐξάρχων πρὸς αὐλὸν Λέσβιον παιήονα [2]. Grâce à la flûte, les sons tenus et prolongés prirent chaque jour plus d'importance dans la musique vocale et dans la poésie chantée : de là découlèrent tous les progrès ultérieurs du lyrisme. Ainsi les innovations métriques d'Archiloque tiennent étroitement aux transformations simultanées de la musique ; mais les unes et les autres s'expliquent par le génie du poète qui sut trouver de nouvelles formes pour l'expression d'une inspiration nouvelle.

1. Archil., fr. 123.
2. Archil., fr. 76.

CHAPITRE III

LES IDÉES ET LES MŒURS
DANS LA POÉSIE D'ARCHILOQUE

I

LES IDÉES ET LES SENTIMENTS

L'expression des idées et des sentiments personnels
domine dans l'œuvre d'Archiloque ; et ces confidences
du poète vont servir de base à l'étude que nous entre-
prenons maintenant de son esprit et de son caractère.
Mais à cela ne s'était pas bornée pourtant toute son
activité poétique : quelques sujets traités par lui se
rapportaient encore aux traditions mythologiques ou
héroïques de la Grèce ; d'autres pièces, toutes pleines
déjà de souvenirs personnels et de passions contemporaines, affectaient une forme narrative qui les rattachait
encore au genre épique. Considérons donc d'abord ce
côté, pour ainsi dire, objectif de la poésie d'Archiloque,
et disons quelques mots de ce qu'elle devait au fonds
traditionnel des légendes dont avait vécu jusqu'alors la
littérature poétique des Grecs.

1. — L'HÉRITAGE DE LA POÉSIE ÉPIQUE. — LÉGENDES DI-
VINES ET HÉROÏQUES, — LA POÉSIE NARRATIVE DANS
ARCHILOQUE.

Sous le nom de poésie épique nous comprenons, avec les poèmes homériques proprement dits et l'ensemble des poèmes cycliques, toute la production de poésie héroïque, généalogique et didactique qui, depuis l'origine de la littérature grecque jusqu'au début du viie siècle, avait eu le vers épique pour organe. Ce vers, Archiloque ne l'a jamais employé, du moins sous la forme d'une série continue d'hexamètres; mais il s'en est si bien pénétré et nourri, que sa langue et son style en demeurent visiblement imprégnés ; à plus forte raison a-t-il subi l'influence des idées que le vers épique avait répandues et fixées dans la mémoire des hommes. Nous verrons tout à l'heure ce qu'il avait gardé de ces idées dans sa conception propre de la vie ; commençons par déterminer la place que les faits mêmes de la légende héroïque occupaient dans sa poésie.

Le problème qui se pose est le suivant : les fragments de notre poète qui contiennent un nom ou un fait mythologique, supposent-ils seulement, dans la pièce où ils figuraient, une allusion rapide et comme fortuite à une tradition connue, présente à l'esprit de tous les auditeurs ? ou bien Archiloque avait-il parfois traité ces légendes héroïques, pour elles-mêmes, comme un thème propre à faire valoir les qualités brillantes de son esprit et de son imagination ?

Il serait abusif, et presque absurde, de voir autre chose qu'une manière proverbiale de parler dans ce vers du poète : « Que le rocher de Tantale ne soit pas suspendu sur cette île[1]! » L'occasion même de ce mot, à savoir la triste situation de Thasos, exclut l'idée que, dans ce passage du moins, Archiloque ait raconté le supplice de Tantale ; et si Pausanias, dans sa description de la Lesché de Delphes, remarque que Polygnote avait suivi sur ce point la tradition d'Archiloque[2], c'est apparemment qu'il veut opposer au témoignage d'Homère[3] l'autorité du plus ancien des poètes lyriques. Mais Pausanias lui-même, loin de rien affirmer à ce sujet, se demande si l'origine de cette tradition ne remontait pas au-delà d'Archiloque. Et, de fait, Athénée attribue cette version posthomérique du supplice de Tantale au poète qui avait composé le *Retour des Atrides* (ὁ τὴν τῶν Ἀτρειδῶν ποιήσας κάθοδον)[4]. Archiloque n'a fait, lui, que recueillir une légende courante, déjà populaire de son temps.

Cet exemple doit nous mettre en garde contre l'interprétation de certains textes. Que penser, notamment, du témoignage suivant d'Hésychius[5]? « Quelques auteurs font venir le nom de la pyrrhique de Pyrrhus, fils d'Achille : Pyrrhus, disent-ils, dans sa joie d'avoir

______

1. Archil., fr. 53 :

$$\text{Μηδ' ὁ Ταντάλου λίθος}$$
$$\text{τῆςδ' ὑπὲρ νήσου κρεμάσθω.}$$

2. Pausan., X, 31, 12 : Ὑπὸ τούτῳ δὲ τῷ πίθῳ Τάνταλος καὶ ἄλλα ἔχων ἐστὶν ἀλγεινά, ὁπόσα Ὅμηρος ἐπ'αὐτῷ πεποίηκεν, ἐπὶ δὲ αὐτοῖς πρόςεστίν οἱ καὶ τὸ ἐκ τοῦ ἐπηρτημένου λίθου δεῖμα. Πολύγνωτος μὲν δῆλός ἐστιν ἐπακολουθήσας τῷ Ἀρχιλόχου λόγῳ · Ἀρχίλοχος δὲ οὐκ οἶδα εἴτε ἐδιδάχθη παρὰ ἄλλων τὰ ἐς τὸν λίθον, εἴτε καὶ αὐτὸς ἐς τὴν ποίησιν ἐσηνέγκατο.

3. Hom., *Od.*, 11, v. 582.

4. Athenae., VII, p. 281 *b-c*.

5. Hesych., s. v. πυρριχίζειν. — Archil., fr. 190.

frappé à mort Eurypyle, avait dansé, comme l'atteste
Archiloque. » Les exploits d'Eurypyle étaient contés
dans la *Petite Iliade*[1]. Archiloque avait-il donc repris
pour son compte un ou plusieurs épisodes de cette
légende ? C'est possible ; mais une conclusion différente
ne paraît pas moins probable. Archiloque, dans un fragment d'une authenticité certaine, avait exprimé cette
belle pensée : « Il n'est pas bien d'insulter à des morts[2]. »
N'est-ce pas à cette maxime générale que pouvait se
rattacher le souvenir de Pyrrhus et de sa joie inso-
lente sur le cadavre d'Eurypyle ? La conduite du fils
d'Achille n'était-elle pas donnée comme un exemple
de ce que ne doit pas faire un ennemi généreux ?

La défiance est encore permise à l'égard d'un autre
témoignage : quand le chroniqueur Malalas nous dit
qu'Archiloque avait raconté l'histoire de Lyncée,
meurtrier de Danaos[3], devons-nous prendre à la lettre
une expression (συνεγράψατο) qui semble bien impropre,
quelque sens qu'on lui donne, appliquée à une œuvre
de poète ?

Mais il ne faudrait pas cependant rejeter *a priori* tous
les témoignages de cette nature. Avant la découverte
récente de l'inscription de Paros, nous aurions pu
croire, d'après le seul texte de Plutarque, qu'Archiloque avait fait allusion, dans un vers isolé, à une légende
locale, au naufrage du Parien Koiranos, sauvé par un
dauphin[4] : nous savons aujourd'hui que le poète avait
donné quelque développement au récit de cette aven-

---

1. Pausan., III, 26, 9. — *Epicor. graec. fragm.*, ed. Kinkel, t. I, p. 42.
2. Archil., fr. 64 :

Οὐ γὰρ ἐσθλὰ κατθανοῦσι κερτομέειν ἐπ' ἀνδράσιν.

3. Archil., fr. 150.
4. Archil., fr. 114. — Plut., *De solertia anim.*, 36.

ture[1], et nous avons là sous les yeux un morceau de poésie narrative, qui sans doute n'était pas unique dans son œuvre.

Aussi nous paraît-il juste de concevoir comme réunis dans une composition d'ensemble les fragments qui se rapportent à la légende d'Héraclès. Exceptons de cette série le mot οὐδὲ Ἡρακλῆς πρὸς δύο[2], ainsi qu'une autre expression proverbiale, empruntée à la fable d'Héraclès et des Cercopes : Μή τευ μελαμπύγου τύχης[3]. Pour les autres fragments relatifs au même héros, on peut hésiter seulement entre deux hypothèses : se rattachaient-ils à quelque poésie lyrique, comme cet hymne fameux dont Archiloque était l'auteur, ou appartenaient-ils à une pièce d'un caractère proprement narratif ?

Les hymnes d'Archiloque nous sont mal connus : sous le nom d'Ἰόβακχοι les Alexandrins avaient recueilli divers chants en l'honneur de Dionysos, de Déméter, et de Coré[4] ; mais toute citation un peu étendue fait défaut, toute indication manque sur la nature de ces poésies. Pour l'hymne à Déméter, on nous apprend qu'Archiloque l'avait composé à Paros, et que cette œuvre lui avait valu la victoire dans un concours[5]. Mais quelle place le poète y avait-il faite à la légende de la

---

1. Dans l'inscription de Paros, 1re colonne, l. 14 (*Inscr. graec.*, vol. XII, fasc. V, pars I, *Inscr. Cycladum praeter Tenum*, n° 445), M. Reitzenstein reconnaît les traces d'un tétramètre : εἴς τις [ὧδε] λαὸν σύνφυ[τον κατή-γαγεν]. En tout cas, l'historien Déméas avait emprunté à Archiloque des détails (l. 10-16) qui supposent un récit assez étendu.

2. Archil., fr. 144. — L'application qu'Archiloque avait faite de ce proverbe est des plus douteuses.

3. Archil., fr. 110. — Ce proverbe pouvait s'adresser à un ennemi personnel du poète : « Prends garde de rencontrer un plus fort que toi ! »

4. Archil., fr. 120-121.

5. Schol. Aristoph., *Av.*, 1764.

déesse qu'il célébrait? On ne sait. Seul l'hymne à Héraclès subsiste pour nous dans quelques-uns de ses traits essentiels.

Composé par Archiloque en l'honneur d'Héraclès Kallinicos, cet hymne avait eu le privilège d'être adopté dans les fêtes olympiques : il servait, à l'occasion, d'accompagnement au cortège joyeux, au κῶμος, qui se formait autour du vainqueur, aussitôt après sa victoire ; c'était un cri de triomphe, trois fois répété par la voix éclatante des *comastes :* τήνελλα καλλίνικε [1]. La même exclamation de fête retentissait encore au temps de Pindare au pied du mont Kronion ; plus tard, dans la comédie d'Aristophane, elle mêlait encore le souvenir d'Archiloque aux bouffonneries de Dicéopolis et de Peisthétæros[2]. Ce que l'hymne lui-même avait été à l'origine, les scoliastes de Pindare ne le savaient plus guère ; leurs témoignages discordants nous montrent sur ce point Aristarque aux prises avec Eratosthène : pour l'un, l'hymne avait trois strophes ; pour l'autre, un triple refrain[3] ; et ce refrain lui-même, on ne savait s'il comprenait seulement l'apostrophe au vainqueur, Καλλίνικε, ou aussi ce mot, d'une sonorité si claire, τήνελλα, cette espèce de fredonnement, emprunté, ce semble, aux usages de la chanson populaire. Mais ces questions ne nous intéressent ici que dans la mesure où elles pourraient nous éclairer sur l'étendue de la pièce.

« Salut, glorieux vainqueur, divin Héraclès, à toi et à

---

1. Schol. Pindar., *Olymp.*, IX, 1.
2. Aristoph., *Acharn.*, 1227 ; *Av.*, 1764.
3. Ce désaccord des grammairiens anciens explique la variété des restitutions modernes de l'hymne à Héraclès. Cf. les notes critiques de Bergk (Archil., fr. 119), et aussi la discussion de M. U. Bahntje, *Quaestiones archilocheae*, p. 41-43.

ton fidèle Iolaos, couple guerrier[1]. » Voilà les seules paroles que nous aient conservées les scoliastes de Pindare ; et ils ajoutent que cet hymne pouvait s'appliquer à toute espèce de vainqueur, parce qu'il ne comportait aucun développement sur l'action elle-même, qu'il ne contenait la mention d'aucune lutte particulière[2]. Une donnée en apparence un peu différente se rencontre chez le scoliaste d'Aristophane : ce scoliaste dit que l'hymne avait été composé « pour Héraclès après sa victoire sur Augias[3] ». Mais rien ne prouve que cette tradition s'appuyât sur un détail emprunté au texte même du poète. Quant à la présence d'Iolaos auprès de son divin compagnon, elle n'entraîne aucune présomption pour ou contre cette tradition : Iolaos, il est vrai, ne figure pas à côté d'Héraclès dans les autres récits que nous ayons de l'affaire des écuries d'Augias ; mais Archiloque pouvait avoir puisé à d'autres sources. Quoi qu'il en soit, ce qui nous semble le plus probable, c'est que le poète n'avait célébré dans son hymne aucun exploit particulier du héros, se bornant, dans une invocation très courte, à proclamer le fait même de la victoire et la joie qu'elle inspire à tous. Ainsi, la restitution hypothétique de Bergk, si discrète qu'elle paraisse (ἔπερσας Αὐγέην τε πάντα τε στρατόν), est encore trop précise. Pour la même raison, n'oserons-nous pas affirmer que ce chant de triomphe contînt le fragment

---

1. Archil., fr. 119 :

Χαῖρ' ἄναξ Ἡράκλεες,
αὐτός τε καὶ Ἰόλαος αἰχμητὰ δύο.

2. Schol. Pindar., *Olymp.*, IX, 1 (rec. Drachmann, I, p. 268) : Τὸ μὲν Ἀρχιλόχου μέλος, ὃ τοῖς νικῶσι τὰ Ὀλύμπια ἐπῄδετο, ἦν τρίστροφον, κοινῶς δυνάμενον ἁρμόζειν ἐπὶ παντὸς νικηφόρου διὰ τὸ καὶ τῆς πράξεως αὐτῆς ψιλὸν ἔχειν τὸν λόγον, μήτε δὲ ὄνομα μήτε ἰδίωμα ἀγωνίσματος.

3. Schol. Aristoph., *Av.*, 1764.

relatif au « fils du sanglant Arès », παῖδ᾽ Ἄρεω μιηφόνου[1]. Ces mots désignent sans doute Cycnos, l'adversaire malheureux d'Héraclès dans le combat fameux que décrit le poème hésiodique du *Bouclier;* mais Eustathe, qui nous a conservé cet hémistiche, l'attribue aux « trimètres » d'Archiloque[2], et non à une pièce lyrique.

En dehors de cet hymne, on pourrait penser encore à un genre qui, du moins au vi[e] et au ve siècle, se prêta au récit d'aventures fabuleuses, je veux parler du dithyrambe. Archiloque se vantait de savoir entonner ce beau chant[3] : est-ce que déjà lui-même aurait sous ce titre composé des mythes analogues à ceux qui plus tard prirent place, sous le même titre, dans l'œuvre de Bacchylide, par exemple? Il n'y a à cela aucune vraisemblance ; le dithyrambe primitif, antérieur à Arion, a dû être encore un chant tout dionysiaque, exécuté par un seul chanteur, et interrompu par les refrains joyeux de la foule, ἰὼ βάκχε. C'est avec Arion seulement que ce chant populaire se transforma : exécuté désormais par un chœur cyclique de cinquante choreutes, il prit une forme littéraire et se caractérisa par une partie narrative assez étendue[4]. Dans ce nouvel état de choses, le dithyrambe, d'abord consacré à Dionysos, s'éloigna bientôt de cette unique légende, et accueillit indistinc-

---

1. Archil., fr. 48.
2. Eustath., *Iliad.*, 518, 22 : Ἀρχίλοχος ἔφη ἐν τοῖς τριμέτροις.
3. Archil., fr. 77 :

> Ὡς Διωνύσοι᾽ ἄνακτος καλὸν ἐξάρξαι μέλος
> οἶδα διθύραμβον, οἴνῳ συγκεραυνωθεὶς φρένας.

4. Schol. Aristoph., *Av.*, 917 : Κύκλια δὲ καλεῖται μέλη τὰ ἐπεκτεταμένα · ἔστι δὲ διηγηματικόν. — M. H. Jurenka a cité et expliqué ce texte dans l'histoire qu'il a esquissée du dithyrambe, à propos des dithyrambes de Bacchylide (*Wiener Studien*, t. XXI (1899), p. 216 et suiv.).

tement tous les sujets héroïques. Mais cette transformation ne saurait avoir ses racines jusque dans le
temps d'Archiloque, et, chez notre vieux poète, l'invocation directe à Dionysos, dieu de la vigne, ne permet
pas de douter que la pièce ne fût tout entière d'inspiration bachique.

C'est donc bien, selon le témoignage d'Eustathe, sous
la forme de trimètres ou de tétramètres (on sait que les
deux expressions s'employaient indifféremment l'une
pour l'autre) que dut se présenter dans Archiloque le
récit des aventures d'Héraclès, en particulier la lutte
du héros contre le fleuve Achéloos et le Centaure Nessos.

Le texte qui nous autorise à rapprocher ces fragments
les uns des autres se trouve dans un discours de Dion
Chrysostome[1]. Ce rhéteur imagine une interprétation
rationaliste et morale du mythe de Nessos; mais,
comme prélude à cette fantaisie philosophique, il
expose la double objection qu'on faisait au récit de cette
légende, dans Sophocle et dans Archiloque : Sophocle,
disait-on, avait eu tort de montrer Héraclès tirant de
l'arc et frappant le Centaure pendant la traversée même
du fleuve ; forcément le Centaure devait lâcher Déjanire,
et celle-ci se noyer. Quant à Archiloque, « c'était folie
de sa part que de représenter Déjanire, dans le temps
même où le Centaure lui faisait violence, s'entretenant
du passé avec Héraclès et lui rappelant les poursuites
d'Achéloos, avec les événements qui avaient suivi :
n'était-ce pas laisser à Nessos tout le temps d'arriver
à ses fins ? » La valeur littéraire de cette critique nous
échappe, puisque le poète avait pu sauver par l'habileté de son art l'invraisemblance de la situation ; mais

---

1. Dion. Chrysost., *Or.*, LX, t. II, éd. L. Dindorf, p. 190. — Archil.,
fr. 147.

ce qui ressort, en tout cas, de ce témoignage, c'est le développement assez ample de la légende dans la poésie d'Archiloque ; c'est aussi l'artifice de composition qui mettait dans la bouche de Déjanire le récit du combat d'Héraclès et d'Achéloos. La mort de Nessos faisait naturellement partie de la même description, et le scoliaste d'Apollonius de Rhodes s'exprime formellement sur ce point : ὡς καὶ Ἀρχίλοχος ἱστορεῖ[1]. On peut même se demander si ces mots visent seulement la dernière partie du récit, le passage tragique du fleuve Evénos, ou s'il faut les entendre aussi des événements antérieurs, brièvement rapportés par le scoliaste. Du moins, l'une et l'autre des deux scènes principales du drame ont-elles laissé quelque trace dans nos fragments. Pour l'Achéloos, on nous dit qu'Archiloque n'avait pas osé, comme avait fait Homère pour le Xanthe, lui laisser sa forme de fleuve ; il l'avait représenté sous les traits d'un taureau[2], et d'un taureau sans doute furieux, comme le lion ou le sanglier homérique qui écume de rage :

$$\pi o \lambda \lambda \grave{o} \varsigma \ \delta' \grave{\alpha} \varphi \rho \grave{o} \varsigma \ \tilde{\eta} v \ \pi \epsilon \rho \grave{\iota} \ \sigma \tau \acute{o} \mu \alpha [3].$$

Deuticke [4] rapproche ce fragment de la description de Sophocle : « De sa barbe épaisse l'onde coulait à grands flots[5] », et nous pouvons croire, en effet, qu'Archiloque avait emprunté à Homère les termes de sa description.

---

1. Schol. Apoll. Rhod., I, 1212.
2. Schol., *Iliad.*, 21, v. 237.
3. Archil., fr. 139.
4. Deuticke, *Archilocho Pario quid in graecis litteris sit tribuendum*, p. 8.
5. Soph., *Trach.*, v. 13.

(περί τ'ἀφρὸς ὀδόντας γίγνεται)[1], quitte à les détourner légèrement de leur acception première pour les appliquer à l'image d'un fleuve et de sa barbe «limoneuse». Un autre trait de la même bataille s'est conservé, ce semble, dans une glose d'Hésychius : Μουνόκερα, τὸ μηκέτι ἔχον τὴν ἀλκήν[2]. Achéloos avait, disait-on, perdu dans la lutte, avec l'une de ses deux cornes, le plus clair de sa vigueur, et il avait offert en échange à son rival la corne d'Amalthée, dont il se trouvait possesseur. Un autre fragment, enfin, nous reporte à la scène de l'Evénos : «Non, disait le Centaure, sans un salaire, nous ne te ferons pas traverser le fleuve, »

ἀμισθὶ γάρ σε πάμπαν οὐ διάξομεν [3].

Peut-être toute cette légende avait-elle été choisie par Archiloque, dans le vaste domaine de la fable, avec une intention satirique : on voit trop bien quel exemple de la perversité des femmes Déjanire fournissait au poète, en trompant par de belles paroles l'attention du héros. Mais la pièce n'en avait pas moins le caractère d'un récit indépendant, où la fable se développait avec quelque chose de l'ampleur épique.

Aussi bien l'épopée grecque n'avait-elle jamais perdu tout contact avec la réalité contemporaine. Dès le principe elle s'était constituée par un mélange d'éléments mythiques et de faits réels ; tant qu'elle conserva quelque vitalité, elle ne cessa pas de se renouveler à la source de l'histoire, et de l'histoire la plus récente. D'instinct, le public accueillait avec plus

1. Hom., *Iliad.*, 20, v. 168.
2. Archil., fr. 181.
3. Archil., fr. 41.

de faveur les dernières nouveautés. « Le chant que
les hommes approuvent et célèbrent entre tous, c'est
le plus nouveau qui vienne frapper leur oreille[1]. »
Cette tendance naturelle, cette curiosité toujours en
éveil, ne manqua pas de survivre à la décadence des
grandes compositions héroïques. Les contemporains
d'Archiloque continuèrent à aimer les fables, quitte à
y découvrir des allusions au présent. Le présent lui-
même valait la peine d'être conté, pour peu qu'il com-
portât des aventures guerrières et romanesques dont le
poète fût le héros ou le témoin.

Les narrations qu'Archiloque substitua ainsi aux
légendes anciennes devaient toutes rentrer plus ou
moins dans la catégorie des poésies personnelles, et la
figure du poète y apparaissait presque partout au premier plan. Deux remarques toutefois nous autorisent à
en considérer ici le caractère objectif : c'est d'abord que
le récit des faits auxquels le poète avait assisté, ou qu'il
se représentait par l'imagination, offrait parfois les
éléments d'une description véritable ; ensuite, c'est que
la forme narrative, par une sorte de tradition instinc-
tivement suivie, continua de s'imposer, là même où
dominait l'esprit satirique.

Dans l'état actuel des fragments, aucune description
de bataille ne nous est parvenue intacte. Seuls, deux
distiques élégiaques nous peignent le spectacle d'un
combat terrible; le poète en prévoit et en admire l'ordonnance; il en savoure presque l'horreur. « Ni l'arc
ne se tendra, ni la fronde ne lancera au loin ses balles
par milliers, quand Arès engagera la mêlée dans la
plaine, c'est l'épée qui fera son œuvre au milieu des

----

1. Hom., *Od.*, 1, 351.

gémissements ; car telle est là lutte où sont passés
maîtres les guerriers illustres qui régnent en Eubée [1]. »
Si ces vers trahissent le sentiment personnel du poète-
soldat, ils n'en évoquent que mieux l'image héroïque
d'une lutte corps à corps, d'une mêlée ardente. Mais ce n'est
pas seulement de loin, et par la pensée, qu'Archiloque
avait assisté à ces batailles : il avait pris part, à Thasos
et en Thrace, sur terre et sur mer, à des engagements
de toutes sortes, à des embuscades et à des combats
en règle, à des guerres intestines et à de lointaines expé-
ditions. Le souvenir de ces aventures remplissait notamment les poèmes écrits en tétramètres trochaïques,
et c'est là un des faits intéressants que nous apprend
l'inscription de Paros : à travers les citations de l'historien Déméas, elle nous permet d'entrevoir des mouvements de troupes et des lignes de bataille [2], des lueurs
d'incendie [3], des combats prolongés jusqu'à la fin du
jour [4]. La IVe colonne de l'inscription défie toute restitution d'ensemble ; mais les mots qu'on y déchiffre en
éclairent assez le sens : armée, bravoure, victoire, hardiesse, lance, airain, boucliers, guerriers, femmes et
enfants [5]. Puis, après une lacune de quelques lignes,
une citation plus longue, qui comprenait peut-être

1. Archil., fr. 3 :

> Οὔ τοι πόλλ' ἐπὶ τόξα τανύσσεται οὐδὲ θαμεῖαι
> σφενδόναι, εὖτ' ἂν δὴ μῶλον Ἄρης συνάγῃ
> ἐν πεδίῳ · ξιφέων δὲ πολύστονον ἔσσεται ἔργον ·
> ταύτης γὰρ κεῖνοι δαίμονές εἰσι μάχης
> δεσπόται Εὐβοίης δουρικλυτοί.

2. *Inscr. Graec.*, vol. XII, fasc. V, pars. I, *Inscr. Cycladum praeter
Tenum*, n° 445, 1re colonne, l. 55 : τῇ μάχῃ λαὸς παρασταθείς.
3. *Ibid.*, l. 56-57 : αὐτῆς τῆς πολυ [... φ]λογός.
4. *Ibid.*, l. 57-58 : [δ]εί[λης] ἡμέ[ρ]ης ἐπαύ (σαμεν)[β]άλλοντες.
5. *Ibid.*, 4e colonne, l. 2, 5, 7, 11, 12, 13, 18, 22, 23, 24.

une quinzaine de tétramètres, se rapportait à un épisode nouveau : au milieu des lances agitées, apparraissait victorieuse la fille de Zeus, Athéna, et tandis qu'une tour s'élevait, que se construisait un rempart de pierres, le père des Olympiens, Zeus, faisait retentir un coup de son tonnerre[1]. Une telle abondance de détails, avec ce mélange de réalisme et de merveilleux, ne rappelle-t-elle pas l'épopée ? En abandonnant le vers épique, Archiloque n'avait pas entièrement renoncé aux sujets qui avaient fait la gloire des aèdes ioniens. Les batailles qu'il avait livrées en personne, il les faisait revivre aux yeux de son auditoire; il montrait le javelot de hêtre brandi dans la main du guerrier et volant à travers l'espace[2], il décrivait les campagnes engraissées du sang des cadavres[3].

D'autres sujets encore prenaient naturellement, dans l'œuvre d'Archiloque, la forme d'un récit. C'était d'abord la fable proprement dite, ou apologue. La tradition littéraire, depuis Hésiode, avait fait servir ce genre de composition au développement de certaines vérités morales. Bien qu'Archiloque ne se gênât guère pour dire en face aux hommes sa pensée, il avait souvent, lui aussi, adopté ce détour, pour railler ses ennemis : la malignité publique trouvait son compte à ces moqueries, voilées sous l'apparence naïve d'un conte populaire. Chacune de ces fables se présentait comme une histoire du passé : « Le singe allait, loin des autres animaux, en un lieu écarté : sur son chemin se rencontra le renard, à l'esprit astucieux et

---

1. *Inscr. Graec.*, XII, v, 445, 4ᵉ colonne, l. 46, 47-48, 49-50, 51, 53-54.
2. Archil., fr. 186 : ὀξύη ποτᾶτο.
3. Archil., fr. 148 : πιαίνεσθαι ... τὰς ἀρούρας.

plein de malice[1], » Ou bien encore : « Le renard et
l'aigle un jour firent alliance..... [2] » A la seconde de
ces fables appartenaient sans doute les deux fragments
suivants, qui ont le même caractère narratif, avec un
verbe à l'aoriste ou à l'imparfait. « [L'aigle] à ses
petits présenta un festin sanglant[3]. » « Mais il avait
une étincelle de cendre chaude[4]. » Ailleurs ce n'étaient
pas des animaux que le poète mettait en scène,
c'étaient bien ses adversaires eux-mêmes, en personne ; mais, au lieu de les attaquer directement, il
les montrait dans une posture ridicule ou odieuse, et
faisait ainsi son auditoire juge des griefs qu'il avait
contre eux. Dans ce cas, une de ses formules ordinaires était celle-ci : « Je vais te dire, ô le plus cher
de mes amis, une chose risible, et que tu auras plaisir à entendre[5]. » A ce début répondait une plaisante
anecdote, dont le sens nous échappe, mais qui comportait, ici, la description d'une foule à travers les rues
de la ville[6], là, une scène de ripaille et de débauche[7].

1. Archil., fr. 89 :
> Πίθηκος ᾔει θηρίων ἀποκριθείς
>   μοῦνος ἀν' ἐσχατιήν ·
> τῷ δ'ἄρ' ἀλώπηξ κερδαλέη συνήντετο
>   πυκνὸν ἔχουσα νόον.

2. Archil., fr. 86 :
> Αἶνός τις ἀνθρώπων ὅδε,
> ὡς ἄρ' ἀλώπηξ καἰετὸς ξυνωνίην
>   ἔμιξαν.

3. Archil., fr. 38 :
> Προύθηκε παισὶ δεῖπνον αἰηνὲς φέρων.

4. Archil., fr. 126 :
> ... Πυρὸς δ'ἦν αὐτῷ φεψάλυξ.

5. Archil., fr. 79 :
> Ἐρασμονίδη Χαρίλαε, χρῆμά τοι γελοῖον
> ἐρέω, πολὺ φίλταθ' ἑταίρων, τέρψεαι δ'ἀκούων.

6. Archil., fr. 81.
7. Archil., fr. 83.

Ce procédé, qui donnait à une pièce toute satirique l'aspect inoffensif d'une narration, Archiloque paraît l'avoir appliqué en maintes circonstances, soit qu'il nommât les personnes par leur nom, comme dans cette épode : « Le peuple en masse se rendait aux jeux, y compris Batousiadès [1], » soit qu'il laissât à ses auditeurs le soin de deviner. Aussi rencontrerons-nous, dans la suite de cette étude, une grande difficulté à distinguer toujours les victimes de cette satire ; il nous suffit d'en avoir marqué ici un trait essentiel : c'est que souvent cette poésie, au fond si personnelle, affectait la forme objective d'une description, d'un tableau [2].

Il n'est pas téméraire de reconnaître dans ce tour habituel de la plus ancienne poésie iambique une influence persistante de l'épopée, et cette observation nous explique comment les rhapsodes ont pu admettre dans leur répertoire Archiloque à côté d'Homère.

2. — LA PERSONNALITÉ DU POÈTE : SES IDÉES RELIGIEUSES ET MORALES ; SES SENTIMENTS PATRIOTIQUES ET POLITIQUES ; SA VIE PRIVÉE, SES AMOURS, SES AMITIÉS, SES GOUTS.

Dans la tradition comme dans les fragments, le trait saillant qui caractérise Archiloque, c'est une passion déchaînée en un langage d'une violence inouïe ; c'est une ardeur de médisance que n'arrête aucun scrupule,

---

1. Archil., fr. 104 :

$$\text{Πρὸς δηῦτ' ἄεθλα δῆμος ἠθροίζετο,}$$
$$\text{ἐν δὲ Βατουσιάδης.}$$

1. Archil., fr. 29, 30, 31, 32, 33, 34, 35, 93, 97, 124, 127, 138, 166.

un emportement furieux dans l'injure et dans le sarcasme. Que faut-il donc penser de cette poésie effrénée ? Nous voudrions ici, avant d'en examiner les occasions et les manifestations extérieures, en rechercher les causes premières ; de là pour nous la nécessité de connaître l'esprit et le caractère de l'homme, avant de le voir aux prises avec les adversaires qu'il a poursuivis d'une raillerie malicieuse ou d'une haine farouche.

L'attitude d'Archiloque à l'égard des dieux peut se définir en quelques mots : les grandes divinités du panthéon homérique apparaissent toutes, ou peu s'en faut, dans ses vers ; il les nomme, et parfois les invoque ; il les voit mêlées à la vie des hommes ; il reconnaît et proclame leur puissance ; mais, au fond, la notion qu'il a de ces dieux se ramène à une double conception : ou bien ils symbolisent les forces de la nature, et personnifient les actions humaines elles-mêmes dans ce qu'elles ont de plus fort et de plus noble ; ou bien ils représentent, ensemble ou séparément, la force mystérieuse qui domine tout l'univers, et qui, échappant aux calculs des hommes, laisse le champ libre à l'initiative et à l'action individuelle.

Zeus reçoit à plusieurs reprises le nom de « Père des Olympiens [1] », ou simplement de « Père [2] » ; mais, sous ce titre même, il apparaît avant tout comme le dieu du ciel, le dieu d'en haut, qui voit tout, et qu'on prend à témoin de tout ce qui se fait sur la terre [3]. Cette attribution le prédispose sans doute à devenir un juge, et par suite un vengeur ; mais, par ses actes, il

---

1. Archil., fr. 74, et *Inscr. Graec.*, vol. XII, fasc. V, pars 1, *Inscr. Cycladum praeter Tenum*, n° 445, 4ᵉ colonne, l. 54.
2. Archil.. fr. 88, 99.
3. Archil., fr. 88.

se manifeste d'abord comme le dieu qui commande à
la lumière, qui préside à la révolution des jours et des
nuits [1], et qui obscurcit, quand il le veut, l'éclat du
soleil [2]. C'est lui qui envoie aux hommes la sécheresse [3],
et qui fait retentir le tonnerre [4]. S'il est aussi pour
Archiloque « le devin le plus véridique [5] », cette épithète se rapporte, ce semble, aux signes certains qui
dans le ciel annoncent aux hommes la volonté de Zeus.

Poseidon et Héphæstos personnifient, presque sans
aucun mélange d'anthropomorphisme, deux autres
éléments primordiaux de la nature, l'eau et le feu.
Poseidon est le maître de la mer : sur un équipage de
cinquante hommes, il en sauve un seul, le Parien Koiranos [6] ; quand la famille d'Archiloque a perdu sur mer
plusieurs de ses membres, c'est de lui qu'elle implore
un triste présent, les cadavres des naufragés [7]. Héphæstos
est plus étroitement encore confondu avec l'élément
qu'il représente : son nom désigne la flamme du bûcher,
le feu pur que le poète aurait voulu voir du moins

1. Archil., fr. 70.
2. Archil., fr. 74.
3. Archil., fr. 125 :

Κακήν σφιν Ζεὺς ἔδωκεν αὐόγην.

4. *Inscr. graec.*, vol. XII, fasc. V, pars I, *Inscr. Cycladum praeter
Tenum*, n° 445, 4° colonne, 1. 53-54.

. Archil., édit. Hiller-Crusius, fr. 101 :

Ζεὺς ἐν θεοῖσι μάντις ἀψευδέστατος
καὶ τέλος αὐτὸς ἔχει.

Ce fragment, anonyme dans Aristide le Rhéteur (II, p. 51, éd. Dindorf),
a été restitué à Archiloque par M. Blass (*Jahrb. für Kl. Phil.*, t. CXXXVII
88), p. 680), et rapproché du fragment 104 (Bergk), où le poète
taque la fausse science d'un devin, Batousiadès.
6. Archil., fr. 114.
7. Archil., fr. 10 :

Κρύπτωμεν δ' ἀνιηρὰ Ποσειδάωνος ἄνακτος
δῶρα.

La restitution de ce vers n'est pas certaine.

consumer la tête chérie et les membres gracieux d'un ami [1]. Une autre invocation à Héphæstos fait appel à sa puissance bien connue, aux faveurs qu'il a coutume d'accorder :

$$\chi\alpha\rho\dot{\iota}\zeta\epsilon\upsilon \; \delta' \; o\dot{\iota}\dot{\alpha}\pi\epsilon\rho \; \chi\alpha\rho\dot{\iota}\zeta\epsilon\alpha\iota\,[2].$$

M. Jurenka entend ces mots de la richesse proprement dite, et les rapporte à une prière du poète tombé dans la pauvreté et la misère [3]. Notre impression est tout autre : si l'hymne homérique à Héphæstos se termine par une invocation de ce genre (δίδου δ' ἀρετήν τε καὶ ὄλβον [4]), il s'en faut que cette richesse, cette prospérité, soit le privilège de ce dieu ; car la même formule termine l'hymne homérique à Héraclès [5], et, avec non moins de raison sans doute, Callimaque l'a reprise à la fin de son hymne à Zeus [6]. Il est bien vrai que, selon Diodore, Héphæstos était vénéré par les Grecs comme le principal auteur des progrès matériels et industriels de l'humanité [7]; mais c'est comme dieu du feu qu'il avait cette attribution, et la même qualité essentielle nous paraît contenue dans ces mots d'Archiloque, χαρίζευ δ'οἷάπερ χαρίζεαι. Si le poète appelle Héphæstos à son secours (καί μοι σύμμαχος γουνουμένῳ), n'est-ce pas

1. Archil., fr. 12 :
   Εἰ κείνου κεφαλὴν καὶ χαρίεντα μέλεα
   Ἥφαιστος καθαροῖσιν ἐν εἵμασιν ἀμφεπονήθη.

2. Archil., fr. 75. Voici le texte entier du fragment :
   Κλῦθ', ἄναξ Ἥφαιστε, καί μοι σύμμαχος γουνουμένῳ
   ἵλαος γενοῦ, χαρίζευ δ'οἷάπερ χαρίζεαι.

3. Jurenka (H.), *Archilochos von Paros*, p. 4.
4. Hymn. hom., *in Vulc.*, v. 8.
5. Hymn. hom., *in Herc.*, v. 9.
6. Callim., *Hymn.*, I, v. 94 (éd. O. Schneider).
7. Diodor., V, 74, 2.

parce qu'il avait besoin contre ses ennemis de l'assistance du dieu qui porte la flamme et l'incendie ?

La prière d'Archiloque à Apollon offre exactement le même caractère[1] : le dieu de la lumière et du jour a le don de révéler les coupables (τοὺς μὲν αἰτίους σήμαινε) ; il est surtout, aux yeux du poète batailleur et vindicatif, celui qui fait périr les hommes (ὄλλυ' ὥσπερ ὀλλύεις).

Que le nom de Déméter ait éveillé dans l'esprit d'Archiloque l'image des moissons dorées, c'est ce que paraît impliquer l'épithète χρυσοέθειρ, qui figurait dans un poème en l'honneur de cette déesse[2] ; et Dionysos est bien proprement le dieu de la vigne pour le chanteur inspiré qui entonne le dithyrambe sous le coup des violents effets du vin (οἴνῳ συγκεραυνωθεὶς φρένας[3]).

Il se proclame le servant d'Enyalios[4], en même temps que le disciple des Muses : double formule consacrée par un usage traditionnel, et qui atteste seulement la dignité fière du soldat et du poète. Arès est le dieu meurtrier[5] qui rassemble la mêlée dans la plaine[6], et qui reste neutre entre les deux partis (ξυνὸς Ἐνυάλιος)[7], parce qu'il symbolise également l'attaque et la défense (καί τε κτανέοντα κατέκτα)[8]. En un mot, il personnifie le souffle guerrier qui anime Archiloque, comme les Muses représentent son inspiration lyrique. Ainsi, partout, sous

1. Archil., fr. 27 :

> Ἄναξ Ἄπολλον, καὶ σὺ τοὺς μὲν αἰτίους
> σήμαινε καί σφεας ὄλλυ' ὥσπερ ὀλλύεις.

2. Archil., fr. 121.
3. Archil., fr. 77.
4. Archil., fr. 1.
5. Archil., fr. 48.
6. Archil., fr. 3, v. 2-3.
7. Archil., fr. 62.
8. Hom., *Iliad.*, 18, v. 309.

les noms divins que le poète emprunte aux croyances populaires et à la tradition épique, c'est l'activité de l'homme qui se peint, soit qu'elle exalte les forces de la nature, soit qu'elle entre en lutte avec elles.

Cependant, sous un nom ou sous un autre, les dieux représentent, en face et au-dessus de l'humanité, une puissance qui la domine, et qui tôt ou tard a le dernier mot contre elle. Quels sentiments inspire à Archiloque cette dépendance ? quelle influence exerce-t-elle sur sa conception de la vie ?

A considérer quelques-unes des sentences morales qui figuraient dans son œuvre, on pourrait lui prêter une philosophie résignée, aussi confiante dans la providence divine que convaincue de la faiblesse, de l'impuissance des hommes. Mais cette conception toute religieuse de la vie n'est, selon nous, qu'apparente.

La toute-puissance des dieux n'éclate nulle part avec plus de force que dans les choses de la guerre : au moment de courir au combat, le héros homérique proclame que la victoire vient d'en haut, que l'issue de la bataille est dans la main des dieux immortels[1]. Archiloque a la même pensée; mais cette confiance n'a rien de fataliste, et le premier hémistiche du vers où il exprime après Homère cette vérité traditionnelle, contient un appel à la jeunesse, une exhortation au courage (καὶ νέους θάρσυνε)[2].

« Rapporte tout aux dieux, dit-il ailleurs; souvent ils tirent de l'infortune et redressent un homme qui gisait sur la terre noire ; souvent ils abattent et font tomber

---

1. Hom., *Iliad.*, 7, v. 102 :

$$\text{Αὐτὰρ ὕπερθεν}$$
$$\text{νίκης πείρατ' ἔχονται ἐν ἀθανάτοισι θεοῖσιν.}$$

2. Archil., fr. 55 :

$$\text{Καὶ νέους θάρσυνε · νίκης δ' ἐν θεοῖσι πείρατα.}$$

à la renverse celui qui se tenait debout[1]. » Voilà une sentence qui deviendrait sans peine un hommage à la providence divine, il suffirait d'en forcer légèrement les termes ; et nous avons pu nous-même la rapprocher d'une admirable pensée de Pindare[2]. Mais Archiloque ne dit pas que les dieux relèvent la vertu malheureuse, ni qu'ils abattent l'orgueil coupable ; il n'exprime ni sa foi dans la justice divine, ni même cette idée, encore grossière, mais pourtant morale, que la vengeance des dieux poursuit et atteint le malheur insolent ; il considère la vie telle qu'elle est, avec ses vicissitudes étranges, ses retours imprévus, inexplicables, et tout cela, dit-il, c'est l'œuvre des dieux. En d'autres termes, l'action divine s'exerce dans le domaine qui échappe à la prévoyance de l'homme ; c'est la destinée ($\mu o \tilde{\iota} \rho \alpha$), ou même le hasard :

Πάντα τύχη καὶ μοῖρα, Περίκλεες, ἀνδρὶ δίδωσιν[3].

Aucune loi ne se révèle plus directement à l'observation des hommes, que cette succession fatale des maux et des biens : il faut que tous, l'un après l'autre, subissent les coups du sort, car « telle est la mouvante incertitude des choses humaines[4]. » La conclusion, c'est

1. Archil., fr. 56 :

    Τοῖς θεοῖς τίθει τὰ πάντα · πολλάκις μὲν ἐκ κακῶν
    ἄνδρας ὀρθοῦσιν μελαίνη κειμένους ἐπὶ χθονί,
    πολλάκις δ' ἀνατρέπουσι καὶ μάλ' εὖ βεβηκότας
    ὑπτίους κλίνουσ' · ἔπειτα πολλὰ γίγνεται κακά,
5.   καὶ βίου χρήμη πλανᾶται καὶ νόου παρήορος.

Pour les différentes leçons du v. 1, cf. ci-dessus, p. 125. — Le v. 5 a donné lieu aussi à de nombreuses conjectures.

2. *Mélanges Perrot*, p. 125.
3. Archil., fr. 16.
4. Archil., fr. 66, v. 7.

qu'il ne faut se laisser ni emporter par une confiance excessive dans le bonheur ni abattre par l'infortune[1], une patience virile est le remède aux maux les plus incurables[2] ; laissons gémir les femmes[3], et plutôt que de nous enfermer vaincus dans la solitude et le désespoir, relevons la tête : « O mon cœur, mon cœur, agité par d'inextricables soucis, redresse-toi, repousse les embûches de tes ennemis; oppose à leurs coups une poitrine assurée! reste ferme, inébranlable[4]. » Cette attitude est bien celle d'Archiloque dans toutes les circonstances de sa vie: s'il refuse de se livrer à un long chagrin, ce n'est pas indifférence ou légèreté, comme paraît le dire Plutarque[5], c'est par un sentiment profond de l'inutilité des larmes, par un besoin insatiable d'action. Loin d'accepter le mal avec résignation, il ne consent à l'oublier que si la cause en est hors de son atteinte; mais la même disposition d'esprit le porte à se défendre lui-même ou à se venger, toutes les fois qu'il connaît l'auteur de son mal. Ainsi la philosophie du poète, si l'on peut donner ce nom à une conception toute spon-

1. Archil., fr. 66, v. 4-5.
2. Archil., fr. 9, v. 5-7 :

   Ἀλλὰ θεοὶ γὰρ ἀνηκέστοισι κακοῖσιν,
  ὦ φίλ᾽, ἐπὶ κρατερὴν τλημοσύνην ἔθεσαν
 φάρμακον.

3. Archil., fr. 9, v. 9-10 :

    Ἀλλὰ τάχιστα
  τλῆτε γυναικεῖον πένθος ἀπωσάμενοι.

4. Archil., fr. 66 :

  Θυμέ, θύμ᾽ ἀμηχάνοισι κήδεσιν κυκώμενε,
  ἀνὰ δ᾽ ἔχευ δυσμενῶν δ᾽ ἀλέξευ προςβαλὼν ἐναντίον
  στέρνον, ἐν δοκοῖσιν ἐχθρῶν πλησίον κατασταθεὶς
  ἀσφαλέως.

Au vers 2, nous avons adopté la correction indiquée en note par Bergk, au lieu de la leçon ἐνάδευ, qui n'a pas de sens.
5. Plut., *De aud. poet.*, 12.

tanée et toute réaliste de la vie, le prépare bien à s'emporter d'autant plus contre les hommes, qu'il ne songe pas même à incriminer les dieux.

Avec de tels sentiments, l'idée de la mort ne peut guère prendre d'autre forme que celle-ci : ce terme fatal, inévitable, il faut le plus possible en retarder la venue ; si la lâcheté n'est pas le moyen de rencontrer le bonheur[1], une fausse honte seule nous fait affronter un danger inutile. « Mon bouclier, s'écrie Archiloque[2], je l'ai, bien malgré moi, laissé dans un buisson, et quelque Saïen se pare maintenant de ma belle arme ! Mais moi, j'ai évité la mort ! Tant pis pour mon ancien bouclier ! J'en aurai un neuf qui le vaudra bien ! » Le soldat qui se console aussi aisément n'a pas connu les lois de Sparte, les préceptes sévères d'une discipline qui attache au devoir militaire un sentiment imprescriptible, l'honneur. Mais c'est un brave, que la lutte ne lasse jamais, qui se console d'un malheur passé, ou d'une faute, par l'espoir d'un meilleur avenir : bien d'autres se sont trompés comme lui[3].

C'est donc à tort qu'on a voulu excuser par de spécieuses raisons cette prétendue insouciance du poète : un mercenaire, a-t-on dit, n'embrasse que par intérêt, et à contre-cœur, une cause qui n'est pas la sienne.

1. Archil., fr. 8 :

> Αἰσιμίδη, δειλοῦ μὲν ἐπίρρησιν μελεδαίνων,
> οὐδεὶς ἂν μάλα πόλλ' ἱμερόεντα πάθοι.

2. Archil., fr. 6 :

> Ἀσπίδι μὲν Σαίων τις ἀγάλλεται, ἣν παρὰ θάμνῳ
> ἔντος ἀμώμητον κάλλιπον οὐκ ἐθέλων ·
> αὐτὸς δ' ἐξέφυγον θανάτου τέλος · ἀσπὶς ἐκείνη
> ἐρρέτω · ἐξαῦτις κτήσομαι οὐ κακίω.

3. Archil., fr. 73 :

> Ἤμβλακον, καί πού τιν' ἄλλον ἠδ' ἄτη κιχήσατο.

Nous avons interprété autrement la conduite d'Archiloque [1], et les mêmes vers qui nous l'ont montré
bataillant à Thasos et en Thrace attestent, avec son
humeur guerrière, son attachement durable aux destinées de sa patrie. Mais ce patriotisme est celui d'un
Ionien du viie siècle, jeté par les circonstances dans
une vie d'aventures. De sa ville natale elle-même, de
Paros, je ne sache pas qu'il ait jamais médit ; il l'appelait quelque part une cité, πόλις [2], et il n'y renia jamais
sans doute son titre de citoyen, puisqu'il y reçut après
sa mort des honneurs exceptionnels. Un seul fragment
semble associer au nom de cette ville le souvenir d'une
existence misérable [3] ; mais ce vers évoque surtout
l'appel qu'entendit Archiloque quand il alla chercher
fortune à Thasos. A cette seconde patrie, exposée aux
attaques des Thraces et des colons grecs du voisinage,
le poète consacra toute son activité ; ses iambes, ses
tétramètres surtout, portent la trace des batailles livrées
pour elle, des péripéties, des misères d'une guerre
longue et difficile. Il voit venir avec inquiétude l'orage
qui gronde à l'horizon [4] ; mais son appréhension n'a
rien d'égoïste ; c'est pour Thasos qu'il craint [5], pour
l'île trois fois malheureuse [6], menacée comme Tantale
d'un danger qui l'opprime [7]. Avec sa franchise habi-

1. Cf. ci-dessus, p. 64-66.
2. Archil., fr. 117.
3. Archil., fr. 51.
4. Archil., fr. 54 :

> Γλαῦκ', ὅρα, βαθὺς γὰρ ἤδη κύμασιν ταράσσεται
> πόντος, ἀμφὶ δ' ἄκρα Γυρέων ὀρθὸν ἵσταται νέφος,
> σῆμα χειμῶνος · κιχάνει δ' ἐξ ἀελπτίης φόβος.

5. Archil., fr. 52 :

> Ὡς Πανελλήνων ὀϊζὺς ἐς Θάσον συνέδραμεν.

6. Archil., fr. 129.
7. Archil., fr. 53.

tuelle, il dépeint cette île sous des couleurs sombres ; il n'y trouve ni le charme ni la beauté des contrées aimables qu'arrose le Siris[1]. Mais il tient à elle par toutes les fibres de son cœur. « C'est sur Thasos que je pleure, dit-il, ce n'est pas sur les maux des Magnètes[2]. » Ce dernier trait caractérise assez bien la nature de son patriotisme : ce qui se passe au loin, fût-ce aux dépens des Grecs, ne le touche guère ; de Gygès, du maître puissant de l'Asie aux riches troupeaux[3], il ne se soucie pas tant que des affaires de son île ; le nom de Πανέλληνες se rencontre dans ses vers[4], comme chez Hésiode[5] ; mais tout sentiment de solidarité entre les peuples de même race, par opposition aux barbares Cimmériens ou autres, lui est étranger. Parmi les Grecs mêmes, a-t-il le patriotisme de sa tribu ? Et l'ionisme, dont sa langue est si fort imprégnée, dont son caractère même a gardé une empreinte si vive, se traduit-il dans son esprit par un antagonisme conscient à l'égard des autres tribus grecques ? Une allusion rapide aux lois de la Crète semble bien trahir une admiration ironique[6] ; et comment ces vénérables monuments de l'antique législation dorienne auraient-ils touché l'Ionien jaloux de son indépendance, rebelle, nous l'avons vu, aux règles austères de Sparte ? Mais aucune défiance du même genre ne paraît à l'égard des autres Grecs d'Asie, de ces Eoliens de Lesbos, par exemple, qui avaient eu dès cette époque l'honneur de répandre en Grèce de brillantes innovations musicales :

1. Archil., fr. 21.
2. Archil., fr. 20.
3. Archil., fr. 25 et 26.
4. Archil., fr. 52.
5. Hesiod., *Op.*, v. 528.
6. Archil., fr. 133.

le péan de Lesbos, chanté par lui au son de la flûte,
est un emprunt qu'il avoue[1], et qu'il paiera dans une
large mesure, en fournissant à son tour aux chanteurs
lesbiens une ample variété de mètres et de rythmes
nouveaux. Dans la guerre qui met aux prises, au sujet
d'une querelle entre Chalcis et Erétrie, presque toutes
les villes de la Grèce continentale, insulaire et asiatique, il ne prend parti ni pour les unes ni pour les
autres : il s'enthousiasme seulement à la pensée des
nobles combats qui vont se livrer, des luttes chevale-
resques où le glaive et la lance, non l'arc et la fronde,
décideront de la victoire[2]. Comme poète enfin, il ne
s'enferme pas dans des sujets d'origine ionienne ; il
célèbre, en même temps que la Déméter de Paros, des
héros doriens comme Héraclès ; ses hymnes reçoivent
le plus favorable accueil à Olympie ; il est après sa
mort le favori d'Apollon Delphien. C'est que la poésie
d'Homère et d'Hésiode avait, dès le viiie siècle, abaissé
les barrières qui séparaient jadis les populations grecques :
Archiloque est à cet égard, et malgré des différences
profondes, le successeur des grands interprètes de la
pensée hellénique.

Il n'a pas davantage pris parti entre des factions locales qui auraient, dit-on, dès cette époque, commencé
à se déchaîner dans l'intérieur de chaque ville. Nous
avons, dans un précédent chapitre, réfuté l'hypothèse
qui faisait de lui un partisan actif de l'aristocratie, un
Alcée, victime d'une faction contraire, et travaillant
dans l'exil au retour des émigrés[3]. L'existence même
de ces partis à Paros ne ressort pas le moins du monde,

1. Archil., fr. 76.
2. Archil., fr. 3.
3. Cf. ci-dessus, p. 58 et suiv.

à nos yeux, des fragments de notre poète, et le seul texte formel qui lui prête une participation directe à des luttes « politiques » s'appuie si évidemment sur le distique fameux où il se proclame le servant d'Enyalios, qu'une correction s'impose irrésistiblement à notre esprit (πολεμικῶν ἀγώνων au lieu de πολιτικῶν)[1]. Aussi bien les tendances aristocratiques d'Archiloque, s'il s'en trouve quelques traces dans ses poèmes, tiennent-elles sans doute à l'atmosphère où il avait vécu : son idéal guerrier, par exemple, et cette admiration qu'il professe pour les Abantes de l'Eubée répondent bien aux mœurs de son temps. Mais, dans ce sens même, il ne faut pas exagérer, et c'est par une interprétation abusive des mots qu'on a voulu voir dans le nom d'un de ses adversaires un sobriquet démocratique[2] : si le nom de Léophilos trahit un démagogue, et si, d'après la même méthode, l'ami du poète, Périclès, appartient au contraire à une famille illustre de l'aristocratie, pourquoi ne chercherions-nous pas aussi dans le nom d'Archiloque une signification du même genre? A vrai dire, une des attaques les plus claires que nous trouvions dirigées contre un homme public paraît bien viser un aristocrate : « Je n'aime pas un général fier de sa haute taille et qui marche d'un pas relevé, un élégant à la

---

1. Athenae., XIV, p. 627 c : 'Αρχίλοχος οὖν ἀγαθὸς ὢν ποιητὴς πρῶτον ἐκαυχήσατο τὸ δύνασθαι μετέχειν τῶν πολιτικῶν ἀγώνων, δεύτερον δ' ἐμνήσθη τῶν περὶ τὴν ποιητικὴν ὑπαρχόντων αὐτῷ, λέγων · Εἰμὶ δ' ἐγὼ θεράπων ... (Archil., fr. 1). La correction πολεμικῶν, au lieu de πολιτικῶν, proposée par M. Piccolomini [*Hermes*, t. XVIII (1883), p. 270] est excellente. M. H. Jurenka l'approuve (*Archilochos von Paros*, p. 5, n. 1), bien qu'elle aille à l'encontre de la thèse qui fait d'Archiloque un homme politique.

2. Jurenka (H.), *Archilochos von Paros*, p. 4, n. 5.

moustache rasée, aux boucles abondantes [1]. » A qui ressemble ce portrait, sinon aux nobles de Samos qu'a décrits le vieux poète Asios, et « dont les boucles bien peignées flottaient au vent [2] », ou encore à ces chefs des grandes familles de Colophon que Xénophane a dépeints en des vers célèbres : « Ils se rendaient à l'agora, vêtus de pourpre, au nombre de plus de mille, tout fiers de leurs gracieuses chevelures, couverts des parfums les plus délicats [3] ? » Et si Archiloque repousse cette élégance de parade, il semble bien donner la définition d'un chef populaire, quand il ajoute : « Il me faut un général petit, trapu, aux jambes arquées, solide sur sa base, et plein de cœur [4] ! » Mais, en réalité, ce n'est pas un démocrate qu'il a décrit en ces termes, c'est un vrai soldat, ni plus, ni moins, un bon général dans toute l'acception du mot, et voilà, si je ne me trompe, toute la politique d'Archiloque. Si donc il ne partage pas les préjugés et les modes de l'aristocratie, il n'a pas davantage les sentiments d'un révolté, d'un ennemi de l'ordre établi ; ses adversaires ont pu appartenir à toutes les classes de la société ; aucune de ces satires ne tend à rendre les institutions ou les lois responsables de ses mécomptes ou de ses déceptions : la satire qu'il a répandue à profusion dans ses vers n'a aucun caractère politique ou social ; elle est avant tout personnelle.

1. Archil., fr. 58 :

Οὐ φιλέω μέγαν στρατηγὸν οὐδὲ διαπεπλιγμένον,
οὐδὲ βοστρύχοισι γαῦρον οὐδ' ὑπεξυρημένον,
ἀλλά μοι σμικρός τις εἴη καὶ περὶ κνήμας ἰδεῖν
ῥοικός, ἀσφαλέως βεβηκὼς ποσσί, καρδίης πλέος.

2. Athenae., XII, p. 525 *e-f*.
3. Xenoph., fr. 3 (*Poet. lyr. graec.*, t. II, 4° édit., p. 113-114).
4. Archil., fr. 58.

La même indépendance apparaît dans sa vie privée
et dans ses goûts. Un amour profond a pu lui faire
souhaiter un jour de se créer un foyer, une famille ;
mais son existence antérieure, ses habitudes, ses
besoins d'aventures, devaient être, de sa part même,
un obstacle à ce projet. A cet égard, le témoignage de
Critias ne saurait être sérieusement contesté [1]. Si le
fait seul d'avoir eu partout des ennemis ne porte pas
une atteinte grave au caractère moral d'Archiloque,
on n'en peut pas dire autant des aveux qu'il faisait
lui-même de ses passions, de son emportement dans
la débauche (λάγνος καὶ ὑβριστής), de ses attentats coupables (μοιχός). Ces désordres privés répondent trop
bien, pour qu'on en doute, aux conditions de son
existence vagabonde, à son caractère vif et passionné.
Mais, sur ce point même, il nous paraît juste d'observer
deux choses : c'est d'abord qu'il ne faut pas confondre
cette licence des mœurs dans Archiloque avec le vice
trop fameux qu'Homère semble avoir ignoré, mais qui
dans les siècles suivants s'est développé si rapidement
en Grèce ; ensuite, c'est que nous ne savons pas sous
quelle forme Archiloque avait parlé de ses désordres
personnels, et que, selon toute apparence, cette peinture
n'avait rien de la complaisance raffinée qui transforme
en une poésie lubrique l'expression brutale de sentiments violents.

L'absence de toute allusion aux erreurs de l'amour
grec est particulièrement significative dans le riche
vocabulaire érotique que présente la poésie satirique
d'Archiloque : c'est un trait de mœurs qui vaut la peine
d'être noté, à une époque où déjà d'autres contrées de

---

1. Ælian., *Var. hist.*, X, 13. — Cf. ci-dessus, p. 42, n. 2.

la Grèce ne méritaient plus le même éloge. De très anciennes inscriptions, qui datent peut-être du viie siècle, attestent dans l'île de Théra l'usage de graver sur les murs d'un gymnase le nom des beaux éphèbes qui venaient y prendre leurs ébats[1]. Dans une autre région du monde grec, et cette fois chez des Ioniens, à Chalcis, le temps de la guerre de Lélante, c'est-à-dire précisément l'époque de notre poète, vit se produire une opinion nouvelle au sujet de pratiques jusqu'alors condamnées. Le Thessalien Cléomachos avait, disait-on[2], dans une bataille décisive, assuré la victoire aux Chalcidiens grâce à la présence d'un ami sous les yeux duquel il avait voulu combattre jusqu'à la mort. Selon Aristote, l'auteur de cet exploit amoureux était un Grec de la Chalcidique, et Plutarque ajoute que depuis lors on célébrait à Chalcis, dans des chansons, l'union de l'amour et du courage. M. Hiller von Gärtringen ne serait pas éloigné de croire que des mœurs semblables fussent en usage, à Paros même, dès le temps d'Archiloque : une inscription archaïque lui a paru prouver que la protection d'Aphrodite s'y étendait à des amours de cette nature[3]. Mais nous croyons avoir montré que le texte de cette inscription peut s'interpréter comme une simple formule funéraire, et que la date en est d'ailleurs sensiblement postérieure au milieu du viie siècle[4]. Quoi qu'il en soit, aucun fragment d'Archiloque ne permet de lui attribuer une préoccupation du même ordre, et par là il se distingue des écrivains

---

1. *Inscr. graec. Insul.*, III, 536 et suiv.

2. Plut., *Erot.*, 17.

3. Hiller von Gärtringen, *Die älteste Inschrift von Paros*, dans les *Jahreshefte des öst. arch. Institutes in Wien*, t. V (1902), p. 9 et suiv.

4. *Bulletin de la Société nationale des antiquaires de France*, 1903, p. 235 et suiv.

qui ont le plus imité la hardiesse obscène de son langage, les comiques d'Athènes.

L'autre question, qui n'intéresse pas moins la dignité personnelle du poète, serait de savoir s'il s'était plu à se mettre lui-même en scène dans des situations grossières, ou si ces brutalités ne faisaient pas plutôt partie du répertoire ordinaire de son impitoyable satire. Trois ou quatre fragments ont pu donner lieu sur ce point à une erreur. Dans un vers qui exprime l'emportement sensuel d'une passion virile[1], le pronom μοι, admis par tous les éditeurs, est dû à une restitution gratuite de Cobet, et c'est de cette conjecture que résulte pour nous l'impression la plus déplaisante : appliquée à un ennemi, l'image, sans cesser d'être vive, ne nous inspire pas la même répulsion. La même remarque s'applique au fragment 138[2]. De même, c'est par une simple conjecture d'Elmsley que le fragment 72, d'un naturalisme terrible, fait suite, dans le recueil de Bergk, à un souhait du poète[3]; cette description hardie se rattachait bien plutôt à un thème satirique que nous rencontrerons souvent dans la suite de cette étude, à une attaque contre une prostituée. Enfin la même raison nous semble s'opposer à l'interprétation que M. Reit-

---

1. Archil., fr. 47 :

> 'Αλλ' ἀπερρώγασί μοι
> μύκεω τένοντες.

Au lieu du pronom de la 1re personne, μοι, restitué par Cobet, nous écririons οἱ comme dans le fragment 97 d'Archiloque : ἡ δέ οἱ σάθη ...

2. Archil., fr. 138 :

> ... Ἴνας δὲ μεδέων ἀπέθρισεν.

Rien ne prouve qu'Archiloque parle ici de lui-même.

3. Archil., fr. 72 :

> Καὶ πεσεῖν δρήστην ἐπ' ἀσκὸν κἀπὶ γαστρὶ γαστέρα
> προςβαλεῖν μηροὺς τε μηροῖς.

zenstein a donnée du fragment 39[1]. Et ainsi disparaissent les seuls arguments positifs qui semblaient de nature à aggraver le défaut de délicatesse que trahit trop déjà la conduite privée du poète.

Il convient aussi d'ajouter que les désordres d'Archiloque, exagérés peut-être dans des pièces d'une outrance voulue, n'ont pas eu pour effet de dessécher son cœur. Il a ressenti un amour profond, et il en a souffert avec toute la violence naïve, nous n'osons pas dire la candeur, d'une âme blessée pour la première fois. « Malheureux que je suis, consumé par le désir je n'ai plus de vie ; la volonté des dieux me perce de douleurs atroces jusque dans la moëlle de mes os[2] ! », « Ah ! disait-il encore, l'amour, ô mon ami, me brise et me dompte[3] ! » Ces vers impliquent déjà, dans la passion du poète, des traverses et des menaces de rupture qui devaient faire éclater bientôt toute sa rage : si l'histoire

1. Archil., fr. 39 :

$$\text{Βοῦς ἐστὶν ἡμῖν ἐργάτης ἐν οἰκίη}$$
$$\text{κορωνός, ἔργων ἴδρις οὐδαμῶς...}$$

M. Reitzenstein (*Ind. schol. Rost.*, 1891-1892, p. 14), lit à la fin du vers 2, dans l'un des manuscrits de l'*Etymologicum Magnum*, d'où est tiré ce distique, les lettres ουδαρ au lieu de οὐδαμῶς, et il cherche, pour la fin de l'iambe, un composé du verbe ἀροῦν, en faisant observer que βοῦς et ἀροῦν « *saepius obscoeno sensu usurpantur* ». Mais M. Peppmüller, s'appuyant sur la même lecture, propose οὐδ'ἀργός ποτε (*Berl. philol. Wochenschr.*, 1892, p. 1607), correction adoptée par MM. O. Crusius et Jurenka. — En partant de la leçon οὐδαμῶς, qui semble la plus autorisée (cf. Miller, *Mélanges de littérature grecque*, p. 194), M. U. Bahntje (*Quaestiones archilocheae*, p. 43-44), propose οὐδαμῶς κακός, ou, d'après Kaibel, οὐδ'ἄλλως κακός. On voit que les plus récents critiques interprètent ces deux vers au sens propre : « J'ai dans ma maison un bœuf laborieux, aux cornes recourbées, habile au travail, jamais inactif. »

2. Archil., fr. 84 :

$$\text{Δύστηνος ἔγκειμαι πόθῳ}$$
$$\text{ἄψυχος, χαλεπῇσι θεῶν ὀδύνῃσιν ἕκητι}$$
$$\text{πεπαρμένος δι' ὀστέων·}$$

3. Archil., fr. 85.

d'Archiloque et de Néoboulé a commencé par une idylle, nous n'en savons rien, et nous pouvons en douter ; les fragments qui nous restent appartiennent tous à la période tragique du roman, à la série des injures et des récriminations satiriques.

Quelques-uns de ses amis durent éprouver aussi les brusques revirements de cette âme sensible et emportée : plus d'un trait de satire est à l'adresse d'anciens compagnons. Mais la confiance du poète dans le dévouement de ses amis ne se marque pas moins en maint endroit, et c'est un des caractères saillants de ses élégies, comme de ses iambes et de ses épodes, que ces apostrophes amicales. Tantôt c'est un conseil qu'il fait doucement entendre[1], tantôt une confidence ou une réflexion morale[2] ; ailleurs, c'est une question qu'il pose[3], une exhortation qu'il donne[4], une anecdote qu'il raconte[5]. Ainsi la poésie personnelle d'Archiloque se meut, pour ainsi dire, dans une société très vivante de compagnons et d'amis, et cette circonstance, particulièrement favorable au développement de l'esprit satirique, ne laisse pas que d'attester aussi la sociabilité naturelle du poète.

Il ne paraît avoir eu d'ailleurs que des sentiments d'affection pour le mari de sa sœur, mort dans un naufrage avec plusieurs personnages distingués de Paros. « Notre douleur et nos larmes, ô Périclès, il n'est personne qui ne les partage, personne qui ne renonce à la joie des festins ; la cité entière gémit sur la perte des hommes qu'a engloutis les flots de la mer bouillon-

1. Archil., fr. 8.
2. Archil., fr. 9, 14, 16, 85.
3. Archil., fr. 60.
4. Archil., fr. 62.
5. Archil., fr. 79.

nante! Et notre poitrine se gonfle de sanglots [1] » Il est vrai que Plutarque blâmait l'empressement d'Archiloque à se consoler d'un si grand deuil[2]. « Mes larmes, disait-il, ne seront pas un remède au malheur qui nous frappe ; les plaisirs et les banquets ne l'aggraveront pas [3]. » En s'exprimant ainsi, le poète songeait moins aux réjouissances elles-mêmes qu'à la vanité des gémissements : sa résignation n'avait rien que de viril, et elle s'autorisait d'un mot d'Homère[4], répété depuis par Alcée et par Stésichore : « Rien ne sert de se lamenter, d'abandonner son âme à la douleur[5]; rien n'est si vain que de pleurer les morts [6]. » Ce n'est pas noyer le chagrin dans le vin et le plaisir[7], que de recommander la modération dans le deuil.

1. Archil., fr. 9 :

> Κήδεα μὲν στονόεντα, Περίκλεες, οὐδέ τις ἀστῶν
> μεμφόμενος θαλίης τέρψεται οὐδὲ πόλις ·
> τοίους γὰρ κατὰ κῦμα πολυφλοίσβοιο θαλάσσης
> ἔκλυσεν, οἰδαλέους δ'ἀμφ' ὀδύνης ἔχομεν
> πνεύμονας...

Au vers 2, la leçon μεμφόμενος a été souvent contestée. Il faut la garder, en donnant à ce verbe un des sens qu'indique Hésychius (Hesych., μέμφεται, ἐξουθενεῖ, c'est-à-dire *nihili facit*) Cf. Bahntje (U.), *Quaestiones archilocheae*, p. 75.

2. Plut., *De aud. poet.*, 12.

3. Archil., fr. 13 :

> Οὔτε τι γὰρ κλαίων ἰήσομαι οὔτε κάκιον
> θήσω τερπωλὰς καὶ θαλίας ἐφέπων.

4. Hom., *Iliad.*, 24, v. 524 :

> Οὐ γάρ τις.πρῆξις πέλεται κρυεροῖο γόοιο.

Od., 10, v. 202 :

> Ἀλλ' οὐ γάρ τις πρῆξις ἐγίνετο μυρομένοισιν.

5. Alcae., fr. 35 (Bergk) :

> Οὐ χρὴ κάκοισι θῦμον ἐπιτρέπην.

6. Stesich., fr. 51 (Bergk) :

> Ἀτελέστατα γὰρ καὶ ἀμάχανα τοὺς θανόντας
> κλαίειν.

7. Selon l'expression de Plutarque, *De aud. poet.*, 12.

Aussi bien l'intempérance du poète dans les plaisirs de la table n'est-elle rien moins que prouvée. Le mot de Callimaque,

$$\mu\epsilon\theta\upsilon\pi\lambda\tilde{\eta}\gamma\circ\varsigma\ \varphi\rho\circ\acute{\iota}\mu\iota\circ\nu\ \text{'}A\rho\chi\iota\lambda\acute{o}\chi\circ\upsilon\ ^{1},$$

vise une ivresse toute poétique, un enthousiasme dithyrambique pour les présents divins de Dionysos. Si d'autres fragments contiennent l'éloge des vins de Naxos[2] et d'Ismaros[3], ce sont là propos de soldat, et d'un soldat habitué à la vie dure des camps, à la vie plus dure encore du marin. « Allons ! la coupe à la main, passe dans les bancs du vaisseau rapide, débouche les creuses amphores, et prends le vin sur la lie, bien rouge ; car, par une garde pareille, nous ne pouvons pas jeûner[4]. » Le distique célèbre où Archiloque parle du vin d'Ismaros n'est pas, comme on l'a cru, un cri de triomphe à la pensée des « franches repues » qu'il emporte à la pointe de sa lance[5] ; il faut l'interpréter plutôt, avec Synésios,

1. Callim., fr. 223 (éd. O. Schneider).
2. Archil., fr. 151.
3. Archil., fr. 2.
4. Archil., fr. 4 :

$$\text{'}A\lambda\lambda'\ \ddot{\alpha}\gamma\epsilon,\ \sigma\grave{\upsilon}\nu\ \kappa\acute{\omega}\theta\omega\nu\iota\ \theta\circ\tilde{\eta}\varsigma\ \delta\iota\grave{\alpha}\ \sigma\acute{\epsilon}\lambda\mu\alpha\tau\alpha\ \nu\eta\acute{o}\varsigma$$
$$\varphi\circ\acute{\iota}\tau\alpha\ \kappa\alpha\grave{\iota}\ \kappa\circ\acute{\iota}\lambda\omega\nu\ \pi\acute{\omega}\mu\alpha\tau'\ \ddot{\alpha}\varphi\epsilon\lambda\kappa\epsilon\ \kappa\acute{\alpha}\delta\omega\nu,$$
$$\ddot{\alpha}\gamma\rho\epsilon\iota\ \delta'\ \circ\tilde{\iota}\nu\circ\nu\ \grave{\epsilon}\rho\upsilon\theta\rho\grave{o}\nu\ \grave{\alpha}\pi\grave{o}\ \tau\rho\upsilon\gamma\acute{o}\varsigma\ \cdot\ \circ\grave{\upsilon}\delta\acute{\epsilon}\ \gamma\grave{\alpha}\rho\ \dot{\eta}\mu\epsilon\tilde{\iota}\varsigma$$
$$\nu\acute{\eta}\varphi\epsilon\iota\nu\ \grave{\epsilon}\nu\ \varphi\upsilon\lambda\alpha\kappa\tilde{\eta}\ \tau\tilde{\tilde{\eta}}\delta\epsilon\ \delta\upsilon\nu\eta\sigma\acute{o}\mu\epsilon\theta\alpha.$$

5. Archil., fr. 2 :

$$\text{'}E\nu\ \delta\circ\rho\grave{\iota}\ \mu\grave{\epsilon}\nu\ \mu\circ\iota\ \mu\tilde{\alpha}\zeta\alpha\ \mu\epsilon\mu\alpha\gamma\mu\acute{\epsilon}\nu\eta,\ \grave{\epsilon}\nu\ \delta\circ\rho\grave{\iota}\ \delta'\ \circ\tilde{\iota}\nu\circ\varsigma$$
$$\text{'}I\sigma\mu\alpha\rho\iota\kappa\acute{o}\varsigma,\ \pi\acute{\iota}\nu\omega\ \delta'\grave{\epsilon}\nu\ \delta\circ\rho\grave{\iota}\ \kappa\epsilon\kappa\lambda\iota\mu\acute{\epsilon}\nu\circ\varsigma.$$

L'interprétation traditionnelle de ce distique (« A la pointe de la lance les bonnes galettes bien pétries, etc... »), s'appuie sur un rapprochement curieux avec le scolie d'Hybrias, cité par Athénée, XV, p. 695 *f.* Mais l'interprétation de Synésios, que nous adoptons ci-dessus, se justifie par le sens du second hémistiche du pentamètre, πίνω δ'ἐν δορὶ κεκλιμένος. Cet hémistiche convient seulement à une description de la vie d'Archiloque sous les armes.

comme une vive peinture des conditions d'une existence guerrière[1]. « A ma lance est suspendu mon pain de farine d'orge ; à ma lance, mon vin d'Ismaros, et je bois appuyé sur ma lance ! » De retour à Paros, Archiloque se mêle sans doute à des réunions où l'on boit et où l'on mange[2], il parle des festins et des réjouissances qu'il recherche[3]. Mais à ces réjouissances répugne toute gloutonnerie : « C'est ton ventre qui t'a fait perdre la raison[4] », dit-il à un ancien ami. Et ailleurs il rapproche dans le même souvenir « les iambes et les festins » que le chagrin ou l'amour lui a fait oublier[5].

La simplicité de ses goûts nous semble enfin s'exprimer dans un couplet célèbre, qui révèle un esprit détaché des grandeurs humaines. Cependant, l'interprétation de ce morceau a donné lieu récemment à une intéressante hypothèse, qui en modifierait sensiblement le sens. « Je me soucie peu de Gygès et de ses trésors ; la jalousie n'a pas touché mon cœur ; je n'envie point la toute-puissance des dieux ; je ne souhaite pas un grand empire : loin, bien loin de mes regards est toute cette grandeur[6]. » Cette profession de foi, Aristote nous apprend que le poète la mettait dans la bouche du charpentier Charon, mais que c'était là de sa part un artifice de langage, et qu'elle exprimait bien, en fait, ses propres sentiments[7]. Sur ce point, le témoignage d'Aristote ne donne prise à aucun doute ; mais la question est de savoir quelle est au fond la pensée du poète, et s'il

1. Synes, Epist. CXXX (*Epistolographi graeci*, ed. Hercher, coll. Didot, p. 717).
2. Archil., fr. 78.
3. Archil., fr. 13.
4. Archil., fr. 78.
5. Archil., fr. 22.
6. Archil., fr. 25.
7. Aristot., *Rhet.*, III, 17.

parle sans ambages, ou si une ironie voilée ne trahit
pas des sentiments contraires à ceux qu'il professe.
M. Jurenka[1] estime, à l'appui de cette seconde hypothèse, qu'il y a un brusque changement de ton dans le
dernier vers : après les grands mots qui servent à peindre
la puissance et la richesse des rois, c'est dans un langage tout simple que le charpentier dit en finissant :
« Tout cela est loin de mes yeux », et cette chute
rappelle la conclusion ironique de l'Épode II d'Horace
(*Beatus ille qui procul negotiis...*) : après la longue énumération des joies pures de la campagne, l'usurier Alfius
« fait rentrer aux ides tout son argent, et cherche
pour les calendes prochaines un placement nouveau ».
Ainsi Archiloque ne serait, au fond, nullement philosophe ; il ne se résignerait que malgré lui à vivre loin
des grands de la terre, et sa prétendue sagesse couvri-
rait mal une ambition déçue. Cette explication repose
sur une nuance de style que nous saisissons mal : le
quatrième vers du morceau fait suite aux trois autres
sans que rien trahisse le passage d'un ton à un autre ;
l'adverbe ἀπόπροθεν appartient à la langue d'Homère,
et n'a rien de particulièrement familier ; aucun signe
sensible ne met en relief la prétendue opposition qu'on
découvre, et il faut faire violence au texte pour y reconnaître quelque ressemblance avec la piquante conclusion de l'Épode d'Horace. Enfin, et surtout, Aristote ne
parle pas d'une figure de rhétorique qui consisterait à
dire le contraire de ce qu'on veut faire entendre ; il signale
un procédé qui consiste à faire dire à un autre ce qu'on ne
veut pas exprimer soi-même. Il resterait donc seulement

---

1. Jurenka (H.), *Archilochos von Paros*, p. 6. — Telle est aussi
l'opinion de M. O. Crusius, art. *Archilochos*, dans Pauly-Wissowa,
Real-Encyclopaedie, t. II, p. 501.

à savoir pourquoi, dans la circonstance, Archiloque
avait eu recours à un détour de ce genre. Mais l'insuffisance de la citation ne permet pas de faire à cette
question une réponse certaine. Ce qui est sûr, c'est que
le poète opposait aux prétentions exorbitantes, aux
ambitions démesurées de quelques-uns de ses adversaires, les goûts simples d'un homme de condition
modeste, et qu'il se représentait lui-même sous ce
masque.

Nous avons jusqu'ici, dans la mesure du possible,
dégagé de son œuvre les idées et les sentiments personnels d'Archiloque ; mais nous ne connaîtrons vraiment le caractère de l'homme et l'esprit de sa poésie,
qu'après avoir étudié l'élément essentiel de son inspiration, la satire individuelle.

II

LA SATIRE DES PERSONNES DANS ARCHILOQUE

1. — TÉMOIGNAGES ANCIENS.

A considérer dans leur ensemble, et d'un peu haut,
les témoignages de l'antiquité sur le génie satirique
d'Archiloque, on peut dire qu'une tradition unanime,
depuis Pindare jusqu'aux Pères de l'Église, a représenté le créateur de l'iambe comme un homme toujours
prêt à blâmer, à médire et à mordre. Cette réputation
est si bien établie, que le savant auteur de l'*Iconographie grecque*, Visconti, croyant avoir découvert le
portrait d'Archiloque dans un hermès du Vatican, s'est

appliqué à reconnaître dans les traits de ce personnage deux caractères distinctifs, la médisance et l'impudence[1]. Sans prétendre reviser ce jugement traditionnel, il nous faut pourtant signaler quelques nuances dans ces témoignages, et préparer ainsi les voies à une interprétation peut-être plus exacte des fragments eux-mêmes.

L'injure (λοιδορία) paraît être, dans l'opinion générale des critiques anciens, l'élément fondamental de la poésie iambique. Proclos, dans sa *Chrestomathie*, justifie cette opinion par une identité de sens entre les deux mots : « καὶ γὰρ καὶ τὸ ἰαμβίζειν κατά τινα γλῶσσαν λοιδορεῖν ἔλεγον[2]. » Dion Chrysostome définit ainsi la comédie athénienne et l'iambe du poète de Paros : « τὰ γέλωτος ἕνεκεν (la comédie) ἢ λοιδορίας πεποιημένα (l'iambe)[3]. » Le même terme général sert à désigner le caractère du poète et son œuvre : les parémiographes, citant le proverbe Ἀρχίλοχον πατεῖς, ajoutent que « ce proverbe se dit de ceux qui profèrent des injures (ἐπὶ τῶν λοιδορούντων) à la façon d'Archiloque (τοιοῦτος γὰρ ὁ Ἀρχίλοχος)[4]. » Cependant, cette appellation même laisse place à des appréciations différentes sur la nature de cette satire : il y a des degrés dans l'injure, et des

---

1. Visconti, *Iconographie grecque*, t. I, p. 63, et pl. 2, 6. — Baumeister, *Denkm. d. Klass. Alt.*, t. I, p. 116.

2. Proclos, *Chrestomath.*, 6 (*Scriptores metrici graeci* de Westphal, p. 242).

3. Dion. Chrysost., *Or.*, II, p. 20, édit. L. Dindorf.

4. Diogenian., II, 95 : Ἀρχίλοχον πατεῖς. — Cf. Suidas, s. v. Ἀρχίλοχος. — Il n'est pas douteux que, dans ce proverbe, le verbe πατεῖς ne signifie « tu connais », « tu possèdes à fond » Archiloque, pour l'avoir souvent lu et étudié. Cf. Aristoph., *Av.*, 471 : Αἴσωπον πεπάτηκας, et Plat., *Phaedr.*, p. 273 B : τόν γε Τισίαν αὐτὸν πεπάτηκας. — Eustathe s'y est trompé, *Od.*, 11, 277, p. 1684, 47 : ὅθεν καὶ παροιμία ἐπὶ τῶν οὕτω σκώπτειν εὐφυῶν τὸ Ἀρχίλοχον πεπάτηκας, ὡς εἴ τις εἴπη, σκορπίον, ἢ ὄφιν ἢ κακὴν ἄκανθαν.

différences profondes suivant le sentiment qui l'inspire : le même mot, ou un mot semblable (ὄνειδος, ὀνειδίζειν) peut s'appliquer à la satire qui ne craint pas de flétrir le vice[1], ou à celle qui s'attaque lâchement à des innocents ou à des faibles[2]. Dans quelle mesure la satire d'Archiloque tient-elle de l'un ou de l'autre de ces deux genres ?

Une autre expression revient souvent dans les écrits des anciens : c'est le mot κακηγορία, ou, sous une autre forme, τὸ κακόρρημον. Élien, d'après Suidas[3], note ce caractère de la poésie d'Archiloque, et Pindare déjà se défendait de tomber dans le même défaut[4]. Mais cette médisance est-elle de la calomnie ? Le mot κακηγορίας ou κακηγορίου δίκη, dans le droit attique, désigne un procès en diffamation ; mais le défendeur peut toujours arguer de sa bonne foi, et le même terme s'appliquer à des attaques justifiées comme à des injures gratuites.

Le même doute subsiste, quand le grec emploie le mot βλασφημία, qui évoque en français l'idée très précise du « blasphème ». Si le rhéteur Alcidamas, cité par Aristote[5], dit que les Pariens honorèrent Archiloque en dépit de ses βλασφημίαι, cette restriction peut se rapporter sans doute à des médisances perfides ; mais l'auteur d'un écrit bien connu sur la comédie ancienne, Platonios, ne songe qu'à la violence, à l'emportement de la satire, quand il attribue à Cratinos, imitateur d'Archiloque, des injures lancées contre des

---

1. Julian., *Misopog.*, 337 b : τὴν εἰς τοὺς ἀδικοῦντας λοιδορίαν.

2. Œnom., ap. Euseb., *Praep. evang.*, V, p. 228 b : λοιδορῆσαι μὲν πικρῶς τὰς οὐκ ἐθελούσας ἡμῖν γαμεῖσθαι.

3. Suid., s. v. Ἀρχίλοχος · ποιητὴν γενναῖον τἆλλα, εἴ τις αὐτοῦ τὸ αἰσχρο-πρεπὲς καὶ τὸ κακόρρημον ἀφέλοι.

4. Pindar., *Pyth.*, II, 52, sqq.

5. Aristot., *Rhet.*, II, 23.

coupables, βλασφημία κατὰ τῶν ἁμαρτανόντων[1]. Et Démosthène permet de mesurer la distance qui sépare la βλασφημία du mensonge, lorsqu'il dit de lui-même : δέδοικα μὴ βλάσφημον μὲν εἰπεῖν, ἀληθὲς δέ, ce qui pourrait se traduire ainsi : « Je crains de vous dire une vérité dure à entendre, mais une vérité[2]. »

La grossièreté du langage, αἰσχρολογία ou αἰσχρορρημοσύνη, est un autre caractère de la poésie iambique, que relèvent à l'envi les critiques anciens : Élien s'accorde sur ce point avec Clément d'Alexandrie[3] et avec Eusèbe[4]. C'est aussi le même dévergondage de paroles que vise le mot ἀκολασία, plusieurs fois employé par Plutarque[5]. Mais, tandis que certains auteurs notent cette licence effrénée comme un trait propre au genre cultivé par Archiloque, d'autres l'attribuent au poète lui-même, à son esprit et à ses mœurs « impudiques et impures » (ἀσελγὲς καὶ ἀκάθαρτον)[6].

Les poètes, et en particulier les faiseurs d'épigrammes renchérissent encore sur la sévérité de ces jugements. La piqûre de la guêpe ne suffit pas à peindre le venin que distille la langue d'Archiloque ; il faut y joindre la morsure du chien enragé. Et cette double image, due à Callimaque[7], reparaît, sous des formes diverses, dans les épigrammes composées pour le tombeau du poète ou de ses victimes : l'insolence, la rage, le cynisme,

---

1. Platon., *De comoedia graeca*, 14 (p. 6 de l'édition Kaibel, *Comicorum Graecorum fragmenta*, vol. I, fasc. I). Berlin, 1899.
2. Demosth., IX, 1.
3. Clem. Alex., *Strom.*, I, p. 316.
4. Euseb., *Praepar. evang.*, V, 32, p. 227.
5. Plut., *Cat. min.*, 7 : τὸ ἀκόλαστον ἀφεὶς καὶ παιδαριῶδες.
6. Origen., *c. Cels.*, III, 25.
7. Callim., fr. 37 a (éd. O. Schneider) :

> Εἵλκυσε δὲ δριμύν τε χόλον κυνὸς ὀξύ τε κέντρον
> σφηκός, ἀπ' ἀμφοτέρων δ'ἰὸν ἔχει στομάτων.

voilà le thème habituel de ces variations littéraires[1].
Mais qu'on y prenne garde : ce qui ressort de toutes
ces peintures, c'est avant tout la puissance terrible des
iambes d'Archiloque ; c'est la violence de ses cris[2],
l'emportement de ses invectives[3]. Mais, si l'on songe
que le point de départ de toutes ces épigrammes est la
légende fameuse, aujourd'hui percée à jour[4], des filles
de Lycambe, on peut bien se demander si l'horreur
d'un dénoûment imaginaire n'a pas rejailli sur les in-
tentions prêtées au poète, et si une tradition assez
basse n'a pas noirci encore une poésie capable de pareils
effets. Il nous faut donc tâcher de définir l'esprit de
cette satire, en examinant les sources, littéraires ou
autres, d'où elle dérive, les causes directes qui l'ont
produite, enfin les formes variées qu'elle a revêtues.

2. — LES ANTÉCÉDENTS DE LA SATIRE INDIVIDUELLE DANS LA TRADITION LITTÉRAIRE ET DANS LES MŒURS.

Il semble bien qu'aucun poète avant Archiloque n'ait
pris directement à partie dans ses vers un de ses contemporains, pour le railler, l'injurier, l'outrager même,

1. *Anth. Palat.*, VII, 71 :

> Σῆμα τόδ' Ἀρχιλόχου παραπόντιον, ὅς ποτε πικρὴν
>   Μοῦσαν ἐχιδναίῳ πρῶτος ἔβαψε χόλῳ,
> αἱμάξας Ἑλικῶνα τὸν ἥμερον. Οἶδε Λυκάμβης
>   μυρόμενος τρισσῶν ἄμματα θυγατέρων.
> Ἠρέμα δὴ παράμειψον, ὁδοιπόρε, μήποτε τοῦδε
>   κινήσῃς τύμβῳ σφῆκας ἐφεζομένους.

Cf. *Anth. Palat.*, VII, 69, 70, 351, 352.
2. *Anth. Palat.*, VII, 691, v. 5 : βοῆς κείνοιο μέγα σθένος.
3. *Anth. Palat.*, VII, 70, v. 6 : φεύγων τάρβος ἐπεσβολίης.
4. Cf. ci-dessus, p. 68.

aux yeux de tous. Mais la raillerie et l'injure tiennent une large place dans les dialogues qu'Homère prête à ses héros, et la description de personnages grotesques ou odieux dans l'épopée peut bien avoir servi de modèle aux vives peintures d'Archiloque. Dans un autre genre, l'auteur des *Travaux et des jours* a fait entendre à son frère Persès des conseils de morale, que relèvent souvent les traits de la plus fine satire.

L'*Iliade* offre de nombreux exemples de ces apostrophes injurieuses et de ces répliques virulentes, qui semblent en Grèce comme l'assaisonnement nécessaire des grands coups d'épée et des luttes épiques. Le poème s'ouvre par une querelle que l'intervention d'Athéna empêche de tourner en un duel sanglant ; mais à peine la déesse a-t-elle repris son vol vers l'Olympe que l'impétueux Achille, toujours irrité contre Agamemnon, reprend de plus belle le cours de ses paroles offensantes : « Homme à la lourde ivresse, au regard de chien et au cœur de cerf [1]... », et, un peu plus loin : « Roi mangeur de peuple, avec ceux-ci qui ne comptent pas, il t'est facile de faire le maître. Sans cela, cette injure eût été la dernière [2]... » Venu du plus vaillant des guerriers, l'exemple porte ses fruits : de part et d'autre, à l'envi, les adversaires s'interpellent, se menacent, s'accablent d'injures avant de se frapper ; mais aucun n'égale, dans ces dialogues emportés, la violence haineuse d'Achille. « Chien, répond-il à Hector mourant [3], ne me supplie pas par mes genoux ni par mes parents ! Ah ! que n'ai-je le cœur assez ferme pour dépecer tes chairs et les manger ainsi, après ce

1. Hom., *Iliad.*, 1, 225 (trad. de M. Maurice Croiset).
2. Hom., *Iliad.*, 1, 231-232.
3. Hom., *Iliad.*, 22, 345, sqq.

que tu m'as fait, aussi vrai que rien au monde n'écartera de ta tête les chiens dévorants ! » Jamais la vengeance et la haine ne s'exprimeront, dans Archiloque même, en un langage plus violent et plus effréné.

Ce sont là propos d'ennemis irréconciliables : plus mordante peut-être, plus sarcastique, est la raillerie qui éclate dans des querelles de famille ou de ménage. Pâris, le beau Pâris, n'échappe pas plus aux reproches amers de son frère Hector qu'aux outrages de Diomède. Quand il s'enfuit à la vue de Ménélas, c'est Hector qui invente contre lui ce sobriquet pittoresque et ces épithètes ironiques[1] : « Pâris de malheur (Δύσπαρι), toi le plus beau, le plus efféminé des hommes, vil séducteur!... Tu n'as dans le cœur ni force ni courage?... Tu n'oses pas tenir tête au vaillant Ménélas ? Tu sais bien que, si tu l'affrontais, tu apprendrais vite quel est l'homme de qui tu as pris la femme. A quoi te serviraient ta cithare et les présents d'Aphrodite, ta chevelure et ta beauté, quand tu serais gisant dans la poussière? » Diomède, atteint par la flèche du même Pâris, lui reproche aussi sa lâcheté, ses mœurs efféminées[2] : « Archer méprisable, fier de ta chevelure[3], toi qui guettes impudemment les filles..., je m'inquiète aussi peu de tes coups que si j'eusse été frappé par une femme ou par un faible enfant! » Ces heureuses inventions de mots composés, ces alliances et ces accumulations d'épithètes variées, voilà bien les procédés satiriques qu'Archiloque a su emprunter à Homère, et

---

1. Hom., *Iliad* , 3, 39 sqq.
2. Hom., *Iliad.*, 11, 385 sqq.
3. Nous interprétons ici (contrairement à l'opinion d'Aristarque) le mot κέρα dans le sens de « natte de cheveux, savamment tressée en forme de corne ». Cf. Archil., fr. 57.

qui ont passé ensuite à ses héritiers naturels, les comiques d'Athènes.

Il y a plus de malice peut-être et de persiflage dans les récriminations de Héra contre les intrigues ds son royal époux[1]. Aussi le poète ne désigne-t-il pae ces paroles de la déesse par le même mot que les injures d'Achille à Agamemnon ou les réprimandes d'Hector à Pâris ; les apostrophes de Héra sont mordantes et moqueuses (κερτομίοις ἐπέεσσι), et voilà le terme propre, couramment appliqué dans toute la poésie homérique à ces propos amers, moitié sérieux, moitié plaisants, que se lancent à la face l'un de l'autre des ennemis ou des amis même. Quand Achille, d'un ton protecteur, invite Énée à lui céder la place plutôt que de s'attirer quelque malheur, il ajoute avec ironie cette vérité proverbiale : « Les sots ne voient le mal que quand il est venu, ῥεχθὲν δέτε νήπιος ἔγνω[2]. » Énée se refuse à répondre sur le même ton, quoiqu'il sache, lui aussi, manier la raillerie injurieuse et l'outrage, ἠμὲν κερτομίας ἠδ' αἴσυλα μυθήσασθαι[3] : Hector en fait autant[4]. Dans un autre passage de l'*Iliade*, le mot κερτομεῖν exprime une idée différente, mais assez voisine, à savoir les agaceries, les taquineries, que des enfants imprudents font subir à une ruche d'abeilles au bord d'une route[5].

Dans l'*Odyssée*, les injures que les prétendants adressent à Ulysse s'inspirent du même esprit de rail-

---

1. Hom., *Iliad.*, 1, 539 sqq. — Dans le même passage (1, 552), Héra pose à Zeus une question (Αἰνότατε Κρονίδη, ποῖον τὸν μῦθον ἔειπες ;), dont s'est souvenu Archiloque (fr. 94) :

Πάτερ Λυκάμβα, ποῖον ἐφράσω τόδε;

2. Hom., *Iliad.*, 20, 198.
3. Hom., *Iliad.*, 20, 202.
4. Hom., *Iliad.*, 20, 433.
5. Hom., *Iliad.*, 16, 261.

lerie : elles visent à faire rire l'assistance[1], et c'est à la fois contre ces insultes et contre les coups que Télémaque protège son père[2]. A la cour même d'Alcinoos, le héros entend, de la bouche des jeunes Phéaciens, des propos qui le piquent au vif ; il leur reproche leurs moqueries,

τί με ταῦτα κελεύετε κερτομέοντες [3] ;

auxquelles succèdent bientôt des attaques plus directes encore[4].

Mais des mots, des apostrophes, des provocations ironiques ne sont que des traits épars dans Homère, et l'on a pu dire, non sans raison, que l'auteur de l'*Odyssée*, dans la seconde moitié du poème, avait manqué de force satirique : la figure des prétendants, entre autres, ne se détache pas toujours en un relief assez ferme[5]. Deux peintures cependant, d'un dessin plus achevé et d'une couleur plus haute, semblent déjà tout à fait dignes de la verve d'Archiloque : c'est dans l'*Iliade* le portrait de Thersite, et celui du mendiant Iros dans l'*Odyssée*.

Thersite nous appartient à un double titre : orateur populaire et railleur infatigable, il représente bien dans la société homérique cet esprit de satire et de dénigrement qui animera la poésie iambique ; et,

---

1. Hom., *Od.*, 18, 350.

Κερτομέων Ὀδυσῆα, γέλων δ'ἑτάροισιν ἔτευχε.

2. Hom., *Od.*, 20, 266 :

Ἐπίσχετε θυμὸν ἐνιπῆς
καὶ χεῖρας.

Cf. *Od.*, 16, 87.

3. Hom., *Od.*, 8, 153.

4. Hom., *Od.*, 8, 158.

5. Croiset (Alfred et Maurice), *Histoire de la littérature grecque*, t. I, 2ᵉ édition, p. 354.

d'autre part, décrit par Homère comme un personnage
odieux et ridicule, il donne lieu lui-même à une peinture satirique de l'effet le plus heureux. Dès qu'il paraît
dans le camp, c'est pour lancer contre les rois l'outrage
et la raillerie : sa parole emportée, sans mesure et sans
frein (ἀμετροεπής [1]), s'attaque à tous avec la même impudence ; il ne ménage pas plus Achille qu'Agamemnon ; que dis-je ? il fait honte à tous les Grecs d'obéir à
de pareils chefs : « Créatures faibles et lâches, leur
crie-t-il, femmes achéennes, qui ne méritez plus le
nom d'Achéens [2] ! » Quand il dépeint l'avidité d'Agamemnon, sa haine éclate en accents ironiques : « Faut-
il encore qu'un Troyen t'apporte d'Ilion ses trésors
pour racheter son fils, que moi seul ou quelque autre
guerrier aurons amené prisonnier en ces lieux [3] ? » Et
avec quelle malice il ajoute : « Ou bien te faut-il encore
une jeune captive, pour te livrer aux plaisirs de
l'amour [4] ? » Mais cet orateur habile, ce bavard insolent, trouve son maître dans Ulysse ; il tremble et
courbe l'échine, dès que le roi d'Ithaque lève sur lui
son sceptre aux clous d'or ; il crie, il pleure, et, tandis qu'une tumeur sanglante marque sur son front le
coup qu'il a reçu, il se retire piteusement, « avec des
regards stupides [5] ». La foule applaudit et rit. C'est que
le poète a pris soin de rendre grotesque cet ennemi des
rois : en vain la lâcheté de Thersite se dissimule sous
des paroles pompeuses ; son aspect ignoble trahit la
dépravation de son âme. « C'était l'homme le plus

1. Hom., *Iliad.*, 2, 212.
2. Hom., *Iliad.*, 2, 235.
3. Hom., *Iliad.*, 2, 229-231.
4. Hom., *Iliad.*, 2, 232.
5. Hom., *Iliad.*, 2, 265-269.

hideux de l'armée ; il était louche et boiteux ; ses épaules rentrantes se rejoignaient sur sa poitrine ; et sur sa tête, terminée en pointe, errait un duvet clairsemé[1] ». Voilà une peinture que n'aurait pas désavouée Archiloque.

La scène qui met aux prises Ulysse avec le mendiant Iros se distingue de même entre tous les épisodes qui remplissent les derniers livres de l'*Odyssée*[2] ; elle n'est proprement ni pathétique ni touchante ; on dirait plutôt que le poète s'est complu dans la description plaisante, ironique et réaliste, d'un type peu commun, d'un mendiant fanfaron, bien digne parasite des prétendants qui dévorent la fortune d'Ulysse. Ce caractère satirique de la scène apparaît dès les premiers mots : « A ce moment survint un mendiant, bien connu de tout le peuple, et réputé par la ville pour son insatiable gloutonnerie ; jamais il ne cessait de manger et de boire ; de force, de vigueur, point ; mais sa taille élevée lui donnait grand air[3]. » A la vue d'Ulysse couvert de haillons, Iros intime à l'intrus l'ordre de déguerpir au plus tôt ; il pourrait, dit-il, le prendre par les pieds et le jeter dehors ; mais il ne veut pas se commettre avec un tel adversaire[4]. Cependant Ulysse lui répond sur le ton de la plus parfaite douceur, et termine par une menace aussi ferme que spirituelle. Alors le mendiant s'emporte : « Grands dieux ! voilà un gueux qui a la langue bien pendue ! Il ressemble à une vieille ratatinée ! Si je le prends, je l'accommoderai mal avec mes deux poings, et je lui ferai

1. Hom., *Iliad.*, 2, 216-219.
2. Hom., *Od.*, 18, 1-106.
3. Hom., *Od.*, 18, 1-4.
4. Hom., *Od*, 18, 10-12.

sauter les dents de la mâchoire comme à un pourceau
qui fait du dégât dans les terres du voisin [1] !» Au bruit
de cette querelle, les prétendants accourent, et se pro-
mettent de bien rire : ils proclament solennellement
que le vainqueur deviendra le mendiant attitré, privi-
légié du palais. Ulysse fait mine d'abord de se croire
vaincu d'avance : « Un vieillard comme moi ne devrait
pas entrer en lice avec un jeune homme. Hélas ! c'est
la faim qui me presse, ἀλλά με γαστὴρ ὀτρύνει [2] ! » Mais
bientôt il rejette ses vêtements et découvre ses
membres vigoureux. Les rôles changent : Iros se
met à trembler, et refuse le combat, tandis que les
prétendants l'accablent de sarcasmes et de menaces.
Enfin la lutte s'engage : du premier coup, Ulysse
envoie son lâche adversaire rouler sur le sol ; les prétendants meurent de rire (γέλῳ ἔκθανον) [3], et Ulysse met
le comble à cette scène grotesque, en exposant son
ennemi à la risée du peuple ; il le tire par les pieds
hors des portiques et de la cour, puis le fait asseoir
en dehors de la porte, et, lui mettant un bâton à la
main, il lui crie : « Demeure là, pour chasser les
chiens et les pourceaux ! Et ne te crois plus le
maître des hôtes et des mendiants, misérable que tu
es [4] ! » Les termes familiers et populaires donnent à ce
morceau, dans le texte grec, une saveur toute iambique, et il n'y manque même pas, pour rappeler le
genre d'Archiloque, les menaces grossières et les détails repoussants [5].

1. Hom., *Od.*, 18, 26-29.
2. Hom., *Od.*, 18, 52-54.
3. Hom., *Od* , 18, 99.
4. Hom., *Od.*, 18, 104-106.
5. Hom., *Od.*, 18, 85-86.

Ces exemples nous ont singulièrement rapprochés des poèmes humoristiques, des παίγνια, que la tradition attribuait à Homère, mais qui, en réalité, ressemblaient plutôt à une parodie qu'à une imitation de l'épopée. Nous ne savons ni la date ni le sujet de la plupart de ces petits poèmes. Mais, puisque nous avons admis, dans un précédent chapitre [1], qu'Archiloque avait connu le *Margitès*, avec ce mélange bizarre de trimètres iambiques et d'hexamètres dactyliques, il n'est que juste de signaler ici l'influence que cette épopée satirique a pu exercer sur la tournure de son esprit et sur le ton de ses iambes. Personne, au temps d'Archiloque, ne pouvait plus s'étonner que la langue des Muses servît à la peinture de mœurs vulgaires et bourgeoises, de personnages mesquins et stupides : il ne manquait au *Margitès*, pour être une véritable satire, que de viser des contemporains. Mais le héros singulier de cette épopée comique n'était pas sans avoir quelques traits de caractère pris directement sur le vif, et les auditeurs qui applaudissaient aux niaiseries imaginaires de ce personnage étaient tout préparés à rire des laideurs réelles qu'Archiloque allait étaler sous leurs yeux.

Aussi bien le spectacle de la vie présente était-il déjà entré dans la littérature avec Hésiode. Les conseils que le poète fait entendre à son frère Persès, dans le poème des *Travaux et des jours*, se rapportent à la conduite à tenir durant cet âge de fer, qui est le nôtre (νῦν γὰρ δὴ γένος ἐστὶ σιδήρεον [2];) et la peinture des mœurs, pendant cette période maudite, lui inspire les traits de satire les plus acérés. Avec une franchise, une

1. Cf. ci-dessus, p. 142 et suiv.
2. Hesiod., *Op.*, 176.

liberté de langage, qui vient d'une âme ferme dans la
vertu et confiante dans la justice des dieux, il trace un
tableau sombre de la vie humaine : le mal est partout ;
plus de parents, plus d'amis, plus d'hôtes[1] ; plus de respect pour les vieillards ni pour les dieux[2] ; plus de serment[3] ; la force prime le droit ; la fourberie, l'envie, le
mensonge règnent en maîtres parmi les hommes. Mais,
dans cette corruption générale, deux maux dominent
tous les autres : c'est l'avidité des juges et la perfidie
des femmes. Les « rois mangeurs de présents[4] »
faussent la justice ; les femmes, aux discours séduc-
teurs et rusés, ruinent la maison où elles entrent.
Pour peindre ce double fléau, Hésiode emploie tour à
tour des images familières, des apologues, des mythes.
Pandore reçoit d'Aphrodite, avec les grâces du visage,
une âme impudente et perfide (κύνεόν τε καὶ ἐπίκλοπον
ἦθος[5]). L'épervier ravisseur emporte sans pitié dans
ses griffes le rossignol innocent[6]. Et que de fines
remarques sur l'imprudence des hommes ! Ici c'est un
jeune laboureur, qui pense, au lieu de répandre comme
il faut la semence dans les sillons, à rejoindre des
compagnons d'âge et de plaisir[7]. Là c'est un autre,
que séduit une femme coquette, au costume provoca-
teur (πυγοστόλος), au langage caressant, et qui en veut

1. Hesiod., *Op.*, 183 sqq. :
> Οὐδὲ ξεῖνος ξεινοδόκῳ καὶ ἑταῖρος ἑταίρῳ
> οὐδὲ κασίγνητος φίλος ἔσσεται, ὡς τὸ πάρος περ.

2. Hesiod., *Op.*, 185-187.
3. Hesiod., *Op.*, 190 :
> Οὐδέ τις εὐόρκου χάρις ἔσσεται οὔτε δικαίου
> οὔτ' ἀγαθοῦ.

4. Hesiod., *Op.*, 38-39.
5. Hesiod., *Op.*, 62.
6. Hesiod., *Op.*, 202-212.
7. Hesiod., *Op.*, 447.

à son grenier [1]. Malheur à celui qui fait entrer dans
sa demeure une femme, pour être la joie de ses
voisins [2] !

Que manque-t-il à ces spirituelles saillies? Une
seule chose, sans parler du mètre, les sépare encore de
la poésie iambique : c'est l'apostrophe directe aux personnes, la satire individuelle. Dans cette société qui
l'entoure, et qu'il juge, Hésiode ne nomme personne,
ne désigne personne à la risée du peuple ; il se fait
entendre à demi-mot : seule, sa pauvre bourgade d'Ascra
ne bénéficie pas de cette réserve :

Ἄσκρῃ, χεῖμα κακῇ, θέρει ἀργαλέῃ, οὐδέ ποτ' ἐσθλῇ [3].

Archiloque parlera presque aussi mal de sa pauvre
île de Thasos [4] ; mais il ne se fera pas faute de dénon-
cer ouvertement ses ennemis, et de crier bien haut ses
rancunes et ses haines.

Cette liberté nouvelle, Archiloque la doit d'abord aux
mœurs particulières que le culte récent de Dionysos
avait répandues en Grèce, puis à certains usages populaires, communs à tous les Grecs, mais plus développés peut-être parmi les Ioniens de la côte asiatique
et des îles.

Nous avons déjà dit quelles plaisanteries, violentes
et grossières, autorisait, encourageait même le culte

---

1. Hesiod., *Op.*, 373-374. — L'épithète comique, πυγοστόλος, spirituellement forgée à la façon de l'épithète épique ἑλκεσίπεπλος, est à rapprocher de la description que fait Aristophane des manières et des
gestes d'une courtisane (*Plut.*, 149-152). — Elle rappelle aussi le mouvement de certaines statuettes de terre cuite, trouvées à Myrina.
Cf. Pottier et Reinach, *la Nécropole de Myrina*, t. I, p. 421, t. II
pl. XXXV, 1.

2. Hesiod., *Op.*, 701.

3. Hesiod., *Op.* 640.

4. Archil., fr. 21.

de Dionysos, et en général le culte des divinités champêtres, symboles de la fécondité du sol. Le caractère naturaliste de ces dieux déteignit, pour ainsi dire, sur l'esprit de leurs adeptes, et l'iambe, avec ses vivacités sans mesure, prit naissance, sous sa forme populaire, dans les ébats de ces fêtes désordonnées. Archiloque ne fit que transporter dans la vie commune ces emportements de langage, et l'apostrophe satirique, l'invective devint dans ses mains une arme favorite.

Mais, en dehors des temples et des cérémonies religieuses, la vie grecque comporta de bonne heure des réunions d'amis, de voisins, d'hommes rapprochés les uns des autres par la communauté des affaires ou des plaisirs. La *lesché*, que redoute Hésiode pour le bon cultivateur [1], n'était pas le seul endroit où l'esprit malicieux du Grec se donnât libre carrière, aux dépens du prochain. Si certain jour, le 6ᵉ du mois selon Hésiode, était propice aux propos railleurs (κέρτομα βάζειν), aux plaisanteries mensongères (ψεύδεά θ' αἱμυλίους τε λόγους) [2], on peut croire que, de cette vieille tradition populaire, il était resté quelque chose dans les habitudes privées et publiques des contemporains d'Archiloque. Mais, plus que toute occasion, les banquets se prêtaient à ces entretiens, libres et parfois licencieux, où le vin déliait les langues en échauffant les cerveaux. L'hymne à Hermès fait allusion à ces improvisations poétiques, à ces chants moqueurs, que les jeunes gens faisaient entendre dans les banquets :

ἠΰτε κοῦροι
ἡβηταὶ θαλίῃσι παραιβόλα κερτομέουσιν [3].

1. Hésiod., *Op.*, v. 500-501.
2. Hesiod., *Op.*, 785-789.
3. Hymn. hom., *in Merc.*, 55.

Ainsi le même mot qui s'appliquait dans Homère aux sarcasmes de Héra et aux railleries des prétendants sert ici à désigner les essais, encore improvisés, d'une poésie mordante, première esquisse de la littérature iambique.

Mais, dans les pays ioniens plus tôt que dans toute autre contrée de la Grèce, ces chants familiers durent sortir de la salle du banquet, pour se répandre au dehors. C'est un trait propre à l'histoire des villes ioniennes, au viiie et au viie siècle avant notre ère, que l'importance nouvelle qu'y prend la place publique, l'*agora*, dans la vie sociale[1] : à mesure que se développent les entreprises commerciales et les fondations de colonies, l'Ionien cesse de s'intéresser aux choses de l'agriculture et de la campagne : ou bien il navigue au loin, ou bien il s'établit sur la place publique, et il y passe sa vie, tour à tour occupé des affaires de la cité et de ses propres intérêts, également attentif aux nouvelles du dehors et aux rumeurs de la malignité publique, toujours prêt à recueillir comme à répandre de méchants bruits. C'est dans ce milieu qu'il faut nous représenter Archiloque, pour bien comprendre la hardiesse et le succès de ses propos satiriques.

1. Curtius (Ernest), *Histoire grecque*, trad. Bouché-Leclercq, t. I, p. 288, 451.

3. — ESPRIT ET CARACTÈRE DE LA SATIRE
DANS LA POÉSIE D'ARCHILOQUE.

Il n'est que juste d'interroger d'abord le poète lui-même sur la source d'où la satire a jailli dans son œuvre. Trois fragments nous permettent de répondre assez bien, ce semble, à cette question.

Lucien, au début du *Pseudologiste*[1], s'autorise de l'exemple fameux d'Archiloque pour riposter par de violentes injures aux attaques d'un adversaire. Et certes, il faut nous défier des éloges qu'il décerne au vieux poète (ἄνδρα κομιδῇ ἐλεύθερον καὶ παρρησίᾳ συνόντα), puisqu'il se les accorde en même temps à lui-même; mais, pour préciser le caractère de son rôle, il emprunte à son modèle une image expressive, qu'il cite visiblement d'après l'original, et dont il donne un commentaire que nous ne pouvons soupçonner d'inexactitude. « Malheureux! disait Archiloque à un homme qui l'avait insulté, tu as pris la cigale par l'aile, τέττιγος ἐδράξω πτεροῦ[2] ». En d'autres termes, « tu as rencontré sur ton chemin un poète naturellement disposé à la satire, toujours en quête de sujets nouveaux, toujours prêt comme la cigale à faire résonner sa voix, même sans nécessité (φύσει λάλῳ ὄντι καὶ ἄνευ τινὸς ἀνάγκης), et tu l'as fait crier plus fort! » Voilà un

---

1. Lucian., *Pseudolog.*, 1.
2. Le texte de Lucien est : τέττιγα τοῦ πτεροῦ συνείληφας. Bergk, (Archil., fr. 143) propose de lire :

τέττιγα δ'εἴληφας πτεροῦ.

La correction τέττιγος ἐδράξω πτεροῦ est due à M. H. Diels, *Hermes*, t. XXIII (1888), p, 279.

aveu que nous devons recueillir : d'instinct, Archiloque aime à dire son mot sur toute chose ; doué d'un organe infatigable, il lance aux échos d'alentour les cris perçants de ses iambes ; toutes les occasions lui sont bonnes pour exercer sa verve ; mais, si quelqu'un le trouble dans l'insouciante liberté de son impertinent bavardage, si quelque importun essaie de le toucher et de l'arrêter dans son essor, alors il crie de plus belle, et se fait un jeu de réduire son ennemi au silence, au risque de le blesser par des outrages (μηδὲν ὀκνοῦντα ὀνειδίζειν, εἰ καὶ ὅτι μάλιστα λυπήσειν ἔμελλεν τοὺς περιπετεῖς ἐσομένους τῇ χολῇ τῶν ἰάμβων).

Ailleurs Archiloque se justifie en un vers qui résume plus vivement encore les dispositions de son esprit. « Je ne sais qu'une chose, dit-il, mais elle est capitale : à ceux qui me frappent je réponds par des coups terribles [1]. » Et c'est avec la même conscience de sa force qu'il s'applique à lui-même le vers proverbial, emprunté peut-être au *Margitès :* « Le renard sait bien des tours ; le hérisson n'en sait qu'un, mais il est bon [2]. » Se hérisser contre l'attaque, et opposer aux coups la pointe acérée de ses aiguillons, voilà son principe, sa loi.

Une limite pourtant s'imposait à ces emportements de haine et de vengeance : c'était la mort ; et, si aucun respect ne retenait d'ailleurs cette muse fougueuse, sa raillerie désarmait devant un cadavre : « Car il n'est pas bien d'insulter à des morts [3]. » Un vers de l'*Odyssée* [4] a bien pu inspirer cette parole généreuse ; mais Archiloque a vraiment fait sienne la pensée d'Homère,

---

1. Archil., fr. 65.
2. Archil., fr. 118.
3. Archil., fr. 64.
4. Hom., *Od.*, 22, 412.

en s'interdisant à lui-même l'injure et le sarcasme
(κερτομεῖν) devant la mort, comme Ulysse interdit aux
servantes fidèles, devant le cadavre des prétendants, les
cris de triomphe et de joie (εὐχετάασθαι).

En revanche, les vivants ont éprouvé sans ménage-
ment tous les traits de son humeur chagrine ou de sa
colère.

Sous sa forme la plus modérée, cette satire trahit
une défiance naturelle à l'égard de tous les hommes.
Archiloque n'est pas moraliste ; mais il a sur l'humanité, ou du moins sur la société humaine, des vues qui
témoignent d'une observation sûre, d'une expérience
dégagée de toute illusion. « Un homme ne compte plus
pour rien quand il est mort; c'est aux vivants que nous
cherchons à plaire [1]. » Pour la même raison, « un auxiliaire n'est un ami qu'autant que dure la bataille [2]. »
Le même intérêt nous fait oublier les bienfaits de l'un,
les services de l'autre; la reconnaissance est un vain
mot. A cet égoïsme répond une égale vanité : « Pour
sept morts tombés sous nos coups, nous sommes mille
à les avoir frappés [3] ! » Ces travers, inhérents à la nature
humaine, ne paraissent pas avoir échauffé beaucoup la
bile du poète : il racontait quelque part, avec plus de
pitié peut-être que d'indignation, l'histoire du Corinthien Æthiops, qui, lors de la fondation de Syracuse,
avait cédé son lot de terre à un ami pour un gâteau

1. Archil., fr. 63 :

> Οὔ τις αἰδοῖος μετ' ἀστῶν κἀναρίθμιος θανών
> γίγνεται · χάριν δὲ μᾶλλον τοῦ ζοοῦ διώκομεν.

Au vers 1, κἀναρίθμιος est une conjecture de Bergk.
2. Archil., fr. 14.
3. Archil., fr. 59 :

> Ἑπτὰ γὰρ νεκρῶν πεσόντων, οὕς ἐμάρψαμεν ποσίν,
> χίλιοι φονῆες ἐσμέν.

de miel[1]. Telle est la misère de l'homme, qu'il s'attire souvent lui-même, en croyant bien faire, les pires malheurs, comme cet habitant de Carpathos, qui, selon le proverbe, pour avoir introduit des lièvres dans son île, vit bientôt ses champs et ses vignobles dévastés[2].

Même quand il s'attaque, non plus à un travers général, mais à un homme, Archiloque a souvent encore le sourire aux lèvres : des peintures satiriques, des traits, des mots, nous sont parvenus, qui ne dépassent pas le ton d'un aimable persiflage. Son meilleur ami, son compagnon d'aventures à Thasos et en Thrace, Glaucos, dont le nom revient à plusieurs reprises dans les tétramètres de l'inscription de Paros, et qui paraît avoir été le confident de ses inquiétudes[3], de ses réflexions moroses[4], de ses déboires[5], n'est pas à l'abri de ses plaisanteries. « Chante, ô Muse, Glaucos à la chevelure artistement tressée en forme de corne[6] ! » C'est à des prétentions du même genre qu'il s'en prend dans le spirituel couplet que nous avons déjà cité : « Je n'aime pas un chef qui se redresse dans sa haute taille...[7] » Avait-il aussi dépeint sous des couleurs ridicules un poète de Smyrne, Magnès, qu'une tradition représente comme un ami du roi de Lydie Gygès[8] ? L'hypothèse est, à vrai dire, peu solide[9]; mais nous savons qu'Ar-

1. Archil., fr. 145.
2. Archil., fr. 152.
3. Archil., fr. 54.
4 Archil., fr. 70.
5. Archil., fr. 14.
6. Archil., fr. 57 :

Τὸν χεροπλάστην ἄειδε Γλαῦχον.

7. Archil., fr. 58.
8. Suid., s. v. Μάγνης ἀνὴρ Σμυρναῖος. — Nicol. Damasc., fr. 62 (*Fragm. histor. graec.*, t. III, p. 395).
9. Cf. Crusius (O.), art. *Archilochos*, dans Pauly-Wissowa, *Real-encyclopaedie*, t. II, p. 489 et 501.

chiloque avait raillé de même bien des gens : un joueur
de flûte, Myclos, pour ses mœurs corrompues[1], un
devin, Batousiadès, sans doute pour son charlatanisme[2];
ici, un bavard, dont il disait avec esprit : « Contre un
tel homme, il n'y a qu'à se sauver[3] ! »; là, un lâche,
qu'il désignait plaisamment sous le nom d'un timide
chevreuil[4]; ailleurs, des hommes fourbes, pour qui il
inventait des épithètes comiques[5].

Il y a déjà plus d'amertume dans l'apostrophe à son
ancien ami Périclès, qu'il accuse d'indiscrétion, d'indé-
licatesse, pour avoir pris part, sans payer son écot, à
un banquet où il n'était pas convié[6]; et c'est sur un
ton d'impatience et de menace qu'il s'écrie : « Maintenant Léophilos est le maître, Léophilos commande,
tout est soumis à Léophilos; mais que Léophilos écoute
bien ceci[7] ! » La forme recherchée et savante de ce
distique témoigne d'une passion encore maîtresse
d'elle-même. Mais, le plus souvent, le poète cède et
donne libre cours à des mouvements plus impétueux,
à des accès plus aigus de rancune, de vengeance et de
haine. Dans l'étude qu'il nous reste à faire de ces pièces
les plus véhémentes, il nous faut séparer les uns des
autres des fragments qui peut-être se rapportaient aux
mêmes faits : la satire enflammée d'Archiloque a dû
confondre dans les mêmes invectives tous ses ennemis, sans distinction de sexe; mais nous réserverons
pour la fin ses attaques contre les femmes, en parti-

1. Archil., fr. 183.
2. Archil., fr. 104.
3. Archil., fr. 132.
4. Archil., fr. 188.
5. Archil., fr. 134.
6. Archil., fr. 78.
7. Archil., fr. 69.

culier, contre la plus fameuse d'entre elles, Néoboulé.

Souhaiter la mort de son ennemi, n'est point pour Archiloque le comble de la fureur ; on dirait presque que c'est pour lui le premier degré de la colère. Quand il se contente d'invoquer Apollon contre ceux qui lui ont fait du mal, on oublie presque la cruauté de l'intention, tant la forme du souhait semble modérée [1]. Ses vœux ou ses menaces tendent d'ordinaire à des raffinements de souffrances ou de supplices. « Ce que j'espère, c'est que beaucoup d'entre eux seront desséchés par les rayons ardents de Sirios [2] ! » Encore ces imprécations ne visent-elles qu'indirectement ses victimes [3]. Plus souvent il s'adresse à elles-mêmes : « Prends garde de rencontrer ton maître [4] ! » « Puisse le châtiment t'atteindre [5] ! » Il brûle de se mesurer avec elles. « Comme un homme altéré, j'ai soif de lutter avec toi [6] », et ces mots, qui doivent s'entendre d'une lutte sanglante, sans merci, font penser au souhait sanguinaire de Théognis : τῶν εἴη μέλαν αἷμα πιεῖν [7]. Mais nulle part l'acharnement ne s'exprime avec tant de force que dans la pièce récemment déchiffrée sur un papyrus de Strasbourg [8]. A son ennemi, engagé dans un lointain voyage, il ne souhaite

1. Archil., fr. 27.
2. Archil., fr. 61 :

> Ἔλπομαι, πολλοὺς μὲν αὐτῶν Σείριος καταυανεῖ,
> ὀξὺς ἐλλάμπων.

3. Archil., fr. 92 :

> Ἐμεῦ δ' ἐκεῖνος οὐ καταπροΐξεται·

4. Archil., fr. 110.
5. Archil., fr. 109.
6. Archil., fr. 68 :

> Μάχης δὲ τῆς σῆς, ὥςτε διψέων πιεῖν;
> ὡς ἐρέω.

7. Theogn., v. 349 (Bergk).
8. Papyrus de Strasbourg, fr. I, *Sitzungsberichte der preuss. Akademie*, 1899, p. 857 et suiv.

pas seulement la mort; il se le représente naufragé, jeté sur une côte barbare et réduit à manger le pain de l'esclavage. Il contemple avec une joie farouche le spectacle hideux qu'il évoque : « Transi de froid, et sortant du fond de l'eau couvert d'algues marines, puisse-t-il claquer des dents, et, comme un chien, la bouche contre terre, être là sans forces, étendu sur le rivage où se brisent les flots ! Voilà ce que je voudrais voir souffrir à celui qui m'a offensé, qui a foulé aux pieds ses serments, lui autrefois mon compagnon[1] ! » La gravité de ces derniers mots ne laisse pas que d'atténuer l'horreur des malédictions qui précèdent : on y sent la profonde blessure d'une âme ulcérée par la trahison, la protestation d'un cœur meurtri contre un ami infidèle, un parjure ! Archiloque a-t-il eu toujours une telle excuse à ses haines ? Un passage d'Aristote nous autorise du moins à admettre que les plus vives de ses colères éclataient contre d'anciens amis, devenus la cause de ses tourments : « O mon cœur, tes amis eux-mêmes te torturent[2] ! »

1. Papyrus de Strasbourg, fr. I :

κύμ[ατι] πλα[ζόμ]ενος
κἀν Σαλμυδ[ησσ]ῷ γυμνὸν εὐφρονέσ[τατα]
Θρήϊκες ἀκρό[κ]ομοι
λάβοιεν — ἔνθα πόλλ' ἀναπλήσει κακά
5   δούλιον ἄρτον ἔδων —
ῥίγει πεπηγότ' αὐτόν · ἐκ δὲ τοῦ [ῥό]θου
φυκία πόλλ' ἐπ[έ]χοι·
κροτέοι δ' ὀδόντας ὡς [κύ]ων ἐπὶ στόμα
κείμενος ἀκρασίη
10   ἄκρον παρὰ ῥηγμῖνα κυμάτω[ν ὁ]μοῦ.
Ταῦτ' ἐθέλοιμ' ἂν ἰδεῖν
ὅς μ' ἠδίκησε, λ[ὰ]ξ δ' ἐφ' ὁρκίοις ἔβη
τὸ πρὶν ἑταῖρος ἐών.

2. Archil., fr. 67 :

..... Σὺ γὰρ δὴ παρὰ φίλων ἀπάγχεαι.

Bergk écrit ἀπάγχεο, avec plusieurs manuscrits d'Aristote, *Politic.*, p. 1328 *a*, 5. Mais la variante ἀπάγχεαι (adoptée par Hiller-Crusius) donne un sens meilleur.

Qu'il ait eu de semblables griefs contre les femmes,
et notamment contre Néoboulé, c'est ce que l'histoire
nous raconte. Mais ici les fragments doivent être inter-
rogés avec d'autant plus de prudence qu'il nous faut
prendre garde de forger à notre tour un roman sur une
tradition déjà singulièrement teintée de légende.

Rappelons-nous d'abord que Critias ne mentionne
même pas, dans sa notice, l'existence de Néoboulé,
tandis qu'il fait allusion aux désordres, aux débauches
du poète. Dans ces conditions, il ne serait guère conforme aux règles d'une bonne critique, d'attribuer aux
pièces dirigées contre la fille de Lycambe tous les
fragments satiriques d'un caractère licencieux et obscène.
Combien d'autres circonstances, dans cette vie d'aventures, avaient dû se produire où la verve d'Archiloque
avait pu se donner carrière aux dépens de personnages
méprisables! Prenons un exemple. Suidas et Eustathe
nous font connaître plusieurs expressions, vulgaires ou
pittoresques, employées ou inventées par Archiloque
pour désigner une femme de mauvaise vie[1]. Hésychius
ajoute qu'un de ces noms s'appliquait à Néoboulé[2].
Sans rejeter ce témoignage, devons-nous admettre pour
cela que toutes les peintures de courtisanes eussent
Néoboulé pour modèle? Si l'*Etymologicum Magnum*
nous a conservé un mot d'Archiloque, λέγαι γυναῖκες,
synonyme de ἀκόλαστοι[3], devons-nous reconnaître là une
injure adressée aux filles de Lycambe? Ce serait d'autant
plus absurde que, dans un fragment du moins, le mot
grossier de πόρνη se rencontre chez Archiloque avec une
acception qui exclut toute allusion à Néoboulé. Ce

---

1. Archil., fr. 184.
2. Hesych., s. v. ἐργάτις · τὴν Νεοβουλείαν λέγει ὡς παχεῖαν.
3. Archil., fr. 179.

n'est certes pas l'histoire de ses relations avec la fille de Lycambe que racontait le poète, quand il disait : « Souvent un patrimoine amassé à grand'peine, en beaucoup d'années, s'engloutit en un jour dans le ventre d'une prostituée, εἰς πόρνης γυναικὸς ἔντερον [1]. » Je sais bien que, dans un autre distique, il témoignait plus d'indulgence que d'indignation à l'égard d'une accueillante hôtesse, bien surnommée Πασιφίλη [2]. Mais qui pourrait soutenir que le même poète n'avait pas décrit d'autres scènes grossières, sans aucun rapport avec l'histoire tragique de ses propres amours ? S'il raillait quelque part le joueur de flûte débauché Myclos [3], c'est à celui-là peut-être, ou à tel de ses semblables, aussi bien qu'à ses rivaux dans la maison de Lycambe, qu'il a pu prêter mainte action honteuse. Nous avons déjà rejeté une conjecture qui visait à mettre en scène Archiloque lui-même dans une posture obscène : nous ne voyons pas qu'il y ait lieu davantage d'attribuer à Néoboulé les pratiques que décrit un autre fragment du même ton [4]. Telle injure grossière, qui se dissimule mal sous une image plaisante, convient à toute espèce de courtisane [5]. Pourquoi veut-on qu'une scène d'ivresse et d'orgie, d'un caractère terriblement naturaliste et dionysiaque, appartienne nécessairement aux débauches de l'entourage de Néoboulé [6] ? M. O. Crusius admet encore qu'une peinture particulièrement répugnante se rapportait aux actes personnels du poète [7]. Tout cela

1. Archil., fr. 142.
2. Archil., fr. 19.
3. Archil., fr. 183.
4. Archil., fr. 124.
5. Archil., fr. 101.
6. Archil., fr. 97.
7. Archil., fr. 72. — Crusius (O.), art. *Archilochos*, dans Pauly-Wissowa, *Real-Encyclopaedie*, t. II, p. 494.

demeure au moins hypothétique, et la seule chose certaine est qu'Archiloque avait dépeint dans ses iambes, sous les couleurs les plus crues, les désordres les plus éhontés[1].

Mais alors, dira-t-on, est-ce que Néoboulé elle-même disparaît du nombre des victimes de cette satire? Telle n'est pas notre pensée, et, si la légende de sa mort ne résiste pas à un examen attentif, l'épigramme de Dioscoride[2] atteste du moins la réalité des attaques injurieuses qu'elle avait subies. Un point seulement reste à éclaircir qui intéresse grandement le caractère d'Archiloque : jusqu'à quel point est-il vrai de dire que le poète ait déversé l'outrage sur la femme dont il avait célébré d'abord les charmes pudiques, la beauté gracieuse et pure, les premiers troubles amoureux? Car tel est bien le roman qu'on imagine, telle la succession des phases que l'on prête à la passion du poète : d'après M. O. Crusius, les fragments nous révèlent toute l'échelle des sentiments, « depuis la première éclosion timide de l'amour jusqu'à la transformation en jalousie et en une haine farouche[3] ».

Le premier acte de cette idylle, voilà ce que nous ne parvenons pas bien à découvrir dans les fragments. On rapporte à ces relations naissantes d'Archiloque avec la jeune fille la description que voici : « Elle se plaisait à tenir dans sa main une branche de myrte et une belle fleur de rosier ; sa chevelure ombrageait ses épaules et son cou[4]. » Ajoutons, si l'on veut, à ces trois vers « le regard humide et la voix douce », deux traits que Lucien semble avoir empruntés au même

1. Cf. Archil., fr. 32 et 34.
2. *Anth. Palat.*, VII, 351. — Cf. ci-dessus, p. 68.
3. Crusius (O.), *Archilochos*, p. 494.
4. Archil., fr. 29.

tableau[1].Mais que faut-il conclure de là ? Par eux-mêmes, les attributs que le poète donne à son personnage conviennent moins à une jeune fille honnête qu'à une femme parée pour une fête ou un banquet, et qui cherche à plaire, à entraîner tous les cœurs sur ses pas. Et c'est là justement l'effet que décrit un fragment qui semble inséparable du précédent : « Elle avait les cheveux et la poitrine parfumés, au point d'enflammer d'amour même un vieillard[2]. » Rien dans ces morceaux n'implique l'idée d'une première rencontre, ni celle d'un sentiment respectueux à l'égard de cette beauté provocante. Bien plus, la scène ici décrite appartient au passé, à un passé peut-être éloigné, et, si le poète s'émeut encore à la pensée de l'amour qu'il a ressenti, il semble plutôt s'excuser d'une aveugle passion que se complaire dans un souvenir heureux.

On admet encore qu'Archiloque, dans deux au moins de ses poèmes, poursuivait Néoboulé de ses vœux les plus discrets, bornant même ses espérances à lui toucher la main. Mais le premier de ses fragments offre une variante qui mettrait dans la bouche d'une femme, et non dans celle d'un homme, cette prière respectueuse : « Je te supplie en silence[3]. » Même s'il était prouvé que le poète parlât ici de lui-même, son interlocuteur resterait toujours anonyme. Quant au fragment 71, le seul où Néoboulé soit expressément nommée, la grammaire nous semble exiger qu'on l'entende ainsi : « Ah ! puissé-je toucher Néoboulé de ma main (χειρί, et non χεῖρα[4]) ! » Mais ce n'est pas tout : il y a dans ce vers un mot essentiel que cette traduction ne rend pas : εἰ γὰρ ὥς

1. Lucian., *Amor.*, 3.
2. Archil., fr. 30.
3. Archil fr. 44. — Cf. ci-dessus, p. 72, n. 2.
4. Cf. ci-dessus, p. 72.

ἐμοὶ γένοιτο... Cet adverbe ὥς, à la place où il se trouve,
nous devons le traduire comme fait Liebel : « Même
ainsi, même dans cette conjoncture (*vel sic, vel rebus
sic se habentibus*) »; et, dès lors, c'est bien toujours
un cri de passion que fait entendre le poète; mais c'est
le cri d'une passion déjà traversée par des sentiments
contraires, par des griefs peut-être contre celle même
qui en est l'objet.

Aussi bien le même sentiment de torture morale
perce-t-il dans les autres fragments où le poète dépeint
son amour. Nulle part nous n'y voyons la paisible
effusion d'une âme heureuse. « Misérable que je suis !
je me meurs d'amour ; la cruauté des dieux me
pénètre de douleurs atroces jusque dans la moelle de
mes os [1] » La même idée s'exprime dans un autre
vers, où l'épithète λυσιμελής doit conserver, ce semble,
toute sa force étymologique. « L'amour, ô mon ami,
me brise et me dompte [2]. » Y a-t-il là rien qui
ressemble à la description d'un amour heureux et partagé ? Un seul fragment a paru dépeindre l'émotion de
la jeune fille, entraînée elle-même dans une délicieuse
passion. « La grande force de l'amour dont son cœur
était plein répandit sur ses yeux un brouillard épais, et
déroba le sentiment à sa poitrine délicate [3]. » Mais la
leçon ainsi traduite (ἀπαλὰς φρένας) semble devoir être
corrigée, par analogie avec plusieurs expressions homériques connues, en ἀταλὰς φρένας, de sorte que le
sens général de la pensée change tout à fait : « Un
violent désir amoureux (φιλότητος ἔρως, dans le sens de

1. Archil., fr. 84.
2. Archil., fr. 85.
3. Archil., fr. 103. — Voir le texte ci-dessus, p. 150. La traduction
que nous donnons ici est celle de M. A. Croiset, *Histoire de la littérature grecque*, t. II, 2ᵉ édition, p. 189.

la formule homérique παραλέξομαι ἐν φιλότητι) pénétrait
dans mon cœur, jetait un brouillard épais sur mes
yeux, et arrachait de ma poitrine ma saine et vigoureuse
raison (ἀταλὰς φρένας). » Ici encore, dans notre interprétation, le poète avouait sa passion aveugle, mais il en
parlait comme d'un événement passé; d'où l'on peut
conclure que ce poème appartenait, lui aussi, au temps
où, furieux sinon guéri, Archiloque ne pensait plus
qu'à exercer sa vengeance.

Une chose, en effet, ressort avec certitude des
fragments, comme de la tradition : c'est que le poète
avait reçu de Lycambe une promesse accompagnée de
serments, et que cette promesse fut violée [1]; c'est qu'il
avait partagé, comme fiancé, le sel et la table, et qu'il
ne prit pas part au repas de noces [2]. Alors, contre Lycambe, qui avait blessé son amour-propre, il s'acharna
de toute la force de sa malice et de son sarcasme, tour
à tour l'accusant d'une cruauté perfide [3] et l'exposant
aux risées de la foule [4]; contre Néoboulé elle-même, et
contre sa sœur, il s'emporta jusqu'à des outrages
qu'explique seul un amour encore mal éteint, la haine
d'un homme fait, qui s'en veut à lui-même de s'être
laissé prendre aux pièges d'une femme, la joie amère
et ironique d'un esprit déçu et vindicatif. Alors il se
fit un jeu d'aiguiser contre cette famille qui lui avait
fait du mal les traits les plus mordants de son arme
favorite, de cet iambe batailleur (*pugnacis iambi*) [5] qu'il
avait inventé pour l'expression de ses passions véhémentes et de ses impitoyables ressentiments.

1. Archil., fr. 96.
2. Archil., fr. 99.
3. Archil., fr. 88, et toute la fable de l'aigle et du renard.
4. Archil., fr. 96, et toute la fable du singe et du renard.
5. Ovid., *Ibis*, v. 521.

CHAPITRE IV

L'ART DANS LA POÉSIE D'ARCHILOQUE

I

LA FORME ET LE FOND

Nous avons vu, dans un précédent chapitre, les innovations introduites par Archiloque soit dans la langue, soit dans la métrique et la rythmique de la poésie grecque. Il nous reste, dans le même ordre d'idées, à étudier une question qui intéresse au plus haut degré l'art du poète : ce dialecte, ce vocabulaire, ces mètres, qu'Archiloque n'a tout à fait empruntés ni à la tradition épique ni à la langue ou aux usages populaires de son pays et de son temps, mais qu'il a marqués d'une empreinte originale, pouvons-nous reconnaître, ou du moins entrevoir, dans quelle mesure il les a adaptés à ses différents genres de poésie, aux divers sujets qu'il a traités? Nous aimerions à saisir, dans la morphologie dialectale, dans le choix des mots, dans les combinaisons métriques, une convenance particulière de la forme et du fond. L'examen impartial des faits nous dira s'il est possible de pénétrer aussi avant dans l'art de notre poète.

§ 1. — LE DIALECTE

Si le dialecte d'Archiloque affectait une forme exclusivement ionienne (c'est, on s'en souvient, la théorie de MM. Fick et O. Hoffmann), un tel parti pris trahirait, à lui seul, une intention ferme, réfléchie : à la langue bigarrée d'Homère, l'auteur des iambes et des épodes aurait opposé un dialecte populaire, vivant, sans aucun mélange de nuances littéraires. Mais cette théorie ne peut se justifier que par des conjectures sans fondement ou des corrections arbitraires : qu'il nous suffise de rappeler l'hypothèse de M. Fick sur la prétendue origine ionienne des génitifs en -οιο et les efforts de M. O. Hoffmann pour supprimer, partout où elles apparaissent dans la tradition, les formes abrégées des datifs pluriels en -οις, -αις ou -ης, à côté des formes ioniennes en -οισι, -αισι ou -ησι. Ramener de force à l'unité les variétés dialectales d'Archiloque, c'est méconnaître, selon nous, une liberté dont Homère avait donné l'exemple, une ressource qui s'offrait naturellement à un poète tout pénétré d'idées et de souvenirs homériques.

Donc, Archiloque a utilisé, nous n'en doutons pas, en dehors de son propre dialecte, des formes que la poésie antérieure avait rendues familières à tout le monde grec. Reste à savoir s'il a usé indifféremment de cette licence dans toutes les parties de son œuvre, ou bien s'il a dans certains genres, plus largement admis, dans d'autres, plus sévèrement exclu ces emprunts à la tradition épique.

C'est à la statistique de nous répondre. Des trois exemples de génitif en -οιο qu'offrent les manuscrits, deux ne donnent prise à aucun doute, n'admettent aucune correction ('Ενυαλίοιο ἄνακτος[1] et πολυφλοίσϐοιο θαλάσσης[2]), tandis que le troisième a paru contestable : au lieu de ὡς Διωνύσοι' ἄνακτος[3], G. Hermann voulait écrire ὡς Διωνύσου ἄνακτος. Mais ce n'est là qu'une conjecture. Dans l'état actuel du texte les fragments élégiaques présentent, à eux seuls, deux fois plus d'exemples de cette forme que tous les autres fragments réunis ; or ces vers élégiaques atteignent tout juste le nombre de 40, tandis que 200 vers au moins, conservés en tout ou en partie, appartiennent aux autres genres. Cette proportion met en lumière un fait déjà certain : c'est que, sur un point essentiel, les mètres dactyliques d'Archiloque se rapprochaient, plus que les autres, du dialecte épique.

Il ne faudrait pas se hâter pourtant de tirer de là une conclusion générale : un autre phénomène étranger aux usages du dialecte ionien se présente encore, il est vrai, dans une pièce élégiaque ; c'est l'*apocope* de la préposition dans le verbe composé κάλλιπον[4] ; mais le même fait apparaît dans un tétramètre trochaïque, κατθανοῦσι[5]. D'autre part, la forme épique Ποσειδάωνος, au lieu de l'ionien Ποσειδέωνος, ne figure elle-même que par conjecture dans une élégie[6], et l'unique exemple de la particule κε (dans ἔσκε) n'est pas d'une authenticité suffisante[7]. En revanche, un fait contraire à l'ionisme

1. Archil., fr. 1.
2. Archil., fr. 9, v. 3.
3. Archil., fr. 77.
4. Archil., fr. 6, v. 2.
5. Archil., fr. 64.
6. Archil., fr. 10.
7. Archil., fr. 14.

pur, je veux dire la terminaison du datif pluriel en
-οις, -αις ου -ης, se rencontre jusqu'à huit fois dans les
iambes, tétramètres ou épodes, et deux fois seulement
dans l'élégie [1] : ce qui donne à supposer au moins une
égale répartition de ce phénomène dans l'ensemble de
l'œuvre.

Ainsi les indications qui se tirent du dialecte ne
permettent pas d'assurer qu'Archiloque ait donné à
quelques-unes de ses pièces une couleur plus épique,
à d'autres une nuance plus ionienne. Dans les unes
comme dans les autres il a évité, ce semble, quelques
formes tout a fait propres à la vieille langue de
l'épopée, comme les infinitifs en -μεν et -μεναι, les génitifs en -αο et en -αων ; mais, dans toutes aussi, il a
fait usage, au besoin, de certaines variantes dialectales
à qui les aèdes avaient donné droit de cité dans la
langue de la poésie.

2. — LE VOCABULAIRE

L'auteur d'un travail récent que nous avons plusieurs fois cité déjà dans le cours de cette étude,
M. U. Bahntje, a dressé avec soin la liste alphabétique
de tous les mots qu'Archiloque paraît avoir employés
dans son œuvre [2]. Nous n'avons relevé dans cet index
qu'un petit nombre d'erreurs insignifiantes [3], et il nous

---

1. Cf. ci-dessus, p. 121-125.
2. Bahntje (U.), *Quaestiones archilocheae*, p. 93-106.
3. La forme ἐρέω qui sert de futur au verbe λέγω (Archil., fr. 79 et 89)
est confondue avec ἐρέω, forme ionienne de ἐράω (Archil., fr. 25 et 68).
— A la p. 106, sous la lettre X, il faut rétablir χαλεπῇσι devant ὀδύνῃσιν
(Archil., fr. 84).

a suffi de le compléter par la découverte des fragments conservés dans l'inscription de Paros. L'inventaire ainsi dressé nous éclaire, de la façon la plus précise, sur les éléments qui composent le vocabulaire d'Archiloque. Mais il convient d'interroger ces chiffres avec prudence : une interprétation hâtive et superficielle de cette statistique risquerait, on le verra, de fausser radicalement le résultat de l'enquête.

La liste de M. Bahntje contient 841 mots ; nous en avons ajouté 18 d'après le monument de Paros. Soit un total de 859 mots. Dans ce nombre, 680 sont communs à Archiloque et à la poésie antérieure[1] ; 179 apparaissent pour la première fois dans la littérature. Voilà le fait qui, à première vue, ne laisse pas que de surprendre. La proportion des mots nouveaux semble énorme, puisqu'elle dépasse le cinquième du chiffre total. Quelle étrange physionomie prendrait à nos yeux une œuvre qui introduirait tout à coup un nombre pareil de néologismes ! Quelle révolution littéraire a jamais modifié à ce point le vocabulaire de la poésie ? Si Archiloque avait dans de telles proportions rompu avec la tradition épique, comment aurait-il pu compter parmi les écrivains « les plus homériques » à côté d'Hérodote et de Stésichore[2] ?

1. M. U. Bahntje distingue avec raison, des mots qui figurent dans l'*Iliade* et dans l'*Odyssée*, ceux qui apparaissent seulement dans Hésiode et dans les *Hymnes* : de nombreux fragments hésiodiques et la plupart des hymnes homériques appartiennent sûrement à une époque postérieure à Archiloque ; mais le nombre des mots nouveaux qui proviennent de cette double source représente une quantité insignifiante et négligeable (les hymnes en fournissent 6, Hésiode 14). Il est certain aussi que certaines parties de l'*Iliade* et de l'*Odyssée* datent seulement du viie ou même du vi[e] siècle. Mais il ne pouvait entrer dans notre plan de discuter ici ces problèmes.

2. [Longin.], *Sublim.*, XIII, 3 : Μόνος Ἡρόδοτος Ὁμηρικώτατος ἐγένετο ; Στησίχορος ἔτι πρότερον, ὅ τε Ἀρχίλοχος, πάντων δὲ τούτων μάλιστα ὁ Πλάτων.

La raison de cette illusion se découvre sans peine : beaucoup de ces mots nouveaux d'Archiloque ont été recueillis, comme des gloses, par les grammairiens et les lexicographes : cités isolément, pour leur nouveauté même, ils représentent un choix de mots rares ou uniques dans la littérature. Bien plus, les citations mêmes qui nous ont conservé des phrases entières ne doivent parfois leur origine qu'à la présence d'un mot nouveau. Cette condition particulière de la tradition est bien de nature à nous tromper sur le caractère véritable de la langue de notre poète.

Mais considérons de plus près la liste des mots que M. Bahntje a marqués d'un astérisque, et qui n'appartiennent pas, en effet, sous cette forme, au vocabulaire homérique. Du nombre il faut évidemment retrancher les noms propres, les noms géographiques, qui se rapportent à des personnages ou à des pays inconnus d'Homère : le nom de Gygès[1] relève de l'histoire la plus récente qu'ait pu connaître Archiloque ; les Saïens (Σάϊοι)[2] et les Sapéens (Σαπαῖοι ou Σάπαι)[3] font partie de ces tribus thraces que la colonisation de Thasos mit pour la première fois en contact avec les Grecs de Paros ; Salmydessos[4] est une côte lointaine dont la renommée fâcheuse se répandit en Grèce à mesure que se propagea la colonisation ionienne dans le Pont-Euxin. Une dizaine de mots rentrent dans cette catégorie[5].

Plus considérable est le nombre de ceux qui, ne

1. Archil., fr. 25.
2. Archil., fr. 6.
3. Archil., fr. 49, et *Inscr. Graec.*, XII, v, 1, n° 445, 1re colonne, l. 51.
4. Archil., Papyr. de Strasbourg, fr. 1.
5. Tels sont, outre les quatre noms cités dans le texte, Ἀκίριος (fr. 21, variante pour Σίριος), Ἀσίης (fr. 26), Θαργήλια (fr. 113), Πασιφίλη (fr. 19), Πεισιστράτου (inscr. de Paros, 1re colonne, l. 46), Συκοτραγίδης (fr. 194, mot de formation comique).

pouvant pas entrer dans l'hexamètre dactylique, manquent, pour cette raison seule, dans l'épopée. Nous allons les citer par ordre alphabétique, et transcrire à côté de chacun d'eux les mots homériques qui leur sont étroitement apparentés.

Ἀγκάλαις, fr. 23. — Ἀγκάς (adverbe), ἐν ἀγκαλίδεσσι.

Ἀελπτίης, fr. 54. — Ἀελπτέοντες, ἀελπέα.

Ἀθροΐζεται, fr. 60. — Ἀθρόα.

Ἀμφάδην, fr. 66. — Ἀμφαδά, ἀμφαδόν, ἀμφάδιος.

Ἀμφιδέδρομεν, fr 40. — Ἀμφὶς ὁδοῦ δραμέτην (Iliad., 23, 393).

Ἀνταμείβεσθαι, fr. 65. — Ἀμείβεσθαι, et des composés comme ἀντιφέρεσθαι.

Ἀπτερύσσετο, fr. 109 a (Hiller-Crusius). — Πτερόν, πτέρυξ, avec α prosthétique, comme dans ἀλείφω.

Αὑόνην, fr. 125. — Αὗος.

Ἐνάλιον, fr. 74. — Εἰνάλιος.

Ἐργάτης, fr. 39. — Ἔργον, ἐργάζεσθαι.

Ἐργάτις, fr. 184. — Ἔργον, ἐργάζεσθαι.

Καλλίνικε, fr. 119. — Καλλίζωνος, καλλιγύναικα, καλλίτριχας.

Καταπροΐξεται, fr. 92. — Προικός (génitif), προίκτης.

Καταυανεῖ, fr. 61. — Αὗος.

Μεσημβρίη, fr. 74. — Des composés comme μέσσαυλος et πανημερίη (ναῦς).

Ξυνωνίη, fr. 86. — Ξυνός.

Οἰκίη, fr. 39. — Οἶκος.

Ὀξύη, fr. 186. — Ὀξύς.

Ὀρέσκοος[1]. — Ὀρεσκῷος.

Ὀτρυγηφάγου, fr. 97. — Le verbe τρυγᾶν, avec ο prosthétique comme dans l'adjectif homérique ὀτρηρός.

Στρατηγός, fr. 58. — Στρατός.

Συγκεραυνωθείς, fr. 77. — Κεραυνός.

Voilà donc déjà 32 mots (10 + 22) qu'il faut retrancher de la liste des termes introduits par Archiloque dans la poésie : seule, la quantité de leurs syllabes les excluait du mètre épique.

1. Forme signalée dans Archiloque par l'auteur du *Lexicon Messanense de iota ascripto*, publié dans le *Rhein. Mus.*, t. XLVII (1894), p. 409.

Sur les 147 mots qui restent, en voici toute une série, qui manquent, il est vrai, dans l'épopée, bien que leur mesure s'y prêtât, mais qui, régulièrement formés d'éléments homériques, se rattachent au vocabulaire traditionnel de la poésie.

Ἀκρασίη, Papyr. de Strasbourg, I. — Ἀ privatif et κράτος.

Ἀμισθί, fr. 41. — Ἀ privatif et μισθός.

Ἀναστένομεν, fr. 9. — Ἀναστενάχουσιν (Ἀχαιοί).

Ἄνολβος, fr. 60. — Ὄλβος, ὄλβιος, ἀνόλεθρος.

Ἀπώμοτον, fr. 74. — Ἀπώμνυ (Imparfait) (Od., 2, 377).

Ἄρα, fr. 86. — Ἄρα.

Ἀργιλιπής, fr. 160. — Ἀργός et λίπα.

Αὐλητήρ, fr. 123. — Αὐλός.

Ἄφελκε, fr. 4. — Ἕλκω.

Ἄψυχος, fr. 84. — Ψυχή.

Δαίμονες [1], fr. 3. — Variante dialectale de l'adj. homérique δαήμονες.

Δέκτρια, fr. 19. — Δέκτης (Od., 4, 248).

Δεσπόται, fr. 3. — Δέσποινα, δεσπόσυνον (λέχος) (Hymn., Cer., 144).

Δυσπαίπαλος, fr. 115. — Παιπαλόεις.

Ἐλαφρίζων, fr. 87. — Ἐλαφρός.

Ἐλλάμπων, fr. 61. — Λάμπω.

Ἐπίελπτα, fr. 74. — Ἐπιέλπομαι.

Ἐπίρρησιν, fr. 8. — Ῥῆσις et les différentes formes du verbe εἴρω, *dire*.

Εὐήθης, fr. 19. — Ἦθος et des composés comme εὐανθής, εὐγένειος, etc...

Εὐμενῆ, Inscription de Paros (4e col.). — Δυσμενέες, δυσμενέεσσιν, etc.

Ἔωθεν, fr. 83. — Ἠῶθεν.

Θεμιστά, fr. 88. — Θέμις, θεμιστεύω.

Κατέκλυζεν, fr. 9. — Κλύζω.

Κεῖ, fr. 170. — Κεῖνος.

Κέρας, fr. 171. — Le sens de l'expression κέρας ἁπαλόν est nouveau dans Archiloque ; les éléments en sont épiques.

Κεραύλης, fr. 172. — Κέρας et αὐλός.

Κεροπλάστης, fr. 57. — Κέρας, *corne, natte de cheveux* en forme de corne.

1. MM. Fick et O. Hoffmann écrivent δάμονες.

Κηλεῖται, fr. 112 *a* (Hiller-Crusius), — Κηληθμός.

Κορωνός, fr. 39. — Κορώνη, κορωνίς.

Κύϐϐα, fr. 32. — Κύπτω.

Κύρτη, fr. 177. — Κυρτός (adj.)

Κύρτον, Papyr. de Strasbourg, fr. II. — Κυρτός (adj.).

Μεδέων, fr. 138. — Μήδεα (dans le même sens).

Μελεδαίνων, fr. 8. — Μελέδημα, μελεδών, μελεδώνη.

Μισητή, fr. 184. — Μισεῖν (*Iliad.*, 17, 272).

Οἰδαλέους, fr. 9. — Οἶδμα, οἰδέω, οἰδάγω.

Οὐδαμά, Pap. de Strasb., fr. II. — Cf. ἀμφαδά à côté de ἀμφαδόν.

Πακτῶσαι, fr. 187. — Πηκτός.

Παλίγκοτος, fr. 87. — Κότος.

Παλινσκίῳ, fr. 34. — Σκιά, σκιερός.

Παρήγαγεν, fr. 78. — Παρὲκ νόον ἤγαγεν (*Iliad.*, 10, 391).

Ἐπλήμμυρεν, fr. 97. — Πλημμυρίς.

Πολεμεῖ, Papyr. de Strasbourg, fr. II. — Πόλεμος, πολεμίζειν.

Προΐσσομαι, fr. 130. — Προΐκτης.

Προτείνω, fr. 130. — Τείνω.

Ῥήματα, fr. 50. — Ῥῆσις.

Ῥοδῆς, fr. 29. — Ῥοδόεις, ῥοδοδάκτυλος.

Ῥόθου, Papyr. de Strasbourg, fr. I. — Ῥόθιος (adj).

Σέϐων, fr. 120. — Σέϐομαι (au moyen).

Σέλματα, f. 4. — Ἐΰσσελμος.

Σοφόν, fr. 45. — Σοφία.

Στυγνός, fr. 80. — Στυγέω, στυγερός.

Σύμμαχος, fr. 75. — Μάχη, μάχομαι.

Τῖμον, fr. 78. — Τιμή.

Τλημοσύνην, fr. 9. — Τλήμων (adj.).

Τρισοιζύρην, fr. 129. — Οἰζυρός, et l'expression homérique τρὶς μάκαρ.

Τρίχουλος, fr. 196. — Θρίξ et οὖλος.

Τρυγός, fr. 4. — Τρυγάω.

Ὑπεξυρημένον, fr. 58. — Ξυρόν.

Φυκία, Papyrus de Strasbourg, fr. I. — Φῦκος.

Χαρτοῖσι, fr. 66. — Χαίρω.

Χλόην, fr. 108. — Χλωρός, et dans Hésiode χλοερός.

Χολήν, fr. 131. — Χόλος.

Χρήμη, fr. 56. — Cf. βίου κεχρημένος (Hesiod., *Op.*, 634. — Cf. *Odyss.*, 20, 378.

Χρυσοέθειρ, fr. 121. — Χρυσός et ἔθειρα.

Les 147 mots étrangers au vocabulaire homérique se réduisent donc ainsi à 82. De ce nombre 14 doivent être encore éliminés, parce qu'ils proviennent seulement de témoignages douteux ou de restitutions conjecturales[1], et nous arrivons à une somme de 68 mots, que nous allons étudier par ordre alphabétique.

Αἰηνές, fr. 38 : « *lamentable* ». — Mot formé comme αἰάζω, de l'interjection αἶ, αἰαῖ.

Ἀμυδρήν, fr. 128 : « *invisible* ». — Cf. εἴδωλον ἀμαυρόν (*Od.*, 4, 824).

Ἀπέθρισεν, fr. 138 : « *il coupa* ». — Mot formé de θρίξ ou de θερίζω.

Ἀποσκολύπτειν, fr. 124 : « *écorcher* » (avec un sens obscène).

Ἀπεστύπαζον, fr. 127 : « *ils chassaient à coups de bâton* ». — Στύπος, *bâton*, ne reparaît que dans la langue alexandrine. — Cf. lat. *stipes*.

Βάβαξ, fr. 33 : « *un bavard* ».

Βοστρύχοισι, fr. 58 : « *boucles de cheveux* ».

Βρῦτον, fr. 32 : « *boisson mousseuse* ».

Γαῦρον, fr. 58 : « *fier* ». — Vieux mot populaire, à rapprocher de l'expression homérique κύδεϊ γαίων.

Γράσου, Pap. de Strasbourg, fr. II : « *bouc* ».

Διαβεβοστρυχωμένον, fr. 162. — Cf. ci-dessus βοστρύχοισι.

Διαπεπλιγμένον, fr. 58 « *qui marche avec de grands pas* ». — Πλίσσεσθαι est homérique.

Διθύραμβον, fr. 77 : « *dithyrambe* », chant inconnu d'Homère.

Δρήστην, fr. 72 « *actif* », acc. de δρήστης, forme ionienne de δράστης.

Ἐγκυτί, fr. 37 : « *rasé jusqu'à la peau* ». — Κύτος (lat. *cutis*) n'est pas homérique.

Ἤκην, fr. 43, ou mieux ἠκήν : « *pointe* », forme ionienne de ἀκή. — Cf. ἀκωκή, lat. *acu*, *acies*.

Ἤμβλακον, fr. 73 : « *j'ai failli* », dans le même sens que le verbe homérique ἤμβροτον.

Θιγεῖν, fr. 71 : « *toucher* ». — Il est surprenant que l'idée primitive de *toucher* ne se présente pas avant Archiloque sous cette forme simple, populaire.

Ἰάμβων, fr. 22 : « *iambes* », genre inconnu d'Homère.

Ἶπῳ, fr. 169 : « *poids qui presse les draps dans un atelier de foulon* ».

---

1. Ce sont les mots suivants : Ἀηδόνος (fr. 156), ἄζυγα (fr. 157), ἄκομψον (fr. 158), βακχίη (fr. 83), ἔσκε (fr. 14), μεταξύ (fr. 136), μουνόκερα (fr. 181), ἔμυζε (fr. 32), παρδοκόν (fr. 140), σκαφεύς (Papyr de Strasb., fr. II, restitution douteuse), σκελήπερον (fr. 193), σκύτην (fr. 122), τήνελλα (fr. 119), φάσις (fr. 160).

Κάδων, fr. 4 : « *vases à conserver le vin* », lat. *cadus*.

Κήλωνος, fr. 97 : « *étalon* ».

Κηρύλος, fr. 109 *a* (Hiller-Crusius), « *alcyon mâle* ».

Κοκκυμήλων, fr. 173 : « *prunes* ».

Ἐκτενισμένοι, fr. 165 : « *bien peignés* ».

Κύφων, fr. 178 : « *coquin* ».

Κώθων, fr. 4 : « *vase à boire* ». — Voir sur ce vase l'article *Cothon* dans le *Dictionnaire des Antiquités*, de Daremberg et Saglio.

Λέγαι, fr. 179, terme injurieux, interprété par ἀκόλαστοι dans l'*Etym. Magnum*.

Λείως οὐδέν, fr. 112 : « *rien du tout* ». — Hesych., λείως · δεινῶς, σφόδρα, τελείως.

Λεωργά, fr. 88 : « *actions criminelles* ». Etymologie douteuse.

Λιπερνῆτες, fr. 50 : « *misérables* ». — Mot populaire, repris par la comédie.

Λύρην, Inscr. de Paros : « *lyre* ». — On ne trouve dans Homère que κιθάρα et φόρμιγξ.

Μεμαγμένη, fr. 2 : « *pétri* ».

Μελαμπύγου, fr. 110 (épithète d'Héraclès).

Μέλος, fr. 77 : « *chant* », sorte de mélodie que ne connaît pas l'épopée.

Μέσπιλα, fr. 180 : « *nèfles* ».

Μύκεω, fr. 47, mot populaire et obscène. Cf. ἴνας μεδέων (fr. 138).

Μύροισι, fr. 31 : « *huiles parfumées* », usage nouveau.

Μυρσίνης, fr. 29 : « *branche de myrte* ».

Μύρτον, fr. 164 : « *myrte* ».

Μυσάχνη, fr. 184, terme injurieux : « *prostituée* ». — Tous les composés de μύσος, *souillure*, sont étrangers à la langue épique.

Μύσχης, fr. 185, synonyme de μύχης.

Νήφειν, fr. 4 : « *être sobre* », s'abstenir de vin. — Mot populaire.

Πανήγυριν, fr. 120 « *panégyrie* », usage nouveau.

Πέρδικα, fr. 106 : « *perdrix* ».

Πίθηκος, fr. 89 : « *singe* ».

Πόρνη, fr. 142 : « *prostituée* ».

Πύγαργοι, fr. 189, le contraire de μελάμπυγος.

Πυγήν, fr. 91 : « *derrière* ».

Ῥαιβός, fr. 58 : « *aux jambes arquées* ». — Variante ancienne pour ῥοικός.

Ῥοικός, fr. 58, même sens que ῥαιβός.

Ῥόπτρῳ, fr. 90 : « *piège* ».

Ῥώξ, fr. 191 : « *grain de raisin* ».

Σάθη, fr. 97, mot populaire et obscène, syn. de μύχης.

16

Σχυτάλη, fr. 82 : « *scytale* », d'où *dépêche, message*.

Ἐσμυρισμένας, fr. 30. — Cf. ci-dessus μύροισι.

Σωλῆνος, fr. 5 : « *tuyau* ».

Τράμιν, fr. 195 : « *périnée* ».

Τυραννίδος, fr. 23 : « *tyrannie* ».

Φεψάλυξ, fr. 126 : « *étincelle* ».

Φθειροί, fr. 137 : « *pou, vermine* ».

Φλύος, fr. 197 : « *bavardage* ». Cf. φλυαρία, lat. *fluo*.

Φῦμα, fr. 136 : « *excroissance* », mot employé dans un sens obscène.

Φῶρα, Papyr. de Strasbourg, fr. II : « *voleur* », lat. *fur*.

Χαλίκρητον, fr. 78 : « *vin pur* ». Cf. Χάλις dans Hipponax, fr. 73.

Χηράμβη, fr. 198, sorte de coquillage.

Χοιράδα, fr. 128 : « *récif* ». Étymologie douteuse.

Χυτρεύς, Papyr. de Strasbourg, fr. II : « *fabricant de marmites* ». Les mots populaires χύτρα, χύτρος, χυτρίς, etc., sont étrangers à la langue d'Homère.

Dans cette catégorie de mots étrangers à la langue de l'épopée, quelques-uns désignent sans doute des choses qu'on peut tenir pour nouvelles au temps d'Archiloque, tels que βόστρυχος (l'usage des boucles frisées), διθύραμβος, ἴαμβος, λύρη, μέλος, μύρον, πανήγυρις, σκυτάλη, τυραννίς ; mais la plupart proviennent de la langue du peuple, ἀπέθρισεν, ἀποσκολύπτειν, ἀπεστύπαζον, βάβαξ, βρῦτον, γαῦρος, γράσος, ἐγκυτί, ἤκη, θιγεῖν, ἶπος, κάδος, κήλων, κύφων, κώθων, λιπερνῆτες, μεμαγμένη, μάζα, μύκης, νήφειν, πόρνη, πυγή, ῥοικός, ῥόπτρον, ῥώξ, σάθη, σωλήν, τράμις, φθείρ, φλύος, φώρ, χυτρεύς. Tous ces mots expriment des idées ou des choses familières, grossières parfois ; quelques ionismes purs s'y mêlent, comme ἀμυδρός, λείως, χαλίκρητον, et aussi des expressions inventées par le poète, comme αἰηνές, λέγαι γυναῖκες, μυσάχνη, d'autres sans doute ; mais avant tout ce sont des termes vulgaires, et c'est à l'influence de cet élément que la poésie d'Archiloque devait son accent de franchise et de rudesse. Mais on

voit en même temps à quoi se réduisait cet élément
même dans l'ensemble de l'œuvre : il était loin d'y
tenir la place énorme qu'une statistique superficielle
paraissait d'abord lui attribuer.

Il faut ajouter que, comme on pouvait s'y attendre,
ces mots nouveaux dominaient de beaucoup dans les
pièces iambiques d'Archiloque, je veux dire, par opposition aux élégies, non seulement les trimètres iambiques
et les tétramètres trochaïques, mais aussi les épodes.
C'est dans ces iambes que devaient entrer naturellement les éléments nouveaux du vocabulaire ; et, en
fait, sur les 68 mots que contient notre liste, il y en a
12 dont on ne peut dire à quelle sorte de pièce ils
appartenaient, mais les 56 autres se répartissent ainsi :
5 dans les fragments élégiaques, 51 dans les iambes.
Il est vrai que les fragments élégiaques représentent
aujourd'hui à peine $\frac{1}{6}$ de l'ensemble (40 vers environ
sur 258) ; mais ici la proportion n'est pas de $\frac{1}{6}$, elle
atteint $\frac{1}{11}$.

Inversement, et pour la même raison, les fragments
élégiaques offrent, proportionnellement, un nombre
beaucoup plus considérable de mots apparentés à la
langue épique[1]. Si, des 65 mots de cette catégorie, nous
en retranchons 7 dont l'attribution est douteuse, nous
constatons que, sur les 58 qui restent, 14 figuraient
dans les élégies, ce qui donne une proportion très
voisine de $\frac{1}{4}$.

Mais cette indication même, si intéressante qu'elle
puisse paraître, ne doit pas nous faire oublier que les
$\frac{4}{5}$ au moins du vocabulaire total d'Archiloque appartenaient, en fin de compte, à la pure langue de la tra-

1. Cf. ci-dessus, p. 238-239.

dition littéraire. Si, nous dégageant des chiffres et de la statistique, nous lisons à la suite les uns des autres les distiques élégiaques et les iambes, une impression qui ne trompe pas nous avertit que le vocabulaire est sensiblement le même dans les deux groupes. C'est un fait, que les imitations certaines d'Homère dans l'œuvre d'Archiloque, loin de se rencontrer seulement dans les élégies, ont trouvé place aussi dans les iambes, les tétramètres et les épodes. Le fragment 36 est la transcription presque exacte, en mesure iambique, d'un hexamètre d'Homère[1]. Les tétramètres 54, 55, 56, 64, 66, 70, 73, abondent en emprunts du même genre, et le fragment 62 fournit un exemple encore plus topique : ἐτήτυμον γὰρ ξυνὸς ἀνθρώποις Ἄρης, ce qui équivaut à dire : « Il est bien vrai, ce mot d'Homère : Arès est égal pour tous[2] ! » Enfin aucune pièce peut-être n'offre une suite plus frappante de locutions homériques que la violente épode dirigée par le poète contre un ancien ami : Θρήϊκες ἀκρόκομοι ... πόλλ' ἀναπλήσει κακά ... ἄκρον παρὰ ῥηγμῖνα κυμάτων[3]. Ainsi, partout, en quelque mètre qu'il écrivît, Archiloque a puisé à pleines mains dans le trésor accumulé de la tradition ; partout il a donné à sa pensée, même quand il laissait éclater sa colère et

---

1. Archil., fr. 36 :

> Ἀλλ' ἄλλος ἄλλῳ καρδίην ἰαίνεται.

Cf. Hom., *Od.*, 14, 228 :

> Ἄλλος γάρ τ' ἄλλοισιν ἀνὴρ ἐπιτέρπεται ἔργοις.

2. Hom., *Iliad.*, 18, 309 :

> Ξυνὸς Ἐνυάλιος, καί τε κτανέοντα κατέκτα.

3. Cf. ci-dessus, p. 224, le texte de cette épode.

sa haine, le ton harmonieux de la poésie. L'iambe n'a
pas été pour lui, comme pour d'autres dans la suite,
une sorte de prose, *sermo pedestris* ; il en a fait un instrument capable de rendre ses sentiments personnels
sous une forme plus vive, plus rapide, plus expressive,
mais non moins musicale et poétique.

3. — LES MÈTRES

Est-ce à dire que, dans cette œuvre partout teintée
de dialecte et de vocabulaire homérique, l'emploi de
mètres différents ne répondît pas à des nuances de
pensée, d'inspiration ? Le fait serait, *a priori*, invraisemblable : si Archiloque a résolument rompu avec l'usage
de l'hexamètre épique, on doit admettre qu'il a su de
même adopter, renouveler ou créer d'autres rythmes,
selon les besoins nouveaux de sa Muse. Mais cette vérité
évidente se prête mal à une démonstration en règle,
et les fragments isolés que nous possédons ne suffisent
pas toujours à nous éclairer sur les raisons, conscientes
ou non, qui ont déterminé le choix du poète.

On serait tenté, par exemple, de croire que l'élégie,
plus voisine de l'épopée, fut pour Archiloque le premier
pas dans la voie des nouveautés, son premier essai,
timide encore, dans le genre de la poésie personnelle,
et que peu à peu, s'enhardissant, il s'éloigna toujours
davantage de la forme primitive, pour donner libre
cours aux accès toujours croissants de sa fureur iambique. Mais les faits manquent pour appuyer cette

hypothèse, et l'étude seule des fragments nous donne plutôt à penser qu'ils pourraient tous appartenir à un temps où le poète, en pleine possession de son art le plus complexe, savait varier, suivant les dispositions du moment, la forme de ses confidences ou de ses conseils, de ses malices ou de ses injures.

Considérons à ce point de vue les fragments élégiaques, dans l'ordre même que leur a donné Bergk. La fière déclaration du début[1] pourrait servir d'épigraphe à l'œuvre entière du soldat-poète, et aucun exemple ne saurait montrer un plus heureux emploi du distique élégiaque. Mais Archiloque n'avait-il pas exprimé les mêmes sentiments dans des pièces d'un autre rythme? On sait que ses tétramètres trochaïques abondent en souvenirs de sa vie militaire : le nom d'Arès apparaît dans ses iambes[2] et dans ses trochées[3] comme dans ses élégies[4]. Quant à son orgueil de poète, de chantre inspiré des Muses, voyez comme il rappelle, dans deux vers trochaïques, son adresse à entonner le péan et le dithyrambe[5]. Les fragments 2, 4, 6, se rapportent à des épisodes de la guerre de Thrace : sa lance, son inséparable compagne, voilà ce qu'il chante avec enthousiasme; ou bien, montant la garde sur mer, il demande que les coupes circulent sur les bancs du vaisseau rapide; ailleurs, il avoue sans vergogne la perte de son bouclier, et se déclare prêt à en reprendre un autre, qui vaudra bien le premier. Mais, si ces pièces de circonstance datent du temps où le poète guerroyait dans les parages

1. Archil., fr. 1.
2. Archil., fr. 48.
3. Archil., fr. 62.
4. Archil., fr. 1 et 3.
5. Archil., fr. 76, 77.

de Thasos, un autre morceau élégiaque vise une campagne toute différente, une guerre autrement terrible, où ni l'arc ni la fronde n'aura le dernier mot, « où l'épée nue fera sa sanglante besogne [1] ». Cette description se présente comme l'image lointaine d'une guerre qu'Archiloque n'a pas vue, qu'il ne verra jamais peut-être ; il en salue d'avance les hardis combattants, comme si d'autres soucis le retenaient loin du champ de bataille. Le distique suivant (fr. 8), envoyé à un ami, contient un sage conseil, mais aussi une satire à l'adresse d'un lâche : c'est le ton de l'élégie, avec la pointe de malice qui trahit le poète des iambes et des épodes. Dira-t-on que les plaintes ou les réflexions viriles inspirées à Archiloque par le naufrage de son beau-frère aient trouvé leur expression naturelle dans une « plaintive » élégie [2] ? Mais, selon un témoignage autorisé, le même malheur lui avait suggéré des vers iambiques [3] ; et comment ne pas rapporter à la même catastrophe le beau vers, iambique aussi,

ψυχὰς ἔχοντες κυμάτων ἐν ἀγκάλαις [4] ?

Tel autre pentamètre isolé [5] offre une idée ironique, une image et jusqu'à une expression qui rappellent deux autres vers, l'un du recueil des iambes [6], l'autre des tétramètres [7]. Les fragments 14-16 ne portent pas la marque d'une authenticité certaine ; mais le premier

1. Archil., fr. 3.
2. Archil., fr. 9-13.
3. Archil., fr. 22.
4. Archil., fr. 23.
5. Archil., fr. 7.
6. Archil., fr. 27.
7. Archil., fr. 75.

exprime une idée bien voisine de celle qu'Archiloque, sans illusion sur la reconnaissance des hommes, exposait dans un de ses tétramètres [1]; le troisième contient un enseignement qui revient maintes fois dans les morceaux trochaïques [2]. N'exagérons rien, cependant : ce n'est pas un effet du hasard sans doute, si le même Périclès, traité en ami dans différentes pièces élégiaques [3], subit la colère et l'invective d'Archiloque dans un poème trochaïque. La même inspiration peut bien avoir emprunté tantôt l'une, tantôt l'autre de ces formes métriques ; mais il semble, en définitive, que le poète n'ait directement attaqué personne dans ses élégies, et que les tétramètres, tout remplis d'ailleurs de sentiments élégiaques, portent plus fortement l'empreinte du génie satirique.

Une différence analogue se marque-t-elle entre les tétramètres, les iambes et les épodes ? La difficulté, pour répondre à cette question, s'augmente du fait, que plusieurs vers iambiques, aujourd'hui isolés, appartenaient peut-être à des épodes : témoin le fragment 38 [5]. Prenons pourtant les fragments iambiques tels qu'ils figurent dans le recueil de Bergk : est-il vrai, comme le veut une opinion courante [6], qu'ils révèlent, par rapport aux tétramètres, une invective plus vive, plus directe ? Les plaintes sur les malheurs de Thasos ont bien le même caractère dans

---

1. Archil., fr. 63.
2. Archil., fr. 56, 66, 70, 74.
3. Archil., fr. 9, 16.
4. Archil., fr. 78.
5. C'est Schneidewin qui, avec raison, a rattaché cet iambe aux épodes 86, 87, 88.
6. Cf. Crusius (O.), *Archilochos*, dans Pauly-Wissowa, *Real-Encyclopaedie*, t. II, p. 498-499.

les deux livres[1]. L'indifférence que le poète affecte, par la bouche du charpentier Charon, à l'adresse des grandeurs humaines[2], est un thème élégiaque plutôt que satirique : cette sagesse qui se complaît dans la médiocrité ressemble beaucoup à la philosophie du poète qui, dans les tétramètres, convaincu de la fragilité des choses humaines, se réjouit de ce qui lui arrive de bon sans trop s'irriter des maux inévitables[3]. Il est vrai que les iambes suivants, dans le recueil de Bergk, contiennent le récit des scènes de débauche où se mêle la fille de Lycambe[4]. Mais n'oublions pas que les tétramètres eux-mêmes, à côté de tant d'autres sujets, traitaient aussi de celui-là : c'est dans ce mètre que le poète, déjà désabusé, souhaitait encore de toucher Néoboulé[5]. Et la violence avouée des sentiments du poète s'étale dans un tétramètre fameux, plus que dans aucun autre morceau iambique[6]. En revanche, tel iambe exprime une pensée toute homérique de forme, et, de fond, élégiaque[7]. L'obscénité même n'est pas la marque propre de l'iambe : les tétramètres n'en sont pas exempts[8].

Assurément, le tétramètre se prête bien, selon la remarque du scoliaste d'Héphestion, à de chaudes et pressantes exhortations (ἐπὶ τῶν θερμῶν ὑποθέσεων)[9], et ce caractère didactique apparaît encore dans ce qui

1. Cf. les fragments 20 et 21, d'une part, 50-53, de l'autre.
2. Archil., fr. 25.
3. Archil., fr. 66.
4. Archil., fr. 28-35.
5. Archil., fr. 71.
6. Archil., fr. 65.
7. Archil., fr. 36.
8. Archil., fr. 72.
9. Schol. Hephaest., 169. — Avec Bergk (*Griechische Literaturgeschichte*, t. II, p. 188, n. 29) nous entendons ὑπόθεσις dans le sens du mot ὑποθήκη.

nous reste de cette partie de l'œuvre d'Archiloque. Mais, à côté de ces remontrances morales et de ces conseils, les mêmes fragments comprennent soit de longs récits, où le poète évoque le souvenir de ses campagnes, soit de piquants portraits, de véritables satires. Sans doute l'impatience d'Archiloque à la vue des succès de Léophilos peut paraître anodine[1], et la caricature d'un général élégant n'est pas autrement méchante[2]. Mais les épodes même, où le poète empruntait volontiers le voile de l'apologue, n'avaient pas toutes un égal caractère de violence. Et d'ailleurs, rien de plus violent que ce tétramètre :

$$\dots\dots \text{Μάχης δὲ τῆς σῆς, ὥςτε διψέων πιεῖν,}$$
$$\text{ὡς ἐρέω}^3.$$

Le ridicule se peint encore plutôt que le tragique dans des vers qu'Héphestion range aussi parmi les tétramètres[4] ; mais l'épode la plus impitoyable, celle où le poète profère contre un ancien ami les menaces et les imprécations les plus cruelles, n'est pas sans analogie avec le vœu suivant qui s'exprime sous la forme d'un tétramètre trochaïque : « Oui, je l'espère, beaucoup d'entre eux, Sirios les desséchera sur le sol, les brûlant de ses rayons enflammés[5] ! »

Tous les sentiments propres à l'élégie, au tétramètre trochaïque et à l'iambe, Archiloque les a exprimés aussi dans ses épodes ; mais il y a joint un élément lyrique qui achève de donner à cette forme nouvelle

1. Archil., fr. 69.
2. Archil., fr. 58.
3. Archil., fr. 68.
4. Archil., fr. 79-82.
5. Archil., fr. 61.

de son art une complexité et une perfection sans
pareille. Qu'il se contente de réunir dans une sorte
de strophe plusieurs membres de rythme différent, ou qu'il les soude dans un même vers (asynar-
tète), l'une et l'autre de ces combinaisons métriques lui
sert à produire des effets variés, sans que nous puissions toujours bien saisir le rapport de la forme et
du fond. Le même vers, formé d'éléments dactyliques
et trochaïques, qui lui sert à flétrir la beauté fanée de
Néoboulé[1], est aussi celui où il raconte l'aventure
légendaire de Koiranos[2], ou des souvenirs personnels de
sa jeunesse[3]. Un trimètre iambique catalectique semble
peindre les maux de la vieillesse sur un ton qui fait
penser à l'élégie[4]. Mais voici que les mètres compli-
qués de l'épode nous offrent des récits satiriques,
analogues à ceux que l'iambe nous a déjà fait connaître. C'est un passé douloureux que le poète évoque,
quand il se représente « une femme perfide, portant
de l'eau dans une main, du feu dans l'autre[5] », et sa
haine se complaît à montrer sous des traits grotesques
les honteux compagnons de cette débauchée[6]. Mais ses
plaintes s'exhalent parfois sous d'autres formes. Tantôt
il s'emporte directement contre les coupables : « Celui-

1. Archil., fr. 100.
2. Archil., fr. 114.
3. Archil., fr. 115 :

$$\text{Καὶ βήσσας ὀρέων δυσπαιπάλους, οἷος ἦν ἐπ' ἥβης.}$$

4. Archil., fr. 116 :

$$\text{Ὄγμος κακῶν δὲ γήραος καθαιρεῖ.}$$

5. Archil., fr. 93 :

$$\text{Τῇ μὲν ὕδωρ ἐφόρει}$$
$$\text{δολοφρονέουσα χειρί, τῇτέρῃ δὲ πῦρ.}$$

6. Archil., fr. 97.

là me le paiera », s'écrie-t-il [1] ; il apostrophe Lycambe [2], ou prend Zeus à témoin de son injure [3] ; tantôt il confie son chagrin à un ami [4], ou chante pour lui-même, comme pour bercer son mal, les souffrances de son âme blessée [5], la violence de sa passion amoureuse, le nuage qui obscurcit sa vue, l'aveuglement de sa raison [6]. Et, parmi tout cela, des dialogues, des fables, des scènes comiques ou tragiques, des souvenirs d'Homère, de grossières équivoques, de pittoresques tableaux, voilà la matière des épodes ! Voilà les sujets qui, entretenant l'âme du poète dans une exaltation profonde, lui ont suggéré les combinaisons de mètres les plus riches, lui ont vraiment révélé la source des grands mouvements de la poésie lyrique.

II

LA COMPOSITION ET LE STYLE

1. — LA COMPOSITION. — NARRATION, DIALOGUE, FABLE. — DE L'IMITATION D'ARCHILOQUE DANS LA COMPOSITION DES ÉPODES D'HORACE.

Nous ne possédons d'Archiloque aucun poème complet : seule, une heureuse découverte, en nous ren-

1. Archil., fr. 92.
2. Archil., fr. 96.
3. Archil., fr. 99.
4. Archil., fr. 85.
5. Archil., fr. 84.
6. Archil., fr. 103.

dant le recueil de ses œuvres, permettrait d'y apprécier sûrement le mérite de la composition. Il faut nous contenter, en attendant, des indications qui se tirent soit de la critique ancienne, soit des fragments eux-mêmes, soit enfin des imitations dont on suppose qu'Archiloque a été l'objet.

Le mot d'Aristophane de Byzance sur les iambes d'Archiloque, « d'autant meilleurs que plus longs[1] », atteste, avec l'admiration du critique alexandrin, l'étendue variable de ces pièces. Et, de fait, qu'il s'agît d'élégies ou d'iambes, de tétramètres trochaïques ou d'épodes, aucune loi, aucune tradition ne déterminait à l'avance la longueur de ces morceaux : suivant les circonstances et l'inspiration du moment, le poète adressait à un ami de rapides conseils ou de longues confidences, lançait contre un adversaire les traits acérés d'une épigramme, ou l'accablait sous les coups répétés d'une satire écrasante. L'étendue de ces pièces se mesurait donc à l'occasion qui les faisait naître ; mais, toujours destinées à la récitation mélodramatique ou au chant, elles ne dépassaient jamais le temps qu'on peut accorder, dans une réunion d'amis, aux libres effusions d'un poète. Une limite plus précise peut-elle être fixée ? Le poème de Simonide d'Amorgos (118 vers) nous paraît être un *maximum* qu'Archiloque ne dut guère atteindre : cette pièce fameuse a une allure didactique, un développement régulier, dont les fragments de notre poète n'offrent aucun exemple : une satire toute personnelle se serait mal accommodée, ce semble, de la marche lente et de l'ampleur un peu lourde d'une démonstration aussi longue.

----

1. Cicer., *ad Attic.*, XVI, 11, 2.

Les élégies et les tétramètres se prêtaient mieux peut-être à d'abondantes descriptions. Mais, dans ces narrations même, la sobriété déjà toute lyrique d'Archiloque est attestée par un témoignage formel d'un des meilleurs critiques de l'antiquité.

L'auteur du traité du *Sublime*[1] compare le récit de la prise d'Elatée dans Démosthène et la description du naufrage dans Archiloque (ἐπὶ τοῦ ναυαγίου) : les deux écrivains, dit-il, ont en quelque sorte passé au crible tous les faits pour ne garder que les plus saillants (τὰς ἐξοχὰς ἀριστίνδην ἐκκαθήραντες), et ils les ont ainsi réunis dans une composition serrée (ἐπισυνέθηκαν), sans y rien mêler d'inutile ou d'insignifiant (οὐδὲν φλοιῶδες ἢ ἄσεμνον), sans aucun de ces développements diffus qui sentent l'école (ἢ σχολικόν). La narration oratoire de Démosthène justifie trop bien le jugement du Pseudo-Longin, pour que nous hésitions à caractériser de même la description d'Archiloque : le choix du détail, le pittoresque des images, le pathétique des situations, voilà ce que le poète avait cherché, plutôt que l'ordre et l'enchaînement rigoureux des circonstances.

Dans un autre passage du même traité[2], l'auteur oppose le désordre génial d'Archiloque à la correction impeccable d'Eratosthène : Archiloque, animé d'un souffle divin qui ne se plie à aucune règle, entraîne dans le flot de sa poésie beaucoup de choses mal or-

---

1. [Longin.], *Sublim.*, X, 7 : Οὐκ ἄλλως ὁ Ἀρχίλοχος ἐπὶ τοῦ ναυαγίου καὶ ἐπὶ τῇ προςαγγελίᾳ ὁ Δημοσθένης · « Ἑσπέρα μὲν γὰρ ἦν », φησίν · ἀλλὰ τὰς ἐξοχὰς ὡς ἂν εἴποι τις ἀριστίνδην ἐκκαθήραντες ἐπισυνέθηκαν, οὐδὲν φλοιῶδες ἢ ἄσεμνον ἢ σχολικὸν ἐγκατατάττοντες διὰ μέσου.

2. [Longin.], *Sublim.*, XXXIII, 5 : Τί δέ; Ἐρατοσθένης ἐν τῇ Ἠριγόνῃ (διὰ πάντων γὰρ ἀμώμητον τὸ ποιημάτιον) Ἀρχιλόχου πολλὰ καὶ ἀνοικονόμητα παρασύροντος κἀκείνης τῆς ἐκβολῆς τοῦ δαιμονίου πνεύματος ἢν ὑπὸ νόμον τάξαι δύσκολον, ἆρα δὴ μείζων ποιητής;

données (πολλὰ καὶ ἀνοικονόμητα παρασύροντος). A peine avions-nous besoin de ce témoignage pour nous convaincre de la fougue de notre poète. Mais nous manquions jusqu'ici d'un exemple qui confirmât cette critique. Le papyrus de Strasbourg est venu combler, en quelque mesure, cette lacune. La malédiction qu'Archiloque prononce contre son ancien ami[1] n'affecte pas la forme d'un développement correct, qui évoque successivement les différentes phases d'un naufrage : après avoir vu son ennemi battu par la tempête, puis jeté à la côte et recueilli par les Thraces aux longs cheveux, il se complaît d'abord dans la peinture d'une vie de souffrances, exposée aux misères de l'esclavage, mais aussitôt il revient en arrière, et c'est une vision plus saisissante, plus brutale, qui l'arrête et le retient : il contemple sa victime raidie par le froid, couverte d'algues marines, et grinçant des dents, comme un chien, sur le rivage de la mer ! Le début du morceau manque ; mais la fin suffit à prouver que le poète ne s'était pas astreint à un ordre logique ; les écarts mêmes de la composition répondaient aux élans de la haine.

A considérer maintenant les fragments qui nous restent, quelques faits se détachent qui nous révèlent le tour ordinaire de ces petits poèmes. Une apostrophe, amicale ou ironique, vive ou insinuante, annonçait le sujet de la pièce, soit qu'une pensée générale en indiquât d'avance l'esprit[2], soit que, sans autre détour, le poète réclamât l'attention de son auditoire. « Entendez bien mes paroles[3] », criait-il, ou bien : « Je vais vous

1. Pap. de Strasbourg, fr. I.
2. Archil., fr. 8, 14, 16.
3. Archil., fr. 50.

dire une histoire plaisante[1] ! » Ailleurs, par une sorte
de parodie, il invitait la Muse à chanter[2], ou s'adressait
à un dieu[3]. Parfois, il s'apostrophait lui-même, à la
façon d'Ulysse[4]. Mais, une fois maître de son public,
il abandonnait volontiers le discours direct, et mettait
en scène, sous une forme plus ou moins dramatique,
les personnages réels ou fictifs de sa comédie. Nous
avons déjà signalé chez lui les heureux effets d'une
narration en apparence impersonnelle : par ce procédé,
le poète donnait à ses inventions peut-être les plus
fantaisistes l'autorité d'une chose vue, et semblait
livrer à la justice de l'histoire les méfaits ou les hontes
de ses ennemis. Mais la narration, pour être vive,
s'entremêlait de dialogue : des interlocuteurs se donnaient la réplique, ici à visage découvert, là sous le
masque de personnages de convention, plus souvent
sous la figure d'animaux. La fable, ou apologue, est
une des formes de composition que l'art d'Archiloque
avait traitées avec le plus de complaisance et de
succès.

La matière de ces fables est toute populaire. Le
renard, l'aigle et le singe y apparaissent comme des
types déjà connus, avec le caractère propre que la tradition ésopique conservera à chacun d'eux. D'autres
animaux encore y figuraient peut-être : le chameau et
l'éléphant, le lion et le cerf[5], le bœuf[6] et le hérisson[7].

---

1. Archil., fr. 79, 89.
2. Archil., fr. 57.
3. Archil., fr. 27, 75.
4. Archil., fr. 66.
5. Archil., fr. 131, avec le commentaire de Bergk.
6. Archil., fr. 39, avec une note de Bergk au fr. 86.
7. Archil., fr. 118.

L'abondance de ces apologues avait frappé les anciens[1]; elle se laisse encore entrevoir dans les fragments. Mais, si l'on se borne aux restes les plus authentiques de cette littérature populaire dans Archiloque, on constate que l'apologue a été pour lui, non pas seulement l'occasion d'un précepte ou d'une observation morale, mais une arme contre ses ennemis. Déjà Hésiode avait fait entendre sous cette forme voilée (αἶνος) la protestation de l'innocence contre la force brutale[2]. Mais, l'idée satirique dans Archiloque est plus directe et plus personnelle. Ce n'est pas un effet du hasard que la présence certaine de deux fables dans la partie la plus satirique de son œuvre, les épodes : là même où le poète attaquait le plus violemment Lycambe et ses complices, il avait recours à l'apologue, non pour dissimuler le moins du monde ou atténuer ses attaques, mais pour donner au contraire plus de force comique et plus de sel à ses malices et à ses invectives. C'est entre ses mains un procédé plaisant, que tous comprennent, et que le poète souligne encore, pour ainsi dire, par « l'envoi » qui ouvre ou qui termine la pièce. La fable que nous connaissons le mieux, le renard et l'aigle, ne débutait pas, comme on l'a cru, par une sorte de προῳδός (le plus petit vers précédant le plus long) : Αἶνός τις ἀνθρώπων ὅδε[3]... Ce n'était que la suite, le développement d'une satire ordinaire, et le héros même que visait l'auteur était nommé peut-être dès les premiers mots[4]. Ainsi entendu, l'apologue, loin de

---

1. Julian., *Or.*, VII, p. 227 *a*.
2. Hesiod., *Op.*, v. 202-212.
3. Archil., fr. 86. — Sur ce prétendu vers proodique, cf. Wölfflin (E.), *Die Epoden des Archilochus*, dans le *Rhein. Mus.*, t. XXXIX (1885).
4. On suppose que le fragment 94 était le début d'une pièce qui se continuait par la fable du renard et l'aigle.

ressembler aux récits impersonnels d'Ésope, a dû porter fortement empreinte la marque d'Archiloque. Après un début simple, naïf, emprunté aux usages populaires, le poète s'étendait avec complaisance sur les détails de l'action, la mise en scène, le dialogue. Quelques mots isolés nous permettent de restituer les principales phases du drame : la perfidie de l'aigle, ses défis et ses menaces, les protestations de sa victime, les circonstances de son châtiment ; mais les fragments les plus longs se rapportent à un dialogue et à un discours : perché au sommet de son arbre, l'aigle nargue son impuissant voisin[1], tandis que le renard implore la protection et la vengeance du ciel[2]. Ailleurs, au lieu de la violence injuste, c'est la vanité sotte qu'Archiloque bafouait sous la figure du singe[3] : deux fables, composées dans le même mètre, et réunies peut-être dans la même pièce[4], mettaient le singe aux prises avec le renard, interprète rusé du poète lui-même. On peut contester l'existence des autres fables[5] ; mais les restes que nous venons de signaler montrent bien l'ampleur aisée et la vivacité éloquente de ces compositions dramatiques, où se résumait, pour ainsi dire, l'art du vieux poète.

L'absence de toute fable dans les *Épodes* d'Horace suf-

---

1. Archil., fr. 87.

2. Archil., fr. 88.

3. Archil., fr. 89 et suiv.

4. Le fragment 89 semble bien annoncer un récit semblable à la fable d'Esope, n° 43 de l'édit. Halm (le singe qui gémit sur le tombeau de ses ancêtres), tandis que les fragments 90 et 91 se rapportent à la fable d'Esope, n° 44 de Halm (le singe devenu roi).

5. M. O. Crusius (*Rhein. Mus.*, t. XLIX [1895], p. 299 suiv.) croit pouvoir attribuer à Archiloque la fable des singes dansant la pyrrhique (*Fab. Æsop.*, ed. Halm, 360). M. U. Bahntje conteste cette restitution (*Quaestiones archilocheae*, p. 39-40).

firait à nous avertir, à défaut d'autre témoignage, que
les iambes de l'écrivain latin ne représentent pas à nos
yeux une imitation complète du modèle. Horace lui-
même nous le dit : il a suivi les mètres et l'esprit d'Archiloque, sans lui emprunter ses sujets[1]. Malgré la
précision de cet aveu, un doute subsiste au sujet de la
composition. Que la forme métrique des épodes latines
reproduise exactement celle des pièces grecques, c'est
un fait qui saute aux yeux ; et, en ce sens, Horace a
pu se vanter « d'avoir le premier montré au Latium
les iambes de Paros », bien que certainement avant
lui la poésie satirique d'Archiloque eût été connue des
Romains. Lucilius[2], Caton d'Utique[3], Catulle[4] avaient
lu, étudié, imité même le maître ionien. Mais, pour la
première fois, la langue latine se pliait, entre les mains
d'Horace, à ces combinaisons variées de l'iambe et du
dactyle dont Archiloque était l'inventeur. Ces rythmes,
Horace les anima de la même inspiration satirique qui
leur avait d'abord donné naissance : il s'en servit pour
l'invective, et aussi pour un genre de satire moins violent, mais imité aussi d'Archiloque, pour l'expression
de ses angoisses patriotiques ou de ses plaintes amoureuses. Et ainsi, sans emprunter à Archiloque des
sujets qui n'auraient eu à Rome aucun intérêt d'actua-
lité, il s'est rencontré avec lui dans l'expression des

---

1. Horat., *Epist.*, I, 19, 23-25 :

> Parios ego primus iambos
> Ostendi Latio, numeros animosque secutus
> Archilochi, non res et agentia verba Lycamben.

2. Lucil., fr. 655 (Lachmann).
3. Plut., *Cat. min.*, 7.
4. Sur l'inspiration d'Archiloque dans les poésies de Catulle, voir la
savante étude de M. G. Lafaye, *Catulle et ses modèles*, Paris, Hachette, 1894, p. 13 et suivantes.

mêmes idées. La question qui reste à élucider serait de savoir s'il n'a pas été plus loin encore dans l'imitation, et si la composition des *Épodes* ne reproduit pas assez bien pour nous celle des poèmes d'Archiloque. Un document nouveau, propre à éclairer cette question, est la découverte partielle de la pièce qui a servi de modèle à l'imprécation d'Horace contre le poète Mévius[1] : ici, sans aucun doute, Archiloque, comme son imitateur, exprime le souhait de voir son ennemi en butte à une tempête et à un naufrage ; les deux pièces n'ont pas seulement le caractère d'une satire cruelle ; elles offrent des idées voisines dans une composition semblable. Est-ce à dire qu'il y ait lieu de nier la réalité du personnage romain visé par Horace, et de voir dans la Xe *Épode* une simple transcription du grec ? Non pas ; Mévius est un ennemi littéraire de Virgile, et Horace, dès l'époque des iambes, connaît et aime l'auteur des Églogues[2]. Voilà donc un trait qu'Horace n'a pas noté dans son imitation d'Archiloque, et cette découverte a quelque gravité : est-ce que les sujets en apparence les plus romains du recueil des *Épodes* ne reproduiraient pas, eux aussi, quelque chose de l'allure, du tour, de la composition des pièces grecques ?

Avant de répondre à cette question, il nous faut considérer de plus près la Xe *Épode* dans ses rapports avec

---

1. Horat., *Epod.*, 10,

2. Sur les circonstances dans lesquelles Horace a composé ses iambes et ses satires, voir Cartault (A.), *Études sur les Satires d'Horace* (*Bibliothèque de la Faculté des Lettres de l'Université de Paris*, fasc. IX, Paris, Alcan, 1899), p. 5-42. — M. Cartault rappelle le trait mordant de Virgile contre Mévius (*Eglog.*, III, 90) et la virulente invective d'Horace (*Epod.*, X), et il ajoute : « Quand deux écrivains ont les mêmes ennemis littéraires, c'est qu'ils sympathisent de doctrine et de goûts. Horace appuie vigoureusement avec son tempérament emporté sur une allusion faite légèrement par Virgile. »

le modèle antique. Si les deux fragments épodiques du papyrus de Strasbourg appartenaient bien l'un et l'autre à la même pièce, une différence profonde de composition se marquerait déjà entre le modèle et la copie : le même personnage qu'Archiloque, à la fin de son poème, souhaite de voir en proie aux plus cruelles souffrances, aurait été d'abord directement apostrophé par lui et accusé de toutes sortes de méfaits. Dans Horace, au contraire, c'est dès le début que s'exprime l'imprécation (*Mala soluta navis exit alite*); l'évocation du naufrage suit aussitôt après, et, si à la fin le poète s'adresse à sa victime elle-même, c'est toujours en se la représentant livrée aux oiseaux carnassiers du rivage. Il y aurait donc chez l'écrivain latin une unité de composition plus forte, un ensemble plus parfait. Mais l'hypothèse qui réunit en une seule pièce les deux morceaux épodiques de Strasbourg ne nous a pas paru solide[1]; et, dans le doute, il convient de ne fonder sur ce fait aucune démonstration. Admettons donc que la pièce d'Archiloque, elle aussi, offrait un développement unique, une malédiction du poète contre un ennemi à l'occasion d'un voyage sur mer. S'ensuit-il que nous devions restituer d'après l'imitation d'Horace le début du poème grec? La composition de la *Xe Épode* affecte une régularité, une symétrie, qui ne laisse rien à désirer : le premier distique expose le sujet de la pièce; puis, l'imprécation commençant aussitôt, l'Auster, l'Eurus et l'Aquilon, tour à tour invoqués, chacun en une période égale, doivent frapper, l'un, les flancs du navire, l'autre, les cordages et les

1. Am. Hauvette, *les Nouveaux fragments d'Archiloque*, dans la *Revue des Études grecques*, t. XIV (1901), p. 83.

rames, le troisième, le mât. Suivent trois autres périodes,
où le poète, pour grandir son sujet, rappelle le souvenir des Grecs poursuivis par la colère de Pallas après la
ruine d'Ilion. Trois périodes encore lui servent à décrire
les péripéties du naufrage, les cris, les gémissements,
les prières des passagers, au moment fatal où le Notus
brise enfin la carène. Les deux distiques qui terminent
la pièce annoncent le sacrifice que fera le poète aux
Tempêtes, si son vœu se réalise[1]. A cette régularité de
construction il suffit d'opposer le désordre que nous
avons signalé plus haut chez Archiloque, dans la peinture de son naufragé, pour reconnaître qu'il n'y a rien
de commun entre les deux manières : le poète grec a un
emportement de passion, qui rejette toute ordonnance
logique, toute marche régulière du développement ;
mais, en revanche, il peint avec une force incomparable
la vision qu'il évoque, et d'un mot, à la fin, il justifie
la violence de sa haine par la trahison d'un ancien
ami ; le poète latin se joue, pour ainsi dire, dans un
sujet aussi grave : contre un ennemi littéraire, qu'il
définit d'un mot grossier (*olentem Maevium*), mais
auquel il ne reproche aucun crime, il se plaît, ce
semble, à parodier les accents pathétiques de la haine
plutôt qu'à soulager son cœur ; et les développements
symétriques des circonstances accessoires du naufrage
l'arrêtent plus longtemps que le spectacle même de sa
vengeance. En un mot, Horace a imité ici, en même
temps que les mètres (*numeros*), le sujet même d'Archiloque (*res*) ; mais son inspiration (*animi*) était si différente, qu'il n'a atteint ni le ton ni le mouvement de

____

1. Nous empruntons cette analyse à l'étude de M. Fr. Leo, intitulée
De Horatio et Archilocho, Göttingen, 1900.

son modèle, et qu'il a compensé, comme il a pu, l'âpreté et la dureté du fond par l'élégance et la symétrie de la forme.

Si, à la lumière de cet exemple, nous considérons les autres *Épodes* d'Horace, nous reconnaîtrons, je crois, qu'aucune d'elles, en dépit des imitations qu'elle présente, ne reproduit exactement pour nous la composition d'Archiloque. La IIe, qui comporte l'éloge de la vie des champs dans la bouche de l'usurier Alfius, a peut-être pour point de départ le mot du charpentier Charon, οὔ μοι τὰ Γύγεω..... [1]; mais le lieu commun qu'y développe Horace est tout inspiré des églogues de Virgile, et sans aucun rapport avec ce que nous savons des goûts et des habitudes littéraires d'Archiloque. La IVe, dirigée contre un tribun militaire, « qui se promène dans tout l'orgueil de sa richesse, et qui étale sur la Voie Sacrée les neuf aunes de sa toge[2] », peut bien rappeler la peinture que faisait Archiloque d'un général vaniteux[3] ; mais toute la pièce respire une indignation qui n'a rien de factice : ici l'*animus* du vieux maître a vraiment passé dans le cœur du poète latin. La magicienne de la Ve et de la *XVIIe Épode* a beau appeler à son aide les poisons de Médée et les philtres du Centaure Nessos ; elle appartient à la société toute romaine des astrologues, mages, chaldéens, *sortilegi*, *harioli*, *conjectores*, qui pullulaient au temps d'Horace ; elle n'avait pas son modèle dans le cercle d'Archiloque, et n'a emprunté aucun trait à la figure de Néobouïé. Quand Horace, dans la *VIe Épode*, provoque un lâche à l'attaquer lui-même plutôt que d'inoffensifs étrangers,

1. Archil., fr. 25.
2. Horat., *Epod.*, 4, v. 7-8.
3. Archil., fr. 58.

il se déclare prêt, comme Archiloque, à rendre dent pour dent, *et me remorsurum petis*. Mais le fait même qu'il nomme en cet endroit le gendre dédaigné de Lycambe et le rude ennemi de Boupalos, prouve que la pièce n'est pas, dans la forme, une copie du grec. Les belles *Épodes VII, IX, XVI*, expriment avec un accent de profonde sincérité les angoisses, les joies, les découragements patriotiques d'Horace, et, dans ce rôle encore, l'ami de Mécène n'oublie pas les vers du vieil Archiloque : l'apostrophe au peuple assemblé sur le forum (*Quo, quo scelesti ruitis*[1] ?), ainsi que la mise en scène dramatique de tout le morceau, est bien dans le goût des iambes et des tétramètres de Paros. A la rigueur, l'appel à Mécène après la victoire d'Actium (*Quando repostum Caecubum.....*[2]) offre quelque ressemblance extérieure avec les distiques d'Archiloque : Ἀλλ᾽ ἄγε σὺν κώθωνι[3].....Le projet même que recommande Horace, quand il invite les Romains à émigrer dans un pays plus heureux[4], s'inspire d'un découragement qu'Archiloque avait connu quand il gémissait sur les maux « trois fois lamentables » de Thasos[5]. Mais, sauf ces lointaines analogies, ces trois pièces latines ont une franchise d'allure, une aisance de composition, une chaleur de sentiment, qui excluent l'idée d'un modèle timidement suivi. Sera-ce la vieille débauchée des *Épodes VIII* et *XII* qui nous rendra le type de ces victimes fameuses d'Archiloque? Il est vrai que l'obscénité du poète grec s'étale ici en toute liberté ; mais c'est à peu près le seul

1. Horat., *Epod.*, 7, v. 1.
2. Horat., *Epod.*, 9, v. 1.
3. Archil., fr. 4.
4. Horat., *Epod.*, 16.
5. Archil., fr. 129.

trait de ressemblance : les petits livres stoïciens (*libelli stoici*) que l'impudique courtisane étale sur ses coussins de soie trahissent bien une mode romaine[1]. Et puis, faudrait-il donc tenir tous ces personnages pour imaginaires ? L'Inachia qui inspire à Horace tant d'amour[2], devrait-elle donc disparaître en même temps que cette vieille qui est jalouse d'elle[3] ? Nous croyons plutôt, en général, à la réalité des aventures amoureuses d'Horace, et, si Archiloque lui a fourni l'exemple de ces attaques contre des femmes, c'est bien lui-même qui a trouvé dans son expérience de jeune homme l'occasion d'écrire des pièces en grande partie originales[4]. Pour la même raison, les plaintes élégiaques que le poète adresse à Pettius[5] débutent par un double souvenir d'Archiloque[6], mais se continuent par des traits empruntés à la vie réelle d'abord, puis aux traditions déjà littéraires de l'élégie alexandrine[7]. L'*Épode XIII* est toute pleine d'une philosophie épicurienne, qui rappelle l'inspiration ordinaire des *Odes*. Phryné (*XIVᵉ Épode*) et Néère (*XVᵉ Épode*) dérangent un peu la sérénité de cette philosophie ; mais elles procurent au poète une excuse spirituelle auprès de Mécène (*XIVᵉ Épode*), une virulente invective à l'adresse d'un rival heureux (*XVᵉ Épode*).

Ainsi, partout, la pensée des vieilles poésies pariennes semble hanter l'esprit d'Horace ; mais c'est un

---

1. Horat., *Epod.*, 8, v. 15-16.
2. Horat., *Epod.*, 11.
3. Horat., *Epod.*, 12, v. 14.
4. M. Cartault, dans l'ouvrage cité ci-dessus, p. 260, insiste sur la réalité des personnages qu'Horace met en scène dans ses iambes et dans ses satires.
5. Horat., *Epod.*, 11.
6. Archil., fr. 22 et 84.
7. Cf. Leo (F.), *De Horatio et Archilocho*, p. 10-16.

exemple dont il s'autorise pour offrir au public romain les hardiesses nouvelles de sa Muse, ce n'est pas un modèle qu'il s'applique à reproduire : une fois à l'abri des attaques sous le couvert de ce grand nom, il redevient lui-même, il se dégage de toute entrave, il écrit une œuvre personnelle, et voilà pourquoi le recueil de ses Épodes ne représente pour nous que fort imparfaitement la composition des pièces même qu'il a eues sous les yeux et qui ont donné le branle à son imagination.

2. L'EXPRESSION ET LE STYLE.

Il y aurait quelque paradoxe à soutenir que les qualités de l'expression et du style, chez Archiloque, éclatent mieux à travers des débris informes qu'ils ne pourraient faire dans la collection intacte de ses poésies. Et pourtant, s'il est vrai que le mérite propre de l'élocution, dans l'œuvre de notre poète, ait consisté dans la brièveté et la force[1], nous pouvons croire que des citations isolées suffisent à bien mettre ce mérite en lumière, et que l'ordre même des mots, le mouvement de la phrase et de la pensée, nous apparaissent ainsi sous la forme qui pouvait le mieux les faire valoir. Quoi qu'il en soit, l'impression que nous laisse, à ce point de vue, l'art d'Archiloque ne dépend pas de quelques faits, péniblement recueillis ; les exemples

---

1. Quintil., *Inst. or.*, X, 1, 59 : *Summa in hoc vis elocutionis; cum validae, tum breves sententiae ; plurimum sanguinis atque nervorum, adeo ut videatur quibusdam, quod quoquam minor est, materiae esse non ingenii vitium.*

ici abondent, ou, pour mieux dire, il n'est presque
pas un seul fragment qui ne présente à cet égard
quelque intérêt, qui ne jette quelque jour sur l'originalité, la hardiesse ou la variété du style que nous
allons chercher maintenant à définir.

Nous avons déjà signalé les divers éléments qui
composent le vocabulaire d'Archiloque ; mais l'usage
qu'il a fait de ce vocabulaire pour l'expression de sa
pensée, voilà le point à considérer d'abord. Les mots
et les locutions homériques se rencontrent, avons-nous
dit, dans toutes les parties de son œuvre, à doses
presque égales, et cet emploi de la langue traditionnelle détermine la couleur générale de son style.
Mais, en fait, les exemples ne sont pas nombreux
d'expressions ou de tournures purement et simplement
empruntées à l'épopée : le fragment 4 offre, en deux
distiques élégiaques, trois épithètes de nature, sans
aucun rapport avec la circonstance, θοῆς νηός, κοίλων
κάδων, οἶνον ἐρυθρόν ; mais, comme pour compenser
cette concession aux habitudes épiques, les mêmes vers
contiennent trois mots populaires, κώθωνι, ἄγρει, νήφειν,
qui ramenaient l'auditeur au sentiment de la vie ac-
tuelle, aux conditions vulgaires d'un repas à la grand'
garde. Ailleurs, dans les conseils de patience adressés
à Périclès[1], le ton s'élève davantage, se rapproche de la
majesté épique, et les belles épithètes sonores, κήδεα
στονόεντα, κῦμα πολυφλοίσβοιο θαλάσσης, ἀνηκέστοισι κακοῖσιν,
résonnent heureusement à l'oreille ; mais ici même,
sans rompre avec les éléments du langage épique,
Archiloque en varie l'usage de la façon la plus personnelle: ce flot de la mer bouillonnante a « englouti »

1. Archil., fr. 9.

ses amis, κατέκλυσεν, expression neuve et simple, énergique et familière ; le chagrin, les sanglots gonflent notre poitrine, οἰδαλέους δ'ἀμφ' ὀδύνης ἔχομεν πνεύμονας, locution complexe, où se mêle l'expression de la douleur morale et de la souffrance physique ; la patience, voilà le remède, φάρμακον, mot qu'Homère emploie seulement au sens propre ; nous avons beau souffrir d'une blessure qui saigne, αἱματόεν δ' ἕλκος ἀναστένομεν (l'épithète, appliquée dans l'*Iliade* à la guerre, prend ici un air de nouveauté, en même temps que la construction des mots ἕλκος ἀναστένομεν offre un exemple hardi de métonymie) ; rejetons loin de nous ces plaintes de femmes, γυναικεῖον πένθος ἀπωσάμενοι, vigoureux appel où l'on croit entendre le poète satirique, si hautain à l'égard des femmes.

Dans ces passages, et dans quelques autres qu'on pourrait citer, Archiloque reproduit toute l'abondance du langage épique, en y ajoutant même parfois des épithètes nouvelles (ἄψυχος)[1], ou en associant l'une à l'autre des images qui figurent isolément dans l'épopée[2]. Mais, le plus souvent, quand il prend à Homère une pensée générale, il abrège, il émonde en quelque sorte, et renferme l'idée sous une forme plus concise : νίκης δ' ἐν θεοῖσι πείρατα, dit-il[3], en s'inspirant d'un vers de l'*Iliade* que Clément d'Alexandrie cite inexactement, mais qui se présente ainsi dans nos manuscrits : νίκης πείρατ' ἔχονται ἐν ἀθανάτοισι θεοῖσιν[4]. Dans le fragment 70, imité de l'*Odyssée*[5], l'épithète θνητοῖς reste

---

1. Archil., fr. 84.
2. Archil., fr. 103.
3. Archil., fr. 55.
4. Hom., *Iliad.*, 7, 102.
5. Hom., *Od.*, 18, 135.

attachée au mot ἀνθρώποισι comme ἐπιχθονίων dans le
vers homérique; mais « le père des dieux et des
hommes » s'appelle simplement Zeus. Ou bien, sans
abréger, il transpose la pensée épique, en lui donnant
un accent plus moderne. Le beau vers qu'Ulysse
adresse aux femmes du palais, pour réprimer leurs
accès de joie devant les cadavres des prétendants,
s'inspire d'une pensée religieuse :

Οὐχ ὁσίη κταμένοισιν ἐπ' ἀνδράσιν εὐχετάασθαι [1].

Quand Archiloque reprend pour son compte la même
idée, il invoque plutôt les sentiments d'une générosité
toute humaine (οὐ γάρ ἐσθλά) [2].

Mais l'indépendance d'Archiloque à l'égard d'Homère
éclate surtout dans l'emploi de locutions nouvelles,
d'alliances de mots, d'adjectifs composés, de méta-
phores ou de comparaisons, qui transfigurent, pour
ainsi dire, les éléments épiques du vocabulaire. Dans
l'*Iliade* [3], les « dons aimables » d'Aphrodite désignent
la beauté de Pâris ; Archiloque proclame son habileté
dans les « dons aimables » des Muses [4]. La bataille
dans Homère, c'est l'œuvre de la guerre [5] ou d'Arès [6] ;
Archiloque contemple d'avance la rude besogne des
épées, ξιφέων ἔργον [7]. Les naufragés qu'il pleure, il
souhaite que la mer les lui rende, pour les ensevelir,
« présent lamentable de Poseidon », ἀνιηρὰ δῶρα [8]. Il

1. Hom., *Od.*, 22, 412.
2. Archil., fr. 64.
3. Hom., *Iliad.*, 3, 64.
4. Archil., fr. 1.
5. Hom., *Iliad.*, 8, 453 : πολεμοιό τε μέρμερα ἔργα.
6. Hom., *Iliad.*, 11, 734 : μέγα ἔργον Ἄρηος.
7. Archil., fr. 3.
8. Archil., fr. 10.

invente pour la circonstance l'image, devenue pour nous banale, du « sein des flots », κυμάτων ἐν ἀγκάλαις[1]. Homère n'emploie le mot ῥάχις que dans le sens propre d'*échine*[2]; Archiloque compare l'île rocheuse de Thasos à un dos d'âne[3], et prépare ainsi la transformation de ce mot dans le sens général de *crête de montagne*. Il crée une métaphore saisissante, en se disant frappé par le vin comme par la foudre, οἴνῳ συγκεραυνωθεὶς φρένας[4]. Il forme, à la manière épique, mais pour plaisanter, des adjectifs composés, χεροπλάστην[5], ou des patronymiques ridicules, Ἐρασμονίδης[6], Κηρυκίδης[7], Σελληΐδης[8]. Il renouvelle, et relève par une expression piquante, une pensée populaire, déjà présente à l'esprit des poètes épiques. Dans le Ier chant de l'*Odyssée*, Télémaque dit à Athéna déguisée sous la forme du roi des Taphiens, Mentès : « Si Ulysse revenait à Ithaque, ah ! alors tous ces misérables aimeraient bien mieux avoir de bonnes jambes que d'être chargés d'or et de riches habits[9] ! » C'est la même locution proverbiale qui inspirait un jour, dit-on, à Aristote cette réponse : comme un bavard, qui l'accablait de récits insipides, répétait toujours : « N'est-ce pas étonnant ? », Aristote répliqua : « Ce qu'il y a d'étonnant, c'est qu'un homme qui a des pieds te supporte[10] ». La même idée, appliquée sans doute à un insupportable bavard (cf. fr. 33 δυσμενὴς βάβαξ), pre-

---

1. Archil., fr. 23.
2. Hom., *Iliad.*, 9, 208.
3. Archil., fr. 21.
4. Archil., fr. 77.
5. Archil., fr. 57.
6. Archil., fr. 79.
7. Archil., fr. 89.
8. Archil., fr. 104, avec le commentaire de Bergk.
9. Hom., *Od.*, 1, 165.
10. Plut., *De garrulit.*, 2.

nait chez Archiloque ce tour spirituel : πόδες δὴ κεῖθι τιμιώτατοι [1].

Enfin, il arrive quelquefois que des termes homériques semblent avoir dans Archiloque une acception toute nouvelle. L'influence dialectale est ici hors de doute, et nous pouvons saisir, par exemple, l'origine ionienne du sens donné par Archiloque au verbe ἀγαίομαι [2]. Mais, dans d'autres cas, c'est à l'art même du poète satirique que nous devons, ce semble, attribuer ces innovations. Un effet comique ne manque jamais de se produire, quand on déforme la signification de certains termes : le mot ἀσκός, qui dans Homère désigne la peau d'un animal écorché, peut bien avoir été appliqué par Archiloque au ventre d'un personnage grossier [3]. Un homme du peuple dans l'*Iliade* s'appelle déjà δῆμος [4] : n'est-ce pas par une figure de mots analogue qu'Archiloque a pu traiter Néoboulé de δῆμος, en même temps qu'il inventait contre elle d'autres épithètes [5] ? On signale encore le verbe κροαίνειν, *frapper du pied* dans l'*Iliade* [6], employé par Archiloque au sens de *désirer* [7]. Herwerden doute de la possibilité de cette signification, attestée par les scoliastes d'Homère [8]. Mais ne pourrait-on pas supposer que le mouvement indiqué

1. Archil., fr. 132.
2. Ce verbe a dans l'*Odyssée* (20, 16) le sens de *s'irriter*. Archiloque l'emploie (fr. 25) dans le sens de *porter envie*, sens qui reparaît dans Hérodote, VIII, 69 : ὅσοι μὲν ἦσαν εὔνοοι τῇ ᾽Αρτεμισίῃ....., οἱ δὲ ἀγαιόμενοί τε καὶ φθονέοντες αὐτῇ ... On dirait qu'Hérodote a voulu expliquer par φθονέοντες le mot ionien, ἀγαιόμενοι, qu'il avait d'abord écrit. Cette remarque est de Kaibel [Bahntje (U.), *Quaestiones archilocheae*, p. 67].
3. Archil., fr. 72.
4. Hom., *Iliad.*, 12, 213.
5. Archil., fr. 184.
6. Hom., *Iliad.*, 6, 507 et 15, 264.
7. Archil., fr. 176.
8. Herwerden (H. van), *Lexicon Graecum suppletorium dialecticum*, Lugduni Batavorum, 1902, au mot κροαίνειν.

par le mot χροαίνειν subsiste en quelque mesure dans le sens nouveau que lui donnait Archiloque? Le cheval qui frappe la terre du pied donne par là-même un signe d'impatience, et l'impatience est l'effet d'un désir contrarié. Qui sait si, sous cette image, le poète ne s'était pas représenté lui-même, ou quelqu'un de ses amis ou de ses ennemis, impatient de désir, peut-être à la porte de sa maîtresse?

Il y aurait là une recherche d'expression que ne démentirait pas d'ailleurs le style d'Archiloque. Mais il faut ajouter que, souvent aussi, l'expression la plus simple, la plus unie est celle que le poète emploie avec prédilection. Il y a je ne sais quoi de familier et de vague dans cette manière de parler : « Je ne ferai pas que les choses aillent plus mal (οὔτε κάκιον θήσω), si je me livre aux plaisirs et aux festins[1]. ». Et le même effet se tire du langage naïf du charpentier Charon : « Tout cela est bien loin de mes regards[2]! » Avec autant de simplicité, Archiloque parle des figues et des produits de la pêche, *frutti di mare*, θαλάσσιον βίον, nourriture ordinaire du peuple de Paros[3]. Le mot propre devient facilement brutal. « C'est le ventre, dit-il à un ancien ami, qui t'a fait perdre toute pudeur[4]. » Le langage populaire est traversé de proverbes, qui gardent le souvenir des plus anciennes formes de la pensée humaine : « D'une main elle portait de l'eau, la perfide, de l'autre du feu[5]! » Les animaux ont une rudesse prime-sautière, une vivacité d'allure, qui fournit au

1. Archil., fr. 13.
2. Archil., fr. 25.
3. Archil., fr. 51.
4. Archil., fr. 78.
5. Archil., fr. 93.

poète des motifs pittoresques, obscènes ou gracieux[1]. Les plantes même s'animent pour exprimer de piquantes malices. « Συχῆ πετραίη (le mot *figuier*, masculin en français, ne peut être conservé ici), nourricière de nombreuses corneilles, c'est une bonne et bienveillante hôtesse que Pasiphilé[2] ! » La cigale, qui crie de plus belle quand on la saisit par l'aile, figure plaisamment le poète lui-même[3]. Mais nulle part la variété du vocabulaire n'est aussi riche que dans l'expression des idées grossières ou obscènes : ici Archiloque n'avait dans la poésie aucun modèle ; il puise alors à différentes sources, dans les usages populaires comme dans les raffinements d'une imagination toujours vive ; il a des périphrases spirituelles[4] et des mots repoussants ; il accumule les épithètes les plus méprisantes, les images les plus crues, sur les infortunées victimes de sa haine[5].

L'ordre des mots, et quelques-uns des artifices que la rhétorique désigne sous le nom de « figures de pensée » contribuent à rehausser encore chez Archiloque les qualités que nous venons de reconnaître dans le choix du vocabulaire et dans l'expression.

Et d'abord, cet ordre semble viser à un effet de style, même quand il se borne à reproduire la marche naturelle de la pensée. Il y a dans Archiloque nombre de vers qui frappent par la franchise même de la phrase,

---

1. Archil., fr. 97, 102, 106.
2. Archil., fr. 19.
3. Archil., fr. 143.
4. Archil., fr. 156, 171, 101.
5. Archil., fr. 184 : μυσάχνη, ἐργάτις, δῆμος, παχεῖα. — L'épithète παχεῖα, citée par Suidas (au mot Μυσάχνη), doit être, ce semble, complétée par une citation du scoliaste d'Aristophane (Schol. Aristoph. *Av.*, 1619), περὶ σφυρὸν παχεῖα. La locution comique, ainsi forgée par Archiloque, s'oppose aux belles épithètes épiques, καλλίσφυρος, τανύσφυρος, ἐύσφυρος, χλιδανόσφυρος, ῥοδόσφυρος.

par la simplicité d'un énoncé qui énumère sous la
forme la plus analytique les éléments primordiaux du
discours : « Tu n'as plus comme jadis l'éclat de ta peau
délicate : voici qu'elle se flétrit désormais »,

οὐκέθ' ὁμῶς θάλλεις ἁπαλὸν χρόα · κάρφεται γὰρ ἤδη [1].

Une telle déclaration est sans ambages, et sans réplique.
Des coups droits, ainsi assénés, portent sûrement ;
c'est le langage propre et le tour de l'invective la plus
directe et la plus brutale. C'est aussi le ton de la déci-
sion arrêtée, de la volonté ferme en face du malheur.
« Adieu, mon ancien bouclier ! J'en achèterai un autre,
qui le vaudra bien, κτήσομαι οὐ κακίω [2]. » C'est aussi
l'allure du récit impersonnel, ou qui affecte de paraître
tel : « Le singe allait, à l'écart des autres animaux, seul
à l'extrémité du pays, πίθηκος ἤει θηρίων ἀποκριθείς, μοῦνος
ἀν' ἐσχατιήν [3]. »

Mais il y a des cas où un mot, même dans une
phrase aussi peu complexe que les précédentes, doit
être mis en lumière, soit au début, soit à la fin. « Æsi-
midès, à s'occuper des reproches d'un lâche, on ne
saurait éprouver beaucoup de choses bien agréables [4] »
Le mot *lâche*, en grec, suit immédiatement l'apostrophe :
Αἰσιμίδη, δειλοῦ μὲν ἐπίρρησιν....., et la suite du distique
offre l'exemple intéressant d'un tour négatif qui répond
à une nuance délicate de la pensée : Archiloque ne
s'adresse pas ici à un rude compagnon d'armes ou à
un ennemi ; il fait entendre un conseil à quelqu'un

1. Archil., fr. 100.
2. Archil., fr. 6.
3. Archil., fr. 89.
4. Archil., fr. 8.

qu'il ménage, et qui est capable de comprendre à demi-
mot. Ailleurs, c'est à la fin du vers que se trouve le
mot essentiel : ἐν δ'ἐπίσταμαι μέγα[1], ἀλλ' ἐχῖνος ἕν μέγα[2], τὸ
πρὶν ἑταῖρος ἐών[3]. Dans d'autres cas, le même mot qui
termine la phrase forme le début d'un vers, et ce rejet
fixe doublement l'attention de l'auditeur : quand Archiloque vante les batailles sanglantes qui vont se livrer
en Eubée, il les oppose aux escarmouches et aux combats
qu'il a connus en Thrace, alors que l'arc et la
fronde décidaient de tout ; cette fois, c'est comme en
un champ clos qu'Arès rassemblera la mêlée,

> ...... εὖτ' ἂν δὴ μῶλον Ἄρης συνάγῃ
> ἐν πεδίῳ[4].

Il y a déjà un art plus compliqué dans le parallélisme
de deux idées, dans le balancement symétrique ou
antithétique des membres de phrase ou des périodes.
Dans les iambes comme dans les élégies, Archiloque
procède par des oppositions de ce genre, soit qu'il
veuille faire valoir les deux faces d'une même idée, soit
qu'il nie d'abord une chose, pour affirmer ensuite le
contraire. « Je suis le compagnon d'Enyalios, et je
possède aussi le don charmant des Muses[5] ! » « Un Saïen
se pare de mon bouclier... Mais, moi, j'ai échappé à la
mort[6] ! » « Souvent les dieux redressent un homme qui
gisait sur la terre noire ; souvent ils abattent et font
tomber à la renverse celui qui se tenait debout[7] ». « Je

---

1. Archil., fr. 65.
2. Archil., fr. 118.
3. Archil., fr. I du Papyrus de Strasbourg.
4. Archil., fr. 3.
5. Archil., fr. 1.
6. Archil., fr. 6.
7. Archil., fr. 56.

n'aime pas un général grand, qui marche d'un pas relevé..... Mais il m'en faut un petit, aux jambes arquées..... [1] » « Vainqueur, n'étale pas ton triomphe; vaincu, ne t'enferme pas dans une humilité gémissante [2]! »

Cependant, ces antithèses ne se produisent pas toujours entre des membres de phrase coordonnés l'un à l'autre; Archiloque sait, dans une seule proposition, grouper les mots de façon à réaliser une opposition très forte. Le plus heureux exemple d'un artifice de ce genre est un pentamètre qui ne forme pas même une phrase complète, mais qui exprime un sens aussi plein, aussi riche que possible. La traduction française : « Réservant aux ennemis des dons funestes d'hospitalité [3] », ne rend pas le balancement habile du vers grec, dont le premier hémistiche, à lui seul, annonce déjà le contraste qui domine toute la phrase et qui s'achève dans le second. « Comme don d'hospitalité à mes ennemis, c'est la mort que je leur réserve »,

Ξείνια δυσμενέσιν λυγρὰ χαριζόμενος.

Ces antithèses de pensée s'accentuent davantage par le rapprochement des mêmes mots à des cas différents [4], ou par la consonnance de mots semblables [5]. L'allitération, l'*homoiotéleuton* existent déjà en germe dans Homère, et n'ont jamais cessé de plaire instincti-

---

1. Archil., fr. 58.
2. Archil., fr. 66.
3. Archil., fr. 7.
4. Archil., fr. 72 : μηρούς τε μηροῖς.
5. Archil., fr. 66, v. 6 :

> Ἀλλὰ χαρτοῖσίν τε χαῖρε καὶ κακοῖσιν ἀσχάλα
> μὴ λίην.

vement aux Grecs. Une autre figure répond plus naturellement encore à la passion toute simple : c'est
l'ἀναφορά ou reprise d'un mot, d'une locution. « O mon
cœur, mon cœur, agité par des maux sans nombre[1]!... »
Mais Archiloque déploie dans ces sortes de répétitions
plus d'art que les poètes épiques. « O Zeus, souverain
Zeus, c'est toi qui commandes dans le ciel, c'est toi qui
veilles sur les actions des hommes, bonnes et mau-
vaises, c'est toi qui juges aussi pour les animaux les
actes de violence et de justice[2]. » Nous avons déjà, plusieurs fois, cité la plus célèbre de ces ἀναφοραί, le fameux
distique où trois fois le poète répète ce mot ἐν δορί, qui
peint la vie simple et libre, heureuse et fière, du soldat[3]. Mais la figure se complique encore, lorsque, dans
deux tétramètres, le même nom propre, Λεώφιλος, revient
jusqu'à quatre fois[4], sans qu'on doive pourtant admettre,
selon nous, que chaque fois ce nom se présente à un
cas différent, suivant la formule du σχῆμα πολύπτωτον.

D'autres figures, apostrophes, interrogations, excla-
mations, pourraient sans doute être signalées dans les
pièces d'Archiloque, comme dans toute espèce de poésie pathétique. Mais il vaut mieux remarquer, en finissant, que, malgré tout, le caractère de simplicité, de
brièveté et de force domine jusque dans les morceaux
qui trahissent quelqu'un de ces artifices de style. En
dépit de l'innovation métrique qui a fait d'Archiloque

1. Archil., fr. 66, v. 1.
2. Archil., fr. 88 :

�^Ω Ζεῦ, πάτερ Ζεῦ, σὸν μὲν οὐρανοῦ κράτος,
σὺ δ' ἔργ' ἐπ' ἀνθρώπων ὁρᾷς
λεωργὰ καὶ θεμιστά, σοὶ δὲ θηρίων
ὕβρις τε καὶ δίκη μελει.

3. Archil., fr. 2.
4. Archil., fr. 69.

le créateur d'une sorte de strophe, l'épode, il s'en faut
de beaucoup que sa pensée se développe encore en une
véritable période. L'épode est limitée à des combinaisons trop simples pour permettre une construction savante de la phrase. Les élégies et les tétramètres
offrent quelques exemples d'une structure plus com-
pliquée, notamment l'emploi de la particule γάρ, pour
annoncer un développement qui suit [1]. Mais ce sont là
des faits fréquents dans l'épopée même. En réalité, la
poésie la plus originale, dans Archiloque, est celle qui
affecte l'allure la plus franche, la plus unie, la plus
simple; le mouvement y est rapide, alerte, comme la
pensée; le style vaut par la force de l'inspiration, et
aussi par la couleur toujours vive de l'expression, par
le tour toujours varié et pittoresque de la phrase.

1. Archil., fr. 9, v. 5 et fr. 54, v. 1.

CONCLUSION

DE LA PLACE ET DU ROLE QU'IL CONVIENT D'ATTRIBUER A
ARCHILOQUE DANS L'HISTOIRE DE LA CIVILISATION ET DE
LA LITTÉRATURE IONIENNES.

Le problème historique et littéraire que nous résumons sous ce titre, et que nous avons posé dès le début de ce livre, exigeait d'abord une étude rigoureuse et une solution ferme des questions de chronologie que soulève la vie d'Archiloque.

Les dissentiments sur ce point n'étaient pas en apparence extrêmement graves. Le désaccord des chronographes anciens, quelque embarrassant qu'il dût paraître, portait sur des dates assez rapprochées en somme les unes des autres : à l'exception d'un témoignage isolé, qui plaçait Archiloque au viiie siècle, sous le règne de Romulus, tous les autres calculs aboutissaient à le faire vivre dans le premier quart ou dans le premier tiers du viie siècle, selon que son âge mûr (ἀκμή) coïncidait avec la 21e Olympiade (696-693 av. J.-C.), la 23e (688-685) ou la 28e (668-665). Les historiens modernes, du moins les plus récents, rejetaient en bloc cette chronologie; mais eux-mêmes s'entendaient sur ce point, qu'Archiloque avait vécu vers le milieu du viie siècle.

Il nous a semblé pourtant que cette formule vague cachait un désaccord plus profond qu'il n'en avait l'air avec la tradition des anciens : en examinant les raisons les plus fortes qu'on invoquait contre la date *minima* d'Eusèbe, l'année 665, nous avons reconnu qu'elles ne tendaient pas seulement à prolonger la vie du poète jusqu'aux environs de l'année 650, mais qu'elles obligeaient à descendre encore, de dix ou quinze ans peut-être, dans la seconde moitié du viie siècle. Si, comme on le prétend, Archiloque a parlé en témoin oculaire de l'éclipse totale de soleil qui fut visible à Thasos au printemps de l'année 648, et si, dans une autre pièce écrite à Thasos, il a fait allusion à la ruine de Magnésie du Méandre, survenue en 651 lors de la grande invasion cimmérienne, ce double fait entraîne une conséquence importante : c'est que les années qui vont de 651 à 648 comptent encore pour Archiloque dans la période de sa vie où il cherche fortune à Thasos, où il guerroie sur terre et sur mer contre les ennemis ou les rivaux de sa nouvelle patrie. Or c'est au début de sa carrière que doit se placer, nous l'avons dit, ce long épisode de sa jeunesse ; c'est au retour de ses campagnes de Thasos et de Thrace que nous l'avons vu séjourner à Paros, remporter des victoires poétiques dans les concours de sa ville natale, se lamenter sur le naufrage où avait péri le mari de sa sœur, et engager enfin contre Lycambe et Néoboulé cette lutte impitoyable, qui atteste tant d'espérances trompées et de si longues vengeances. Tout cela ne s'est point passé en peu de temps, et, à supposer même que l'année 648 marque la date extrême de son séjour à Thasos, il faut compter une dizaine d'années encore pour les circonstances multiples qui remplirent le reste de son existence et qui achevèrent le plein épanouissement de son caractère et de son génie. Ainsi donc, entre les calculs des modernes et les données anciennes de la chronologie sur la vie d'Archiloque, l'intervalle est, en réalité, de vingt-cinq ans au moins, d'un demi-siècle peut-être, et ces années, *grande mortalis aevi spatium*, comptent double dans un temps où l'esprit grec se transforme, où le moyen âge épique touche à sa fin, où les progrès de la civilisation, sous toutes ses formes, germent à la fois sur tous les points du monde grec.

Pour nous prononcer entre ces dates divergentes, nous avons fait porter d'abord nos recherches, en dehors de toute autre considération, sur la valeur intrinsèque des prétendus points de repère que semblaient fournir les fragments d'Archiloque ; mais ni l'allusion à l'éclipse de soleil, ni le souvenir donné aux « malheurs des Magnètes », ne nous a paru comporter l'indication d'une date précise. La catastrophe finale de Magnésie peut bien se placer en l'année 651 ; d'autres misères, d'autres défaites n'avaient-elles pas frappé la malheureuse ville depuis le temps déjà lointain où le peintre Boularchos avait représenté un « désastre des Magnètes » dans un tableau acheté par le roi Candaule ? Quant à l'éclipse que mentionnait le poëte, rien ne prouve qu'il en parlât comme un témoin oculaire, et dès lors on peut croire qu'il rappelait, non l'éclipse de l'année 648, mais un phénomène semblable, celui de l'année 657, par exemple, qui, sans être visible à Thasos ou à Paros, n'avait pas manqué d'émouvoir l'imagination du peuple. Ces dates une fois écartées, il restait à savoir si la tradition des chronographes anciens avait par elle-même quelque prix. Erwin Rohde lui refusait toute valeur, et prétendait y reconnaître des combinaisons fondées sur la coïncidence de l'avènement de Gygès et de la colonisation de Thasos. Mais la démonstration de Rohde ne nous a pas semblé convaincante, et notre défiance à l'égard de cette théorie s'est trouvée au contraire confirmée par la découverte d'un document, l'ouvrage du Parien Déméas, qui attestait, avant les travaux chronologiques des Alexandrins, l'existence d'une chronique parienne, avec une série de noms d'archontes locaux, contemporains d'Archiloque. Nous ne pouvions douter, dès lors, que cette chronique n'eût servi de base aux calculs ultérieurs, et que la vérité ne fût conforme à l'ensemble des témoignages traditionnels. Il n'y avait plus qu'à distinguer, entre les dates diverses recueillies par les chronographes, la plus vraisemblable. L'année 665, fournie par la *Chronique* d'Eusèbe, se recommandait à nous par une concordance frappante avec un témoignage de Cornélius Népos, et aussi parce qu'elle établissait entre Archiloque et Terpandre un rapport de succession conforme à l'opinion d'un historien autorisé, Glaucos de Rhégion.

Ainsi la vie d'Archiloque nous est apparue comme sensiblement plus haute dans le passé que nous ne l'avions d'abord pensé nous-même; et cette indication n'a fait que se préciser dans notre esprit, à mesure que l'étude des fragments nous a permis de mieux connaître les idées et les sentiments du poète, les conditions de son existence, les sources de son inspiration et de son art. Par ses origines, par sa naissance, par les premières années de sa vie, Archiloque plonge encore dans le VIIIe siècle; par les œuvres de sa maturité il appartient à un temps qui n'a pas encore connu les plus profondes transformations de la civilisation ionienne.

Demandons-nous, en effet, quels événements, dans l'histoire de la Grèce asiatique et insulaire au vii° siècle, ont déterminé un progrès décisif des esprits et des mœurs.

Est-ce la colonisation, l'établissement de comptoirs commerciaux et de cités nouvelles sur les côtes de la Propontide et du Pont, de la Thrace ou de la Cilicie? Mais ce mouvement d'expansion coloniale, les Ioniens l'ont inauguré longtemps avant le début du vii° siècle; et il est bien vrai qu'Archiloque a vécu dans cette agitation d'un monde maritime emporté vers les rivages lointains et les périlleuses explorations; qu'il a participé lui-même à ces entreprises, qu'il en a connu les enthousiasmes et les déceptions; mais il n'a fait en cela que suivre une impulsion reçue : il a repris le chemin que son père Télésiclès et auparavant son ancêtre Tellis lui avaient montré, il a cédé au même entraînement qui, depuis un demi-siècle, avait ouvert de toutes parts aux Ioniens les voies du commerce et de la conquête.

Dira-t-on que la nouveauté, dans le premier tiers du vii° siècle, fut la rivalité des villes grecques entre elles? que jusque là un lien plus fort, un sentiment de famille ou de race, avait maintenu partout la concorde? que du moins les Ioniens d'Asie, réunis en une confédération politique et religieuse, avaient collaboré sans défaillance à une œuvre commune? S'il en avait été ainsi au début de la colonisation, il faudrait avouer que les choses avaient bien changé au temps d'Archiloque : le combattant de Thasos rencontre sur sa route beaucoup d'autres ennemis que les barbares Saïens et Sapéens; il se bat sans relâche contre les Naxiens, et dispute aux colons de Chios la possession de Maronée. Mais, en réalité, le viiie siècle lui-même avait donné le spectacle de ces convoitises et de ces luttes : si haut que nous remontions dans l'histoire, nous voyons Samos en hostilité avec Milet et avec Priène. Milet s'unit à Chios contre Erythrées ; Magnésie lutte contre Ephèse ; Phocée ne maintient et n'étend son territoire au milieu des cités éoliennes que par la guerre ; Smyrne est rattachée par la force à la dodécapole ionienne. Et pourtant, ce ne sont là encore que des divisions sans importance : les dissentiments de Chalcis et d'Erétrie vont déchaîner une guerre générale qui partagera la Grèce en deux camps. Or le début de cette longue querelle se place avant la fin du viiie siècle, puisque les Samiens reçoivent, aux environs de l'année 700, d'après Thucydide, un renfort de quatre vaisseaux de guerre, construits sur le modèle inventé par le Corinthien Ameinoclès. La division est donc partout en Grèce, au temps d'Archiloque comme dans les années qui précèdent. Lui-même, en vrai soldat, se réjouit à la pensée des batailles qui se livrent en Eubée. S'il a employé une fois le mot nouveau Πανέλληνες, c'est dans une acception telle qu'on ne saurait lui attribuer de ce chef une notion même instinctive de la solidarité hellénique en face des barbares.

Deux faits, au contraire, marquent au viie siècle une transformation grave dans l'esprit et dans les mœurs de l'Ionie. C'est, à l'intérieur des cités, l'avènement de la tyrannie à la place des anciens gouvernements aristocratiques, et, au dehors, l'action plus directe, plus étroite, du monde oriental sur la Grèce ionienne, grâce à l'extension de la puissance lydienne et aux établissements durables des Ioniens dans le Delta de l'Egypte.

Il serait absurde de prétendre assigner une date fixe à un mouvement politique, comme la tyrannie, qui a dû se produire, selon les villes, à différentes époques ; mais il faut bien reconnaître pourtant la valeur de l'observation suivante : tandis que la première moitié du viie siècle ne fournit pas un seul exemple d'un tyran établi dans une ville d'Ionie, nous constatons, à la fin du siècle, que le régime aristocratique a presque partout disparu ; que les villes les plus considérables ont des tyrans à leur tête, et que les autres se débattent entre les résistances de la noblesse et les aspirations démocratiques du peuple. Thrasybule, à Milet, représente ce régime nouveau, cette autorité tyrannique, sous sa forme la plus parfaite, et cela dans un temps qu'Hérodote permet de déterminer avec certitude, dans les dernières années du viie siècle et au début du vi[e]. A Samos, un tyran nommé Démotélès avait été renversé par les nobles peu de temps avant la colonisation de Périnthe (aux environs de l'année 600). D'autres tyrans ioniens, qui figurent dans l'histoire pour avoir accompli une tâche semblable, doivent appartenir à la même période.

On objecte le témoignage d'Archiloque lui-même ; on rappelle qu'il a employé dans ses vers le nom de τύραννος ; on soutient que tel fragment de son œuvre atteste l'existence en Ionie de semblables usurpateurs, et qu'il a pris part en personne à ces luttes politiques. Aucun de ces arguments ne nous a convaincu. Dans les vers célèbres qu'on invoque, c'est à Gygès que le poète faisait allusion, et, si ce n'est pas au monarque lydien lui-même, c'était du moins au chef d'un grand Etat, μεγάλης τυραννίδος. Quant à la satire dirigée contre Léophilos, quelle en était l'occasion ? D'où venait cette

protestation contre un personnage trop puissant? Qui
nous dit qu'il s'agissait d'un adversaire politique, plutôt que d'un ennemi personnel, d'un rival heureux,
peut-être trop bien vu dans la maison de Lycambe?
Mais surtout notre étude minutieuse des sentiments
d'Archiloque nous a montré que son œuvre ne portait
pas trace de ces dissensions politiques : des idées
révolutionnaires s'y expriment si peu, qu'un critique
subtil a pu voir en lui un partisan déclaré de l'aristocratie, et cette thèse, à son tour, semble bien démentie
par des attaques trop claires du poète contre des habitudes, des travers propres à la noblesse. Indépendant
avant tout, et capable de haines et d'amitiés vivaces,
mais d'amitiés et de haines inspirées par des personnes,
non par des partis, Archiloque a vécu dans un temps
de trouble et d'agitation, où sans doute fermentait
dans le peuple le germe des révolutions prochaines,
mais où n'avaient pas encore éclaté les luttes politiques
qui devaient bouleverser les institutions de l'Ionie et
de la Grèce entière.

Il n'a pas davantage assisté à un spectacle qui s'est
produit seulement dans la seconde moitié du viiᵉ siècle.
De tout temps l'influence orientale avait pénétré la civilisation des peuples de la mer Egée. Sans remonter
jusqu'à la période mycénienne, on sait que l'épopée
homérique n'ignore ni le nom de l'Égypte ni les produits artistiques et industriels de la Phénicie. Dès le
viiiᵉ siècle, des relations se nouent entre les Ioniens et
leurs voisins, plus ou moins immédiats, d'Asie Mineure
et d'Égypte : l'État méonien de Sardes, avant la révolution lydienne, livre déjà passage aux caravanes qui
viennent aboutir aux ports ioniens de la mer Egée;
Milet obtient à l'embouchure du Nil, sur le bras de

Canope, le droit de fonder une factorerie, « le mur des Milésiens ». Mais ce n'est là encore qu'un contact intermittent et temporaire entre l'Ionie et les grandes civilisations de l'Orient. Durant la première moitié du VII⁰ siècle, des rapports déjà plus suivis s'établissent, dans la paix et dans la guerre : le nom de Gygès rappelle les premières offrandes delphiques d'un souverain oriental, et les colonies grecques de Cilicie se voient barrer la route par les armées assyriennes du roi Sennachérib (705-681 av. J.-C.). A ce moment encore les villes de la côte ionienne, les métropoles de tant de lointains comptoirs, demeurent indépendantes. Mais les choses vont changer après l'invasion cimmérienne et la mort de Gygès : les successeurs de ce prince poursuivent sans relâche la pacification et la conquête des remuantes républiques; une à une elles tombent sous la dépendance plus étroite d'Ardys, de Sadyatte, d'Alyatte, de Crésus. Pendant tout un siècle, sans perdre de leur énergie et de leur activité au dehors, elles se laissent pénétrer par l'influence lydienne, tandis qu'elles-mêmes trouvent à Sardes un terrain tout préparé à recevoir leurs idées et leurs mœurs. Dans le même temps, c'est-à-dire dans le siècle qui va de 650 environ à 550, les Grecs d'Asie fondent dans le Delta d'Égypte, sous les règnes de Psammétique I⁰ʳ et de ses successeurs, les établissements de Naucratis et de Daphnæ, qui deviennent bientôt des centres florissants de commerce et qui contribuent à la pénétration chaque jour plus profonde, à la fusion des civilisations en présence.

Ces faits historiques, postérieurs à Archiloque, ont eu sur le développement de la pensée ionienne une influence considérable. Les luttes politiques, les révoltes du peuple, les résistances de la noblesse, les usurpations d'un chef qui met les deux partis d'accord en les soumettant l'un et l'autre à sa domination, tout cela n'a pas manqué de mûrir la réflexion des hommes d'État et des écrivains. Le même temps qui voit naître en Grèce des gouvernements tyranniques est aussi le le siècle des Sept Sages ; et, parmi ces représentants d'une philosophie pratique, tout entière tournée vers l'application des principes de la morale à la bonne administration des cités, figure un Solon, c'est-à-dire à la fois un poète et un homme d'action, un penseur doublé d'un artiste, un philosophe dévoué à la chose publique. Entre un tel homme et Archiloque la distance est si grande, au point de vue des idées politiques et morales, qu'on les dirait séparés par tout un siècle. Le poète-soldat, que nous avons suivi dans ses aventures guerrières et dans ses querelles de famille, n'est pas, comme on l'a cru, dénué de patriotisme ; mais son attachement aux intérêts de sa ville natale ou de sa patrie d'adoption ne se distingue guère de ses passions personnelles et du sentiment de son indépendance. D'idéal politique, il n'en a pas d'autre que celui d'une aristocratie vouée au métier des armes, au service du dieu Enyalios, et au culte des Muses. Par là il est tout près encore des aèdes homériques, des héros du vieux temps ; héros lui-même déchu de sa fortune passée et de sa brillante condition, il n'a que des ressentiments individuels, des vengeances privées. Sa morale ne manque ni de fermeté ni de noblesse : elle s'inspire de la sagesse d'Ulysse, habitué aux souffrances, aux coups du sort, à l'injustice et à l'ingratitude des hommes. Il se redresse contre le mal, laisse aux femmes une plainte pusillanime, et compte pour se relever sur les vicissitudes de la fortune, ou plus *homériquement* encore, sur la protection des dieux. Mais sa religion ne va pas, comme celle des Sept Sages, jusqu'à une croyance inébranlable en une justice immanente, en un ordre moral qui gouverne le monde ; il invoque la justice de Zeus contre ses ennemis ; mais on a vu de quelles armes il est prêt lui-même à seconder contre eux la puissance divine.

A plus forte raison n'a-t-il pas été touché par les influences que l'Orient, plus largement ouvert, devait exercer en Ionie sur la philosophie et la science. La Grèce du viie siècle finissant a reçu de l'Asie et de l'Egypte, avec certains cultes enthousiastes et mystiques, des connaissances scientifiques, astronomiques surtout, qui ont bientôt pris racine parmi les populations de l'Ionie, toujours avides de nouveautés. Thalès de Milet a été le prophète d'un temps nouveau, qui a vu se développer l'activité scientifique dans toutes les branches, en philosophie, en physique, en géographie, en histoire, en morale même. Il suffit de nommer Anaximandre, Anaximène, Hécatée. Les vers même de Phocylide n'ont plus la belle confiance morale d'une élégie de Solon, et Xénophane cherche, dans une âpre critique des conceptions homériques, une conciliation entre la philosophie scientifique et la morale.

Archiloque n'est pas de ce temps ; il n'appartient pas à cette Ionie renouvelée, qui a produit, dans le domaine de l'art comme en philosophie et en politique, ses œuvres les plus achevées. Il se rattache bien plutôt à l'ionisme de l'épopée : il écrit, à quelques nuances près, la langue d'Homère, et il a aussi, des aèdes, le don d'une vision nette de la réalité, le goût des images familières, le génie du pittoresque simple et naturel. De l'épopée encore il partage les idées et les sentiments : son ironie, sa malice, ses invectives même ont leurs modèles dans des scènes fameuses de l'*Iliade* et de l'*Odyssée*, sans parler du *Margitès*, qu'il a connu. Son insouciance, sa légèreté, sa fougue, ses emportements, ses colères, voilà les traits qui le caractérisent comme un héritier de ces Ioniens que les aèdes homériques avaient sous les yeux quand ils peignaient de couleurs si vives les héros de la légende ou de leur imagination.

Mais Archiloque a été pourtant un grand novateur, et son rôle dans l'histoire de la littérature ionienne ne saurait être placé trop haut. Archiloque a fait entrer dans la poésie une matière toute neuve, l'expression de ses pensées personnelles, la peinture franche et nue de sa vie privée et de ses passions. D'autre part, dans la forme, il a emprunté aux chants et aux usages populaires des mètres admirablement adaptés à son inspiration ; il les a façonnés, variés, développés, avec une intuition de génie, et il a ainsi donné l'essor à toute la poésie lyrique des siècles suivants.

Nous avons défini, au cours de cette étude, la nature de cet individualisme, qui inspire et anime toute l'œuvre d'Archiloque. L'esprit ionien avait eu, dès l'origine, ce caractère : témoin les querelles formidables des héros homériques ; témoin l'histoire entière de la Grèce ionienne. Mais il était réservé à Archiloque de se poser lui-même en face de ses contemporains ; que dis-je ? de se substituer, pour ainsi dire, à ces héros que l'épopée avait jugés seuls dignes des chants de la Muse. Il s'est mis en scène, il a exposé à tous les péripéties de sa vie aventureuse, de ses exploits et de ses malheurs. Par là il a donné le mo-

$$\cup - \,|\, \cup \cup - \,|\, \cup \cup - . \,|\, \underline{\cup} \,\|\quad - \cup \quad - \quad \cup - . \underline{\cup} \; \overline{\wedge}^{\,2}$$

$$\overline{} \; \overline{} \; \smile \; \smile \mid \overline{} \; \smile \; \smile \, \overline{}$$

$$\smile \; \overline{} \; \smile \; \smile \mid \overline{} \smile \smile \overline{}$$

$$\smile \; \overline{} \; \smile \; \smile \; \overline{} \; \smile \smile \overline{} \mid \smile \; \overline{} \; \smile \; \overline{} \; \smile \; \overline{} \; \smile$$

$$\Pi\rho\grave{o}\varsigma\ \delta\eta\tilde{v}\tau'\ \check{\alpha}\epsilon\theta\lambda\alpha\ \delta\tilde{\eta}\mu\rho\varsigma\ \mathring{\eta}\theta\rho\text{οί}\zeta\epsilon\tau\text{o},$$
$$\grave{\epsilon}\nu\ \delta\grave{\epsilon}\ \text{Βατουσιάδης.}$$

$$\text{μεθυπλῆγος φροίμιον Ἀρχιλόχου}^{1},$$

> Ἀλλ' ἄγε, σὺν κώθωνι θοῆς διὰ σέλματα νηός
> φοίτα καὶ κοίλων πώματ' ἄφελκε κάδων,
> ἄγρει δ' οἶνον ἐρυθρὸν ἀπὸ τρυγός · οὐδέ γὰρ ἡμεῖς
> νήφειν ἐν φυλακῇ τῇδε δυνησόμεθα.

> Ἐν δορὶ μὲν μοι μᾶζα μεμαγμένη, ἐν δορὶ δ' οἶνος
> Ἰσμαρικός, πίνω δ' ἐν δορὶ κεκλιμένος.

dèle d'une poésie personnelle, et, comme on dit, subjective ; il a fondé un genre qui n'est pas près de se perdre.

Il a fait plus encore, par l'invention de nombreuses variétés rythmiques. En tirant l'iambe et le trochée des fêtes champêtres de Déméter et de Dionysos, il n'a pas seulement créé la forme la mieux appropriée à ses vigoureuses diatribes ; il a forgé l'instrument qui devait servir un jour à la tragédie et à la comédie grecques. Mais il a surtout combiné entre eux des mètres de longueur inégale ; il a rapproché dans une même période des membres de rythme différent, et constitué les éléments essentiels de la strophe. Artiste consommé autant que chantre populaire, il a su, en affranchissant la poésie des entraves de la convention épique, ouvrir la voie à tous les progrès futurs du lyrisme grec.

INDEX

Fragments de Bergk	PAGES DE CE VOLUME	Fragments de Bergk	PAGES DE CE VOLUME
60	111, 115, 196, 237, 238.	80	104, 111, 149, 239, 250.
61	223, 237, 238, 250.	81	104, 111, 149, 177, 250.
62	122, 182, 196, 246.	82	104, 111, 149, 242, 250.
63	110, 128, **220**, 248.	83	177, 238, 240.
64	**166**, 219, 233, 269.	84	110, 121, **195**, 229, 234, 238, 252, 265, 268.
65	122, **123**, 144, 219, 237, 249, 275.	85	111, **149**, 157, 195, 196, 229, 252.
66	90, 93, 110, 120, 121, 184, **185**, 237, 239, 248, 249, 256, 276.	86	**177**, 237, 238, 257.
67	224.	87	**94**, 119, 121, 148, 238, 239, 258.
68	223, 234, 250.	88	128, 179, 230, 238, 241, 258, **277**.
69	222, 250, 277.	89	82, 148, 157, **177**, 234, 241, 256, 258, 270, 274.
70	91, 115, 121, 122, 180, 221, 248.	90	241.
71	72, 111, 228 sqq., 240, 249.	91	95, 104, 241.
72	122, **194**, 226, 240, 249, 271, 276.	92	121, **223**, 237, 252.
73	115, **186**, 240.	93	111, 120, 148, 178, **251**, 272.
74	13 sqq., **74**, 104, 110, 119, 121, 128, 179, 180, 237, 238, 248.	94	111, 115, 121, 122, 154, 208.
75	111, 130, 131, **181**, 239, 247, 256.	95	128.
76	83, 88, 162, 189, 246.	96	69, 230, 252.
77	83, 107, 128, 130, **170**, 182, 233, 237, 240, 241, 246, 270.	97	128, 178, 226, 237, 239, 241, 251, 273.
78	121, 199, 222, 239, 242, 248, 272.	98	104, 111, 138.
79	104, 111, 119, 131, 149, 155, **177**, 196, 234, 250, 256, 270.	99	69, 111, 179, 230, 252.
		100	111, 119, **156**, 251, 274.
		101	226, 273.

APPENDICE

———

Ce volume était imprimé quand nous avons appris, par une obligeante communication de M. Hiller von Gärtringen, la découverte d'un fragment nouveau de l'inscription maintes fois citée dans le cours de notre travail sous le nom de *Monument d'Archiloque*. Il résulte d'une copie faite en 1849 à Paros, transmise à Böckh par le savant épigraphiste Stéph. Koumanoudis, et conservée depuis lors dans les archives de l'Académie de Berlin, que cette inscription appartenait, non pas, à un *héroon*, à un sanctuaire du vieux poète ionien, mais à la base d'une statue élevée, peut-être, dans un gymnase.

La copie nouvelle de ce document n'offre, malheureusement, que de rares et inintelligibles fragments d'Archiloque; mais elle confirme l'étendue considérable des citations que l'historien Déméas avait tirées des poésies de son illustre compatriote. En outre, elle porte une épigramme, en l'honneur du personnage qui avait fait ériger la statue. Voici le texte de cette épigramme :

Τίς σε τὸν ἐκ πέτρῃ Μουσῶν θεράπουτ' ἐχάραξεν,
παῖ Τελεσικλῆος κοῦρε , κατεγλ.ίσης; —

Λέξω δή σοι ἐγὼ μάλ' ἐτήτυμα, εἰ σὺ μὴ οἶδας ·
ἐσθλὸς ἐὼν ἀρετῆς τε οὐχ ὑπολειπόμενος,
Σωσθεὺς Προσθένου υἱὸς ἐμὴν πολ[ύυ]μ[νον ἀοι]δὴν
τιμῶν ἀεν[άων] αἶσαν ὑπεσπάσατο.

« Qui donc, ô fils de Télésiclès, t'a glorifié en sculptant dans la
pierre ton image, ô serviteur des Muses ?

« — Je te le dirai, en toute vérité, si tu ne le sais pas : c'est un
homme dont la vertu égale la naissance, Sostheus, fils de Prosthénès ; en honorant ainsi mes chants fameux, il s'est acquis à
lui-même une gloire immortelle. »

Sostheus, ou plutôt Sosthénès, fils de Prosthénès,
est connu par plusieurs autres inscriptions de Paros : il
paraît avoir vécu au commencement du 1ᵉʳ siècle avant
notre ère [1].

Paris, 10 novembre 1904.

---

1. Hiller von Gärtringen, *Archilóchosdenkmal aus Paros, Sitzungsberichte der kön. preuss. Akademie der Wissenschaften* (séance du 20 oc-
tobre 1904), t. XLI (1904), p. 1236-1242.

TABLE DES MATIÈRES

CHAPITRE PREMIER

QUESTIONS CHRONOLOGIQUES ET BIOGRAPHIQUES

I. — EXAMEN DES DONNÉES CHRONOLOGIQUES
RELATIVES A ARCHILOQUE

CHAPITRE TROISIÈME

LES IDÉES ET LES MŒURS DANS LA POÉSIE D'ARCHILOQUE

CHAPITRE QUATRIÈME

L'ART DANS LA POÉSIE D'ARCHILOQUE

CONCLUSION

TOURS. — IMP. DESLIS FRÈRES, RUE GAMBETTA, 6.

www.ingramcontent.com/pod-product-compliance
Ingram Content Group UK Ltd.
Pitfield, Milton Keynes, MK11 3LW, UK
UKHW021506090726
13657UKWH00001B/65